中国社会科学院老学者文库

策彦周良入明史迹考察记及研究

夏应元　夏　琅◎著

中国社会科学出版社

图书在版编目(CIP)数据

策彦周良入明史迹考察记及研究/夏应元,夏琅著.—北京:中国社会科学出版社,2016.11

(中国社会科学院老学者文库)

ISBN 978 - 7 - 5161 - 9004 - 3

Ⅰ.①策…　Ⅱ.①夏…②夏…　Ⅲ.①中日关系—国际关系史—研究—明代　Ⅳ.①D829.313②B949.931.3

中国版本图书馆 CIP 数据核字(2016)第 235890 号

出 版 人	赵剑英	
责任编辑	宋燕鹏	
责任校对	周　昊	
责任印制	戴　宽	

出　　版	中國社會科學出版社	
社　　址	北京鼓楼西大街甲 158 号	
邮　　编	100720	
网　　址	http://www.csspw.cn	
发 行 部	010 - 84083685	
门 市 部	010 - 84029450	
经　　销	新华书店及其他书店	

印　　刷	北京君升印刷有限公司	
装　　订	廊坊市广阳区广增装订厂	
版　　次	2016 年 11 月第 1 版	
印　　次	2016 年 11 月第 1 次印刷	

开　　本	710×1000　1/16	
印　　张	21.25	
字　　数	301 千字	
定　　价	78.00 元	

1984 年初去京都，拜谒日本小叶田淳院士

1985 年 3 月，与恩师周一良先生游东京上野公园（池田温摄）

1993 年，初次与大阪女子大学校长、古代史专家上田正昭教授会晤

1994 年 7 月，应日方邀请，出席"平安奠都 1200 周年纪念国际学术研讨会"并发表演讲

与二松学舍大学户川芳郎教授等在一起（1999 年）

早稻田大学教授安藤彦太郎夫妇邀宴

山梨县立大学校长鹤见尚弘先生等邀宴

在早稻田大学教授"日中交流史"

目　录

第一编　策彦周良入明的背景及《策彦和尚入明记》的历史地位

第二编　策彦入明史迹考察记

第三编 专题研究

前　言

　　我于 1953 年自北大历史系毕业留校后，在授业恩师周一良先生指导下，从事亚洲各国史的教学与研究工作。一良师对亚洲各国历史及人物根底深厚，涉猎极广，惠我良多。大概在 20 世纪六七十年代之交，有一次他对我谈到，在北京大学图书馆藏有日本历史学家牧田谛亮先生编著的《策彦入明记の研究》一书，在国内十分罕见，颇有价值，值得研究。后来，我才知道，一良师在中国《文物》杂志 1973 年 1 月号上已发表了《介绍两幅送别日本使者的古画》一文。先生通过考订，可以确定其中一副古画即为明代文人送别日本使者策彦周良的画（见本书书前画页）。

　　1980 年承老师孙毓棠先生和马雍先生的盛情，将我调到中国社会科学院历史所新成立的中外关系史研究室，专门研究古代中日关系史。1984 年派我去日本东京大学从事客座研究。当年 11 月，我特地去京都，拜见我仰慕已久的日本研究中世纪对外交通贸易史的专家小叶田淳先生。承他在府邸亲切接见了我，并亲自题签，将他的权威著作《中世日支通交贸易史研究》赐赠，鼓励我从事这方面的研究，使我深受感动。

　　1993 年，欣逢周一良先生八十寿辰，承蒙编委邀稿，我写了《论日本遣明使的文化活动》一文。其中，我论述了日本遣明使（包括入明使节策彦周良）入明后的各种文化活动。周先生看过之后，深为嘉许，并嘱我："遣明使及策彦周良等入明后的事绩，中国学者研究甚少。你应当继续努力。"

我退休后，赴日本早稻田大学讲授中日交流史。十年间，三易其题。先讲中日文化交流的通史。继之，改为中日交流史上的人物。在讲授过程中，讲到明代，我讲授了遣明使，特别是策彦周良的事迹，引起听讲者的极大兴趣。于是，我拜访了日本研究明代中日交流史的权威——田中健夫老先生，向他请教。田中先生表示："自上世纪1955年牧田谛亮编写了《策彦入明记の研究》（上、下册）并公布了比较准确的策彦周良入明记录之后，至今已六十余年，在日本史学界尚缺少可观的研究成果。更缺少对他入明后的史迹进行追踪式的调查。您作为中国学者，如果有条件进行这方面工作的话，将是非常可贵的。"我在田中先生的话的启示下，对日本福武学术文化振兴财团提出了视察经费的申请，幸而获准。接着，田中老先生又推荐他的弟子中岛敬先生陪同我回中国，两度从事实地考察。

当我回国后，顺利地建立起京杭大运河的关系网。我们在2001年、2003年考察所到之地，到处是亲切的接待和细致的解说，使我们收获很大。当本书问世之际，我谨向已故的徐苹芳老同学和做出贡献的有关专家、学者们，致以衷心的感谢。

为了表达对各位专家的谢意，兹将有关专家、学者的芳名列下：（顺序，由南向北）

宁波：林士民研究员

苏州：徐明德教授，林正秋教授

无锡：顾文壁研究员

镇江：刘建国研究员

扬州：顾风会长

高邮：姜文定馆长

淮安：刘怀玉副研究员

宿迁：李志宏先生

下邳：仝泽荣馆长

济宁：朱承山馆长，李广芳研究员

聊城：陈清义馆长

临清：马鲁奎馆长

沧州：郑志利研究馆员

通州：周良文博馆员

北京：齐心会长，赵迅研究员

本书分为实地考察与专题研究两部分。对策彦入明史迹的考察及撰写，共经历了以下几个程序。

1．对《策彦入明记》（包括《初渡集》《再渡集》）的记录，进行研读。

2．搜集中日有关策彦入明的研究成果及有关资料，进行学习。

3．在日本福武学术文化振兴财团的资助下，2001 年、2003 年两次对京杭运河沿线策彦所经史迹进行实地考察。听取当地专家、学者的解说并交换意见。

4．归来后，搜集沿线重要城市的地图及有关资料，进行加工、分类及准备。

5．对实地考察及对专题研究分章、节进行撰写。

总之，本书是实地考察及文献资料相结合的产物。

本书之所以能撰成，首先应当感谢周一良、田中健夫二位师辈先生的指教，为了进行实地考察，还应当感谢日本福武学术文化振兴财团提供了连续两年度的考察经费，保证实地考察的顺利完成。

在撰写本书的过程中，我曾经利用日本国会图书馆、早稻田大学图书馆、中国国家图书馆、北京大学图书馆、北京日本学研究中心图书馆等机构的图书资料，谨向他们致以衷心的谢意。我的朋友——早稻田大学的近藤一成教授和日本中央图书馆的山口孝行先生，在我的资料来源方面，帮助很大，谨致由衷的感谢。

在本书的出版阶段，承蒙中国社会科学出版社黄燕生编审、宋燕鹏副编审的大力协助，顺利承诺。谨向他们的盛情及辛苦，致以诚挚的感谢。

在此书的写作中夏琅作为我的助手，搜集查找了大量的资料、地图等，并书写了部分章节，发挥了很大的作用。

最后，我还要对我国的读者讲几句话。中日文化交流史，是一门新兴的学科。虽然，在日本启动于战前，但对我国的学界而言，真正启动，乃是在1979年改革开放以后的事。纵然如此，我国学界的研究，也只是把重点放在隋唐朝代，而较少涉及近世宋明等朝代。本书是以日本入明僧策彦周良的事迹为主要内容，涉及朝贡贸易、礼仪、水路交通、佛教等多方面的内容，同时，也对唐、宋的事迹进行一些比较研究。如果对于纠正过去只重古代而轻近世的倾向有所补益的话，我作为著者将是很高兴的。

当然，由于涉及面广、时间长，而笔者本人的知识有限，如有错误和缺失，希望得到中日各界朋友的指教。

还应该提到的是，在本书写作的后期，笔者有幸结识东京大学以村井章介教授为首的专门研究日本近世对外交流史的生机勃勃的新兴学术集体。承他邀请参加有关的研究活动，并馈赠一些有关的研究成果，对本书写作裨益良多。只是由于时间匆忙，我还未能完全消化吸收，是为一大憾事。但我对他们提携后进的感情，致以深深的感谢。

夏应元

2015年5月

时年八十有六

谦斋策彦禅师像赞

（明）柯雨窗

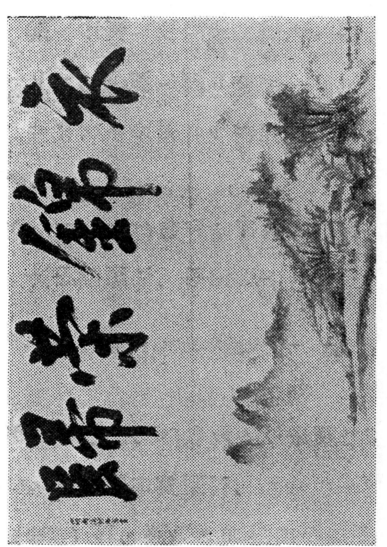

衣锦荣归图（明）柯雨窗书　日本妙智院藏

［作者按据《策彦·初渡集》记载，策彦等第一次入明时，在嘉靖十九年（1540）九月朝贡结束之后，由京返抵宁波，见到宁波友人柯雨窗等。逾年，于嘉靖二十年（1541）二月三日，"得柯雨窗书并衣锦荣归诗序草案，不胜欣慰"。

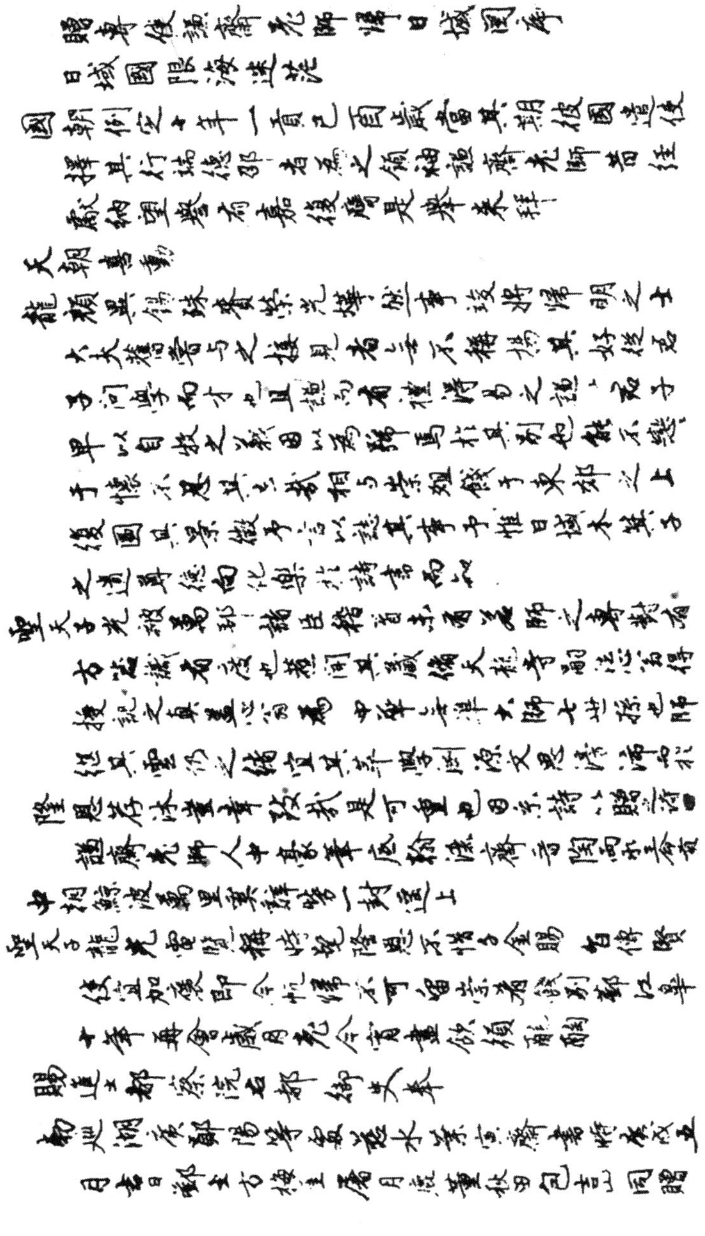

谦斋老师归日域图序 日本妙智院藏

谦斋老师归日域图　日本妙智院藏

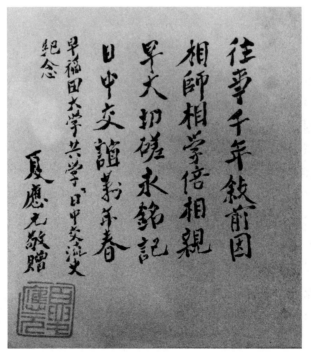

2008 年　十年授课结束题诗留念

介绍两幅送别日本使者的古画

（摘录，代序言）

周一良　遗作

两千年来的中日友好关系，给我们留下了无数宝贵的实物见证。这里从两幅图画，来考察一下两国友好往来历史的一个侧面。

一

日本鸟尾氏旧藏一幅南宋古画，称作《荣西禅师归朝宋人送别书画之幅》。画面上右边是高树茅亭的背景下，几个中国人在岸上拱手送别，左边画一只船扬帆行驶。画的上幅题有两首诗①。诗的内容和画的形象，都说明八百年前的中日友好往来的情谊，是非常宝贵的历史见证。

第一首诗作者署名钟唐杰，袁州萍州乡人，是朱熹的弟子。

---

① 据儿玉幸多等编《图说日本文化史大系；镰仓时代》，第 29 页，题为《海东上人送别图》。丰田武编《中世社会》（《新日本史大系》第三卷）第 381 页亦载此画，题为《荣西归朝图》。森克己《日宋贸易之研究》第 296 页收了这幅图，但未做鉴定，缩印很小，船形模糊不清，题字更完全不能辨认。两首诗都见于伊藤松［死于日本天保（1830—1843）年中］所编《邻交征书》，陆心源又据以收入《宋诗纪事补遗》，题为《送僧还日本》。

诗的开始说"上人海东秀，才华众推优。学道慕中国，于焉一来游"，表达了作者对这位日本僧人的敬意。……

第二首诗作者署名窦从周。他开始叙述了日本僧人不远万里漂洋过海，到中国来游学："榜人理行舻，日出江水平。扶桑渺何许？万里浮沧溟。"接着表示对异国僧人的敬意。……

钟唐杰和窦从周送别的日本僧人是谁呢？日本收藏家自来推断为荣西。荣西（1141—1215）于公元1168年（宋孝宗乾道四年）四月搭乘商船入宋，曾登天台山和育王山，当年秋天回国。……1187年（宋孝宗淳熙十四年）再度入宋……公元1191年（宋光宗绍熙二年），荣西搭乘宋商杨三纲的船回国……

但是，从两首送别诗的内容来看，我颇怀疑钱别的对象并不是荣西。两首诗都提到作者和日本僧人一起作诗，第一首诗还说"诗酒喜共酬"，可见诗和酒是他们交往中相当重要的纽带。但是，荣西在所著《兴禅护国论》中，主张禅宗以戒律为先，强调持戒持斋，通过饮酒与中国文人往来，似乎和他的信仰不太符合。另一方面，日本的汉文学自平安时期以后逐渐衰落，镰仓时期随着禅宗的兴盛，汉文学重又兴起，不少僧人能写优美的汉诗汉文，形成所谓"五山文学"。但这是13世纪40年代以后的事①。所以，在12世纪后期入宋的僧人中，擅长汉诗的恐怕不多。再以荣西而言，从他的著作看，汉文学的修养并不高，不像是与钟、窦两人诗酒相酬"论诗坐终日"的日本僧人。这幅画中送别的"海东上人"，很可能不是荣西。只是因为荣西有高名，因而鸟尾氏藏画的标题就附会为他了。

如果这幅画中送别的对象不是荣西，又是谁呢？（中略）

---

①　禅宗在日本流行以后，凡僧人投奔禅宗寺院挂搭，往往要受汉诗写作的考试，测验汉文学的修养，因而出现不少长于汉文汉诗的禅宗僧人。这种喜写汉文汉诗的风气，13世纪后半期兴盛起来。北村泽吉著《五山文学史稿》第一编"镰仓期"从园尔叙述起，他是公元1235年（宋理宗端平二年）入宋，1241年（淳祐元年）回国的。

二

日本京都嵯峨的天龙寺妙智院藏有一幅《谦斋老师归日域图》①，是中、日两国友好往来历史上四百年前传到今天的又一幅图画见证。这幅画的右面是四个人和两个小儿在岸上拱手送别，背景除树木外，还隐约可以看见城墙和门楼。左面是扬帆驶行的船，船头站着一个和尚向岸上拱手告别，后边有人给他张着伞盖。这个和尚就是16世纪中期两度入明的策彦（名周良，号谦斋）。画面上的人物，如摇橹的、升帆的、拱手送别的，神情都颇为生动。特别是站在船上的策彦，面貌勾画虽很简单，但和妙智院所藏策彦的两幅画像相比较，脸形眉眼宛然相似②，说明画这幅画的画家很有水平。画面的设计，和南宋送别"海东上人"的图基本相同。（中略）

策彦抵达中国后和等待放洋之前，都在宁波停留很久，因此在这里结识了不少中国封建文人。策彦喜作汉诗，中国人对他很钦佩。《初渡集》卷中记载，一天有四个秀才拜访他，双方用汉字笔谈。秀才们写道："我辈俱学中人也。闻公有斯文之雅，特来拜。"又写道："曾闻佳作有'打篷风雨亦诗声'之句，甚高，定海坐雨诗也。"策彦常和中国人下围棋，作诗唱和。《初渡集》卷中记载他赠翰林修撰全仲山的诗："莫道江南隔海东，相亲千里亦同风。从今若许忘形友，语纵不通心可通！"诗句很能表达出策彦和中国封建文人之间的友好情谊。公元1539年冬，策彦北上赴北京之前，写信给宁波当地文人柯雨窗，问："此去南北二京苏杭二

---

① 见牧田谛亮《策彦入明记の研究》下册。《图说日本文化史大系》第七卷第79页也收有此图，惜不清晰。这幅画日本定为国家的"重要文化财产"。

② 两幅画像皆见牧田氏书，是策彦41岁和44岁时所画。送别图是公元1550年策彦第二次入明回国时所画，他当时年50岁。

州，才子之出群拔萃者今有几人？""大凡以诗文鸣天下者，乞一一示谕。"策彦在宁波来往的人有丰坊，《明史》卷一九一传里说他是一个"博学工文，兼通书法，而性狂诞"的人。策彦曾和僧人们在京都西郊天龙寺一起写诗，共成《城西联句》九千句，带到中国后请丰坊作序。丰坊亲笔所写序文，还保存在日本。策彦第二次来华时，丰坊给他写了一篇《谦斋记》，说他两度来使，"霜露之沾濡，波涛之震撼，豺虎之出入，鲸鲵之起伏，盖备尝之"。又说策彦"通儒佛二教，能诗善书"。丰坊所著《古书世学》中，还引用了策彦的见解①。策彦回国携带的书籍，主要是文学著作，没有什么佛教经典，可见室町时期禅僧的风尚了。

据牧田谛亮氏调查，妙智院所藏明人送策彦的书画有若干件。纸本墨书的计有：《送别图》（王谔笔）一幅，《志别》二字一幅，《送别志》（有柯雨窗画）一幅，《衣锦荣归图》一幅，《衣锦荣归序并诗》一卷；绢本着色的有《策彦归朝图》（野泉笔）一幅。牧田氏书里还收录了叶寅斋的《赠专使谦斋老禅师归日域图序》，日期是庚戌（嘉靖二十九年）五月，即公元1550年策彦第二次入明完成任务后，从宁波启程归国的月份。这篇序就是为送别图而写的，序后署名为"鄞土方梅厓、屠月鹿、董秋田、包吉山同赠"，大约就是图中在岸上拱手送别的四个人了。叶寅斋序里说策彦"谦而有礼"，"旧与之接见者，无不称扬其好从君子问学而才也"。又说"于其别也，能不恋恋于怀，不忍其去哉！相与崇俎饯于东郊之上，复图其景，征予言以志其事"。序后附诗一首，末尾结束说："即今帆归不可留，崇肴饯别鄞江皋。十年再会岁月老，今宵尽饮须酕醄。"

宁波文人送别的画和诗表达了对策彦依依不舍的情谊，并且希望十年之后他随日本的勘合贸易船再来。但是，公元1550年日

---

①　参见牧田谛亮《策彦入明记の研究》第四章《五山文学史上之策彦》。

本派遣的第十七次贸易船是室町时期的最后一次，20 年后，室町幕府被织田信长推翻，接着是丰臣秀吉称霸和德川家康建立江户幕府，中日贸易关系又进入新的阶段。策彦归国以后，直到公元 1579 年以 79 岁高龄逝世，也没有再到中国。

（上文取之于《周一良全集》第二编，第 4 册，高等教育出版社 2015 年版，第 246—256 页。）

　　[作者附注]

　　正如《前言》中所叙，我在田中先生教示下，逐步确立研究策彦的计划。其后，我在 2000 年春节回京，向一良师拜年之际，向先生汇报了这一计划，一良师甚表赞成，并应许待研究完稿后，为我撰写《序言》，以示鼓励。使我不胜欣喜。不意，先生在 2001 年 10 月突然仙逝于北京。是以为我撰写《序言》一事，无法实现。当拙著完稿之际，恰在 5 月先生的《全集》问世，在第四卷中收录了先生于 1973 年在《文物》杂志上所发有关论述策彦的文章，与本书主题密切相关。是以特地摘录其中有关部分，以代《序言》，得以稍稍弥补终天之恨于万一，并慰先生英灵于地下。谨祝先生安息。

第一编　策彦周良入明的背景及《策彦和尚入明记》的历史地位

第一章　策彦周良的生平及
两次入明的背景

朱元璋于 1368 年驱逐蒙元，建立大明王朝。为了构筑“万国来朝”的世界大国的形象，即位之初，朱元璋就招徕周围各国，前来朝贡，包括日本。但当时日本正处于室町幕府的南北朝时期。由于一些误会，迟至 1404 年室町幕府第三代将军足利义满时，方才被明朝册封为“日本国王”。以这种形式，中、日间建立起册封朝贡关系。当时明王朝对外国使节执行“有贡必有赐”“厚往薄来”的优待政策。故中国史家多称此为“册封朝贡”或“朝贡贸易”。日方必须持明方发给的有效“勘合”为凭证，以便于与海寇相区别，因而，后来日本历史学界多称之为“遣明使”“遣明船”或“勘合贸易”。由于日本当时只有禅宗五山派僧人熟习汉文学及中国情况，又兼中国是信仰佛教的国家，禅僧易受到尊敬，故多被任命为遣明的使节。如果从最早的 1401 年算起（在 1404 年之前，日本已在 1401 年、1403 年，派遣了两次遣明船），直到最后的 1547 年止，在这约一百五十年间，日本共派遣了十九次遣明使。而本书的主人公——策彦和尚就是在最后的两次，即第十八（1538）、第十九次（1547），被任命为勘合贸易的副使及正使而入明的，并由于这两次入明的事迹，从而名留青史，被人称道的。

　　策彦于日本文龟元年（1501）四月，出生于室町幕府的管领细川氏的家老井上家，为井上宗信的第三子。九岁时，入京都鹿苑寺的禅僧心翁等安的门下，取法名周良，号策彦，后又称谦斋。因此，后人习称之为策彦周良。

　　他从师除参禅外，还学《论语》《孝经》等儒家经典及唐、宋的诗文。过目成诵，师曾叹其为天才。十八岁时，薙发受戒。二十二岁时，乃师入寂，哀痛之余，遂居天龙寺妙智院，专以诗作为事。与京都、近畿一带许多文学僧交友甚笃。在五山僧界中，颇有文名。有书曾将其列为日本五山文学后期代表人物之一。他的法系属于禅宗的临济宗梦窗派。

　　当策彦成长到三十多岁的壮年时期，中日之间的勘合贸易已经进展到了后期。为了使读者了解勘合贸易的来龙去脉，先把它的大致变化，做一简要介绍。

　　自1404年明册封室町幕府第三代将军足利义满为"日本国王"起，便正式开始了中日的朝贡贸易。到1408年足利义满去世后，只再派一次遣明使，即因将军足利义持的反对而告终止。以上到1410年止这一段，可以视为前期。这一期间的特点是足利义满热衷于与明建立朝贡关系，并积极擒获倭寇以为回应。明方则对日方赏赐颇丰，双方关系密切。这一阶段，日方派出的船只以幕府船为主。

　　到第六代将军足利义教时，考虑到朝贡贸易的利益，从1433年又重开。自1432年从日本出发，1433年入明的第九次龙室道渊开始，到1452年出发、翌年到明的第十一次东洋允澎为止，可视为中期。其特点是，除幕府派船外，还有神社寺院和有力大名的船只，各次船数多达五、六、九只，因而这一阶段可视为繁荣期，或曰发展期。但幕府力量较前相对衰落了。

　　自1467年应仁之乱起，日本进入武士争雄的战国时代。神社、寺院都受到影响。因而，此后的中日之间朝贡贸易，主要是有力大名争雄的舞台。主要是以近畿地方为根据地的细川氏与西部大名大内氏，展开激烈斗争。室町时代后期，领有本州岛地方西部、九州北部的武将大内义兴（1477—1508），因 1508 年，拥护足利义植复任将军成功，自任管领代，直接参与幕政，从足利义植处取得派遣明船的权力。到其子大内义隆（1507—1551）这一代，由于其所处地理位置有利于与中国大陆交通，从 15 世纪中叶起，即开始参与遣明船的经营，特别是从 1516 年起，由将军足利义植一任大内氏从事遣明船的经营，开始与细川氏展开激烈竞争，终至在 1523 年爆发了宁波争贡事件。此事件发展成为大规模武装骚乱，对此后的中日关系产生了很大的消极影响。明方一度有人主张"闭关绝贡"。经过一番争议，明方最后决定：移咨该国，十年一贡，夷使不过百名，贡船不过三只，违者阻回。

日本方面，此后，从 1530 年幕府把遣明船的经营权交给大内氏。其后，其家主大内义隆决定，于 1536 年正式派出遣明船。任命湖心硕鼎为正使，考虑任命策彦周良为副使。

策彦本来与细川氏关系密切。但当时已进入战国时代，在争战中，细川高国自尽殒命。京都地区骚乱不止，使得策彦无法再与细川氏保持联系。而任命为正使的湖心硕鼎，与策彦之间有近似师徒的友谊。且湖心硕鼎当时年事已高，达六十六岁的高龄，而策彦年方三十七岁，正当年富力强，符合担任当时解决中日之间繁复事务的需要。而且他与大内义隆本人前后有十数年的友谊，正符合此次出使的需要。所以，策彦虽在名义上是副使，但实际上承担正使之责。

天文六年（1537）六月，大内义隆致函策彦周良，任命他为遣明副使。十二月，由大内氏筹备朝贡物资，率三只朝贡船只，成员共四百五十九人。在天文八年（1539）四月十九日，由五岛列岛奈留岛出发入洋。在当年（明嘉靖十八年）五月二十二日到达宁波。

在第一次入明滞留宁波期间，由于宁波争贡事件的影响，明方严格限制日方的行动。在日方要求下，从六月下旬起，允许日方使团率五十人进京。直到十月十九日，开始上京之旅。在京期间，除完成朝廷规定的朝贡礼仪、领受赏赐物品之外，明方拒绝了日方提出的归还没收货物的要求。天文十年（1541）六月，日使团回到日本。

第二次入明时由策彦任正使，在天文十六年（1547）五月，日方共四艘船六百三十七人，从五岛列岛出发。六月，到定海。由于提前到明，违反十年一贡的规定，且人、船均超过限额，因而在定海外停泊。翌年三月才到宁波。到宁波后，说服巡抚朱纨，在他协助下，嘉靖二十八年（1549）四月日方使团到达北京。在四月至八月滞京期间，完成了谒见、进贡、受赏等程序，八月离京。在翌年（1550）六月，返抵日本。

以上两次入明的详细经过，后面详述，此处不赘。

下面简单介绍一下，日本方面这些年来对策彦入明研究的进展情况。策彦归国后，将所有的日记及文书等都存放在天龙寺妙智院，垂四百年。明治维新后，修史局开始注意古文书的整理、采访工作。明治四十年（1907）将《策彦和尚入明记》等文书指定为国宝。1922年，《大日本佛教全书游方传丛书》第四辑，曾收录本文书。但因影印技术欠佳，错字甚多。1955年日本历史学者牧田谛亮在天龙寺妙智院原本基础上，整理出版了《策彦和尚入明记》的《初渡集》《再渡集》，提供了可信赖的版本。1959年出版了《策彦入明记の研究》（下），对策彦入明后的文学、佛教、交通等方面的情况，进行了研究，是日本方面重要的研究成果。但迄今已达六十多年，尚未见其他更新的著作。

在他两度使明中，都面对各种不小的困难。但他能顾全大局，律己冷静，御下严明，宽严适度，收发自如，卒能收全胜之功，与日本当时遣明之历代五山使僧相比，龃龉最少，而成果最大。

若谓策彦有化干戈为玉帛之才能，洵不为过也。

同时，他又能发挥汉诗文的才能，以为外交之辅弼。例如，他在第一次入明，朝见嘉靖皇帝时，献诗曰：

今日天恩与海深，凤凰池上洗凡心；回头群卉花犹在，始见青春归禁林。[①]

虽只是文学上应酬之作，但文字唱和之间，收促进友好睦邻之效，亦非一日之功也。

当第二次入明，即天文十九年、嘉靖二十九年（1550）夏归国后，大内府君欢赏特厚。后奈良天皇赐御宴，圣手亲颁菊花及银块等，荣之又荣。当时，著名武将武田信玄、织田信长等归敬特深，朝野归仰。

策彦生平好学，不好世财，不夸才能，一心谦让。天正七年（1579）六月，以老病奄然入寂。葬全身于西山草堂之后，世寿七十有九。

策彦的著作有：《策彦和尚入明记·初渡集》《策彦和尚入明记·再渡集》《谦斋诗集》《谦斋杂稿》《城西联句》《汉倭联句》等。

---

① 《邻交征书》，伊藤松编著，二篇卷之二，诗文部，第325页。

第二章 《策彦和尚入明记》的历史地位

当我们论及《策彦和尚入明记》在中日交流史中的地位之前，还必须先提到，在中日交流史领域中另外两部更著名的史料性著作。那就是日本入唐僧圆仁著的《入唐求法巡礼行记》和入宋僧成寻著的《参天台五台山记》。因为这两部著作，是在日本历史学界早已公认多年的，日本僧人用日记体写的，来华旅行记中的"双璧"。如果不提及这两部先行者所写下的"双璧"，想对后来入明的僧人策彦周良也用日记写的两部《入明记》（包括《初渡集》和《再渡集》）进行定位，那是比较困难的。因而，就出现对这三位前贤的著作，进行比较研究的艰巨任务。而这课题本身就可以构成一部专著。为了节省篇幅，这里先对两个著作，做一较为简洁的评论与介绍。

圆仁（794—864）是古代入唐的日本天台宗僧人。日本天台宗创始人最澄的弟子。圆仁在822年最澄死去后，承师遗志，为继承并弘扬天台宗而矢志奋斗。835年，他被推举为随第十七次遣唐使团（大使藤原常嗣）入唐的请益僧。

由于日本天台宗的特点是不只学中国的天台宗，而且也学密宗、禅宗、净土宗等，尤其是学密宗。他入唐后，先申请入天台山求法。但因他作为入唐还学僧身份（短期研修性质，原则上需随入唐使团同来同往），时间不够，未被批准。但在唐开成四年（839）八月，遣唐使团归国后，他决心只身留唐，继续学习。其后，他在扬州，向全雅受密教金刚界大法，又向宗叡学习悉昙（即梵语）。六月，到登州文登县赤山法华院。翌年（840）二月到五台山见志远和尚。由志远和尚受摩诃止观（天台三大部之一，是天台宗基本理论著作），并在五台山巡拜文殊菩萨圣迹。在五台山抄写圣德太子著《胜鬘经义疏》等。当年八月，到长安。向大兴善寺元政学密教金刚界大法，向青龙寺义真学密教胎藏界大法、苏悉地大法。由玄法寺法全授胎藏界大法。会昌二年（842）十二月，武宗废佛开始。会昌五年（845）圆仁被迫还俗，易装离长安。日承和十四年（847）九月，归国，抵大宰府。

圆仁滞唐是从唐开成三年（838）七月至大中元年（847）九月，共约十年。他逐日记录了入唐求法的经过，这就是著名的《入唐求法巡礼行记》（共四卷）。它除了像目前一般著作中谈到的，反映唐代的交通、经济、习俗等一般情况之外，笔者认为，更主要的是，它向我们展示了下列图景。

一、圆仁的十年滞唐，是一次如饥似渴的寻师求法的大丰收之行。他除了向各地名师亲身受教，获得极大教益之外，据统计，他在扬州、五台山、长安等地，搜集经论、章疏、传记等，共五百八十四部，八百零二卷，胎藏金刚界两部大曼荼罗及诸尊坛像、舍利并高僧真影等，共计五十种。所搜集数量之多，位居日本入唐八家之首，收获极丰。正因如此，他归国后不久，就由朝廷授与传灯大法师位、内供奉十禅师及延历寺座主，跃居天台宗最高的地位。

二、在《入唐求法巡礼行记》中，他记录了遣唐使团在入唐后与唐官方的历次交涉情况。例如，短期的还学僧与长期的留学僧在对待上的区别。入唐后，每当由甲地向乙地移动时，必须向所在州县提出申请的公私文书手续等，都有详尽的记载。

三、他在唐期间，亲历了"武宗灭佛"的大劫难。他详细记录下当时拆寺庙、毁佛像、烧佛经、打杀僧尼、强迫还俗等真实情况。

四、出之于他对中日交流的真挚热情，入唐后，凡经过与日本入唐僧有关的遗址，他都仔细观察，认真记录。例如，在开成五年（840）三月二日，他经过登州开元寺，墙上留有"日本国""羽豊翔"字样。[①] 经核查，应为759年（唐肃宗乾元二年）以高元度为大使的遣唐使一行，他们离日后，先到渤海国，然后入唐。途经此地，留字纪念。[②] 再如当开成五年（840）七月一日至三日，到五台山金阁寺、七佛教诚院、灵境寺等地，见到当年825年左右日本入唐僧灵仙[③]生活过的遗址时，都不胜唏嘘，感慨万端。

总之，从各个角度看，圆仁的《入唐求法巡礼行记》（以下简称《行记》），都是一部以入唐求法为主线，具有高度史料价值的著作。

除了上述我们简单介绍的圆仁的《行记》之外，在此基础上，我们还需要再提到入宋僧成寻著的《参天台五台山记》（以下简称《参记》）。为了说明更方便，我们有时采用一些对比式的叙述方法。当然有时也需要做些新的补充。

（1）我们先谈谈入唐（宋）前为止，这两个人（或者说，主要是上述这两个著作）的有关情况。

如前面或已部分提到过的，圆仁在入唐前，主要的履历是：

在日弘仁八年（817）十二月，由最澄授传法灌顶。当年三月，由最澄授圆顿菩萨大戒。

---

① 《行记》卷二，开成五年（840）三月七日。

② 据《遣唐使全航海》，上田雄著，草思社，2006年版，144—147页。

③ 灵仙：生卒年不详。日本法相宗僧人，804年随遣唐使团入唐，参加译经事业。淳和天皇（823—833）时，曾托渤海僧人贞素向灵仙带去黄金百两。圆仁828年到五台山时，灵仙已圆寂，故写诗以悼之。诗见《行记》卷三，开成五年（840）七月三日。

日天长九年（832）十二月，圆仁由原来的传灯住位，被授予传灯满位（39 岁）

日承和二年（836）三月，被授以传灯法师位（43 岁）。

日承和五年（838），他作为遣唐请益僧由大宰府出发赴唐（45 岁）。

与此相对照，成寻在入宋前的主要履历是：

七岁时，为岩仓大云寺文庆的入室弟子。

后曾分别由文庆、行圆、明尊等授胎藏、金刚、苏悉地三部大法等。

日长久二年（1041），任大云寺别当。

日长久三年（1042）前后，为大云寺主。

日天喜元年（1053），任左丞相藤原师实的护持僧。

日天喜二年（1054）十二月，由明尊推举他补任延历寺阿阇梨传灯大法师位。

日延久二年（1070），成寻向朝廷申请去宋，以巡拜圣迹为目的，请允渡航。

日延久四年（1072）三月十五日，乘宋商船，向宋出发。

以上述此二人在入唐（宋）前的情况，比较起来看：（1）成寻入宋时比圆仁入唐时年龄更大些（按石井正敏的 1013 年出生的说法计算起来，应为 59 岁。如以过去的 1011 年出生的说法计算，应为 61 岁。总之，是在 60 岁左右）。圆仁入唐时，则为 45 岁。比较起来，成寻更成熟，更老练些。

（2）成寻入宋前为止，学到的佛法更多（如密教三部大法等），在佛教中的职位也更高些（已达到阿阇梨传灯大法师位）

（3）以他们入唐（宋）的目的而论，圆仁的目的很明确。就是为寻师求法，尤其是学天台和密教。而成寻入宋的首要目的，则是为巡拜圣迹，以消灭罪障，往生极乐世界。次要目的，才是中日间进行佛教方面的交流。因为在唐武宗灭佛之后，又历经五代十国的纷乱，中国佛教受到一定的破坏。而其间，日本的佛教则有一定的发展。使得宋代时，中日佛教水平有一定的接近趋势。在《参记》中，关于中日僧人在佛教典籍、教义、仪典等方面，互相学习的记载，颇常见。例如，在成寻自日本出发时，携来天台宗、密教的经书共六百余卷。其中，包括把圆仁著的《行记》，奝然的《巡礼记》等一并带来，意在向中国介绍日本僧人在佛教领域著述。到宋后，根据成寻的要求，赐他新译经四百十三卷，再加上他自己购买的和友人赠送的，共有六百数十卷，携归日本，二者基本持平。① 也反映这一情况。

（4）除了佛教领域之外，成寻对宋代当时的政治、经济、社会、文化等领域，均有所记述，成为值得我们参考的重要史料。例如，在宋代的运河方面，成寻自入宋以来，南到天台，北到汴京，主要利用京杭大运河及浙东运河。故而对上述地区的运河情况，在《参记》中多有记载，这是研究运河史的宝贵资料。因而，近年来中国许多运河史的权威著作② 中，也利用成寻的一些记载，以资对比。其后，笔者还从成寻朝见宋代皇帝礼仪的角度，与策彦明代的礼仪进行了对比。这从一定的角度上说，也反映成寻记载面之广。

正由于上述这些情况，在日本历史家的著述中，普遍承认838—847年入唐的圆仁写的《入唐求法巡礼行记》和1072—1073年成寻在宋时写的《参天台五台山记》，是日本平安时代（794—1192）日本僧人来华旅行记的"双璧"。在中日交流史的研究中，普遍受到相当程度的推崇和重视。

但从平安时代之后，则很少再有人提起类似的著作。但笔者

---

① 藤善真澄著：《参天台五台山记の研究》，关西大学出版社2006年版，第436页。

② 例如姚汉源著《京杭大运河史》，中国水利水电出版社1998年版。

认为，在宋代之后，明代时日本入明僧策彦周良，以他两次入明的事迹为体裁写的《策彦和尚入明记》（其中包括《策彦·初渡集》。《策彦·再渡集》及其他附属各种资料）也基本上是以逐日记载的形式，详细记录了来华事迹的旅行记。笔者在这里，首次斗胆提出，策彦周良这一著作，应该与上述两个著作等同看待，三者并列而无愧。因为他们都把来华后亲身所作所为，一切经历，及耳闻目睹的一切所见所闻，都一一仔细记录下来。从中自然会反映出当时中国的政治、经济、社会及中日关系等各方面的情况，因而具有相当高的史料价值。

当然，从另一角度说，此三人由于所处的时代，及每个人的身份、使命、经历的不同，会在其著作中，显示不同的特点。

就圆仁的《入唐求法巡礼行记》而言。由于其入唐是带着为天台宗寻求佛法，以便提高天台宗地位的使命而来，因而，在内容中多处记录了他克服许多艰难困苦，力求学到天台宗的真髓及密宗佛法活动内容。就成寻而言，他虽然在主观上为巡拜圣迹，消灭罪障而来。但由于宋神宗很快发现了他。企图通过他了解日本国内情况，并力求建立起与日本联系的渠道。故在他入宋的后半段，多有朝见宋神宗及中日佛教交流的内容。

至于本书的主人公——策彦周良的两次入明的记录，既与上述二人的记录入华后的见闻，有些共同点，但也有相当的不同的特点：

（1）就其入明身份而言，既不像圆仁那样，作为附属于遣唐使团下的日本请益僧，也不同于成寻后半段，成为宋神宗的座上贵客。他虽是日本禅宗（临济宗）的僧人，但却被任命为赴明朝贡的使节，以官方使节身份入明的。而且，在明嘉靖十九年（1540），他虽以副使身份入明，实际上却起着正使的作用，等于两次奉使入明。因而，他参与了两次入明朝贡的全过程。对于具体的朝贡礼仪及贡品和赏赐品，均有详细的记述。

（2）他率领使团，亲自沿京杭大运河往返。他对当时京杭大运河的实际水运情况，在《初渡集》、《再渡集》、《大明谱》、驿程录《图相南北两京路程》中均有记述，是研究当时水运交通大动脉的重要文献。

（3）他在去京往返途中，曾观摩了运河沿线的重要城市及寺院等，对当时明代佛教的情况，例如三教合一等，均有所反映。

（4）他在宁波逗留期间，曾与当地许多文人往来，诗文唱和，这些记载，对研究当时中日文化交流均有裨益。

（5）他在第二次入明时，在入宁波前，曾受命于定海、岙山等地停泊待命。其间的花销，在《于定海并岙山下行价银账》中，均有所记录。这对于研究明代当时的物价，颇有参考价值。

（6）尤其是，在中日文化交流史领域中，长期以来重视隋唐古代，而轻元明，在此气氛下，发掘并开展对《策彦和尚入明记》的研究，尤其有重要的学术价值。

第二编　策彦入明史迹考察记

关于本编内容的一些说明：

正如本书《前言》中所述，本书著者与日本学者中岛敬先生，曾经在2001年、2003年两度沿着策彦周良当年入明时所经的京杭大运河上的路线，即宁波—北京的路线进行了实地考察。在这里，用照片、笔录，及归来后的文献资料相对照等方法，进行了研究。

本编中的表述形式，共包括以下几个方面。

（1）首先，以《中国文物地图集》中有关各地的地图为依据，对照策彦的《初渡集》《再渡集》中的记述，尽可能将他当年所亲历并有记述的地名，在地图上将其所在弄清楚。

（2）在实地考察中，我们拍下许多有关地点的照片，分别归入有关城镇。

（3）在照片之后，就是策彦去该地经过情况的文字解说。

由于策彦当年所记，毕竟已阅五百余年，地名往往有变。需要查找有关资料，相互核对，才能弄清个中变化，清楚在中日交流中的演变过程及当时所起的作用。

这里需要申明的是，无论选取照片，还是弄清变化原委，任何一个环节，都需要细致的工作。在这些工作中，无论中岛敬先生，还是去各地考察时当地的专家学者们，都曾通过面谈或函电往返，承各位专家答疑解惑，解决了许多难点。在这里需要对他们的帮助及指教，致以深深的谢意。

第一章　宁波

董孝子庙

贺秘监祠

月湖

延庆寺遗址

宁波市舶提举司遗址（今中山公园内）

市舶司遗址（今中山公园内）

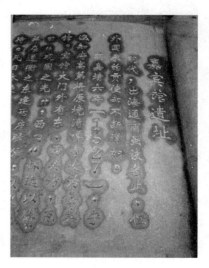

嘉宾馆遗址

通政司副使衙（三品）遗址

关帝庙址

天宁寺塔

宁波三江口

宁波三江口

宁波城隍庙遗址

宁波城隍庙遗址

策彦前后共两次入明。第一次，是由湖心硕鼎任正使，策彦周良任副使。在嘉靖十八年、日本天文八年（1539）四月十九日，由五岛列岛奈留岛入洋，于五月十六日到舟山群岛定海港，五月二十五日到宁波。于当年十月十九日离宁波，沿浙东运河、京杭大运河，驶向上京的路程。在宁波停留几乎有半年之久。

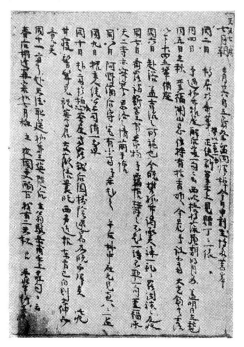

策彦亲笔《初渡集》卷上

宁波为中国浙江省东部面向太平洋的良港。它地处三江地区，即先由姚江与奉化江汇合，然后流入甬江入海。使内地漕运与海运连接，沟通了内地与沿海的交通贸易，具有港口城市的雏形。唐长庆元年（821），将原设于鄞县的州治，迁移至今天三江汇合的市区内，并因附近的明州山脉，改建制为明州，意味着这一港口城市的正式建成。到宋代，明州成为全国三大对外贸易港口之一，成为中日主要贸易港。使得中国与日本、高丽等国的贸易往来等，更加繁荣。

到明代时，虽执行海禁政策，但只是禁止人民入海贸易，对外国贡船则照接不误。于永乐元年（1403），在宁波设立市舶提举司（后改为"市舶司"），实行勘合制度，对勘合各国，实行朝贡贸易，并专辟明州一处，以接待日本贡船。由于"明州"一词，与国号重复，故取"海不扬波"之意，改为"宁波"。自15世纪初以来，已经多次接待日本贡使。到嘉靖十八年（1539）五月，策彦等到定海时，已经是第十次勘合贸易使节了。

　　由于在此之前的 1523 年曾发生宁波争贡事件，当明方得知日本使团到定海之后，就以高度警惕的态势，对待来使。嘉靖十八年（1539）五月十八日，宁波派钦差巡视海盗副使卢、把总梁刘、通判周等携书信到日船。内容是诘问日使：先年构乱宗设、宋素卿等，系何人差来？伪图进贡，掳去袁琎等，如何不行开写明白？今携来勘合系何年给领？彼国有无真正表文。取彼国表文验看明白。该府安插差来正使副使、士官，务要谨守国法约束，商从水夫等安心守法，就馆住歇，毋得纵容生事等。①

　　五月二十二日，日船等由定海港出发。明方派军船护送。二十五日，日使到宁波登岸，入嘉宾堂憩息。

　　五月二十九日，钦差镇守浙江等处地方兼管市舶事务御马监太监刘由杭州来宁波。六月一日，日使拜谒太监、海道大人、提举司、知府、知县等各级官吏。六月十一、十二日，查验日方贡品及所携物件。

　　六月十五日，日使呈短书于太监云："抑生等，淹屈海洋久矣。顷者，虽偶处馆里，门吏紧严，不许容易往还，终日惘然。颇以有病者。不游名区，不入胜境，何以忘羁旅之劳，可不怜悯乎？且复生等，上京起身未有期，日日待朝廷宽恤之诏，瞻企之甚，如大旱望云霓，若办装迟延，则明年归国必失顺风节。……伏希老公与列位共议，速蒙许诺。"② 自六月十八日送太监归京后，在日方恳请下，逐步放松对使团行动的限制，开始可以去各处游览名胜及一些私人交往。这也可以说，自日使到定海及宁波以来的实际表现，逐步取得了明方一定程度的信任与理解。正如六月八日"御马监太监刘谕"中所说："使臣硕等越海而来，效顺上国，辛苦万状，言不可胜，足见忠诚，当以优待。连日雨作，弗

---

　　① 《策彦·初渡集》，嘉靖十八年（1539）五月十八日条。
　　② 《策彦·初渡集》，嘉靖十八年（1539）六月十五日条。

克遂怀，等候天晴，盘验方物，自以礼柔，各宜安心舒畅中也。"①

他们外出参观名胜的活动，大致顺序如下：

策彦等在六月十八日，参观"敕赐董孝子庙"。当我们去实地参观时，承宁波市博物馆研究员林士民先生的介绍：董孝子为东汉人董黯，因其母被一邻居富家子打杀，后董黯将该人打死，为母复仇。皇帝不罪反而封官。明代嘉靖时，为其建庙祭祀。清代时重修。庙在今宁波火车站机车修理厂的院内，距今址 50～100 米。1995 年迁移今址，为宁波市海曙区文物保护单位。庙内祀董孝子塑像。

六月二十五日，谒城隍庙。此庙原创建于五代后梁贞明二年（916），子城西南角。明洪武四年（1371）因被烧，迁建于今址。即海曙区县学街 22 号。今存建筑为清光绪十年（1884）所建。今所存之形制，大致为明之旧观。主建筑为前后三大殿、正中戏台、左右厢房、后楼组成。占地 4700 余米，为现存宁波府中最大的城隍庙。据云，所祀者为汉高祖刘邦之大将纪信。此处在明末清初的清顺治二年（1645），曾是张苍水等反清志士聚集数千人，进行反清起义之地。

继之，当日策彦等"次诣补陀洛寺"。策彦对于到该寺时的情况，有如下的记述。"寺前有石桥。榜门以'天下名山'四字。佛殿揭'圆通宝殿'四大字。又殿里揭'真如法界'四字。寺僧十数辈出迎而礼。正使及予、两居座、两土官并二号、三号诸役者入堂。于观音像前各消拜者三。献香资者拾缗。寺之称长老者，供香资并愿文者再三。同者唱大士宝号，唱了。投愿文于炉中火却。堂后又有堂。堂中央安释迦尊像。迦叶、阿难为左辅右弼。又堂内左右有床，塑二八罗汉之像。寺僧设椅子及案，请正使以

①　《策彦·初渡集》，嘉靖十八年（1539）六月八日条。

下诸官员就座。"① 如此郑重其事的礼拜及香资等，在他们入明以来去过的寺庙中，是非常罕见的。其原因何在？在他后面的记述中写道：

> 生等在海东之日，亦谙其为名蓝。前月于大洋，风波荡突，船不克进，淹滞中流。生等念彼大士默祷者良久，遂勠精进力，预推愿彀，须臾风顺波滑，得辄臻此，岂非大士灵验之所然乎。是故，今日造诣，奉拜慈容之次。聊有烧香之资。②

原来，其原因在于在日本国内时，他们就已知道此寺的大名。而在此次海上航行遇到阻难时，默念观音大号后，才得以顺利前行。这不能不牵涉到此寺的来历。

在唐末及五代的中日交流史上，有一个日僧慧萼，当时他曾多次往返于中日之间，并留下一些传说。有一个传说，说他在五代后梁贞明二年（916）自五台山请观音像归国。途经普陀山为大风所阻，当地居民舍屋建"不肯去观音院"，祭祀观音。后来，普陀山佛教各宗派遂统一祭奉观世音，影响益大。③ 至于具体到策彦入明当时去过的宁波补陀洛寺的来历，目前也有些不同的说法。例如，日本史学家牧田谛亮所著的书中，认为是由于宁波距离舟山群岛上的普陀山有一定的距离，百姓去参拜往返不便，因而由明僧维摩在洪武二十年（1387）到永乐二十二年（1424）间，陆续在宁波府内栖心寺的空地上兴建起来的。④

据林士民先生介绍，此寺最早是在唐大中十二年（858），由

---

① 《策彦·初渡集》，嘉靖十八年（1539）六月二十五日条。
② 同上。
③ 《大日本佛教全书》第103册，《本朝高僧传》卷六十七慧萼传。
④ 牧田谛亮：《策彦入明记の研究》（下），第184页。

任景求舍宅为寺，号称东津禅院，以心镜为开山祖师。为纪念心镜，敕改寺为栖心寺，建心镜禅师舍利塔。后来，明洪武二十年（1387）信国公汤和奉命御倭，在浙东、西设卫所、筑城，由普陀山迎来宝陀寺观音像供养。翌年，敕额改名为补陀寺，并有"小普陀"之称。其特点是在大雄宝殿供奉千手观音像。这点，与策彦到补陀洛寺（或简称为补陀寺）时，看到供奉观音大士像的记述，也是一致的。

至于补陀寺上述两种来历的说法，双方各执一词，难分伯仲。但，若就策彦到宁波时对补陀寺的态度而言，它既有初到该寺敬畏的一面，同时，又联想起在大洋中"风波荡突，船不克进"，靠念观音大士号得以解脱的情况。因而，他们到宁波后，即去该寺礼拜观音。这一经过，很可能说明，他们是把眼前的补陀寺与听闻中的舟山群岛上的普陀山，混为一谈。因为自宋以来，在普陀山上的僧院日增，僧众云集。来往于日本的僧众，常在此候风，拜观音，祈求旅途安全之故。

目前，在宁波的补陀寺，在今宁波市江东区百丈路上的七塔寺址。因为后来在清康熙初年，在寺前建七级浮屠，故俗称七塔寺。后咸丰年间太平天国时，被毁。光绪年间（1890）修复。"文化大革命"期间损失惨重。1980年逐步修复。本寺至今保存的重要文物有：开山祖师真身舍利塔一座、雍正版《大清龙藏》一部、宋铸大铜钟二口、佛教奇珍梵文《贝叶经》一束等。

六月二十九日，策彦游月湖。月湖位于宁波市区西南隅。自唐代以来开凿。古时，宁波有日湖及月湖（合组即为"明州"的"明"字）。日湖已废，现只有月湖，为宁波著名风景区。不仅风景秀丽，也是著名人文荟萃之地。例如，唐代著名诗人及书法家贺知章（659—744）在辞官之后，曾归隐于此处。因而，月湖建有"唐贺秘监之祠"（因他曾官至秘书监）。宋绍兴十四年（1144），当地郡守莫将在贺知章读书旧址，建祠与李白并祀。策彦因久已钦仰贺的文名，故入祠内瞻仰贺的塑像。贺秘监祠今址在宁波市海曙区柳汀街 98 号。

当天，策彦通过尚书桥跨过月湖，去孔子庙。继之，又去延庆寺。

延庆寺是五代时期后周广顺三年（953）创建，时称"报恩院"（日本佛教典籍中，又称其为"保恩院"，见后文）。后于北宋祥符三年（1010），改为延庆寺。在中国佛教是天台宗五山的第二位，也是四明地区著名的古刹。天台宗是在南朝陈及隋时，由被称为天台智者的大师智凯（538—597）所创。在中国佛教的各宗中，是创始较早的宗派。但由于经过唐武宗灭佛事件，其教义及典籍等，几乎一度濒临灭绝的状态。

后在北宋时，高丽名僧义通留学于天台山。其后，在明州弘扬天台教义二十年，成为中国天台宗的十六祖。当时，明州僧人知礼（960—1020）诣宝云寺，向义通尽学天台之教，常代师说法。义通死后，他徙到保恩院（即延庆寺的前身），继续弘扬天台宗，成为天台宗的十七祖。

1003 年，日僧源信提出"天台宗教义二十七疑"，遣弟子寂昭去宋国南湖谒知礼法师，由知礼赠答释决疑。[①]

其后，源信的弟子绍良，在（日）长元初年（相当于 1028 年左右），"浮杯南询，谒延庆尚贤法师。贤四明智礼之高弟，赐号广智者也。……良……留学三年……归朝之日，栖迟台岭，敷演所业"[②]。意指，源信弟子，日僧绍良于宋初入宋后，去明州谒见四明延庆寺知礼的弟子广智，尽学天台之奥义而归。

从以上一些事例可以看出，经过高丽僧人及中日两国僧人师

---

① 《本朝高僧传》卷一〇《江州睿山沙门源信传》；《本朝高僧传》卷六七《宋国吴门寺沙门寂昭传》。

② 《本朝高僧传》卷一〇《江州睿山沙门绍良传》。

徒相承的刻苦努力，到北宋初年，延庆寺的明僧知礼及其弟子广智等，都对于天台宗有了很深的理解，并且成为向日本弘传教义的场所。宋元期间，估计仍有余绪可寻。

正是由于这些悠久的历史渊源，使得策彦在嘉靖年间来宁波时，一定要来延庆寺一叙旧情。因而，策彦在《初渡集》中写道："（延庆）寺乃天台智者之裔所居也。寺僧出迎引入房。房一僧亲切把手说寺之事迹。"[1] 这些所谓"寺之事迹"，肯定是指过去与日僧互相交流的事迹而言的。而策彦的来访，又是在历史事迹之上，增强了新的感情纽带。

策彦后又到延庆寺，其大致的建筑规模是"入南门，左畔有三层钟楼。题'钟楼'二大字。佛殿面于南，揭'大雄最吉祥殿'六大字。本尊卢舍那像，迦叶、阿难为左辅、右弼。佛坛上中央按牌，书'皇帝万万岁'五字。又案上按牌，中央牌书'法报应身真觉佛宝'八字。……又佛殿后有堂，揭'罗云堂'三大字。又过一院……树梢挂额，揭'晚翠亭'三字"[2]。

今天存在的建筑物，共有天王殿以及后面的大殿。建筑面积共 405 平方米，面宽 10.8 米，坐北朝南。今天所在地是宁波市海曙区灵桥路 203 弄 8 号后面。

下面，就当时日本使节来宁波时，有关的接待及管理机构等，略做介绍。

（一）嘉宾馆

明代，最早接待日本来贡使节的地点，为设在安远驿内的嘉宾馆。后来，当 1454 年日本以东洋允澎为首的使节来贡时，因使团庞大，人数达到千余人，于是分别安排在安远驿及境清寺住宿。

---

[1] 《策彦·初渡集》，嘉靖十八年（1539）六月二十九日条。
[2] 《策彦·初渡集》，嘉靖十八年（1539）十月九日条。

其后，"嘉靖癸未两起贡使俱至宁波，事属违例。于时市舶太监赖恩以两贡使，一馆之于市舶司，一馆之境清寺。馆虽两处，待有偏颇。二使为仇，寺惟燔炳"①。上文中说的"癸未两起贡使"，即指嘉靖二年（1523）同时来到日本朝贡的大内氏与细川氏争贡的事件。由于太监赖恩把他们两伙使团，分别安排在市舶司和境清寺，再加上验货有先后，宴席次序不公，引起两伙反目成仇，造成仇杀事件。使境清寺化为灰烬，"众僧离群索居"。后来，"己亥其修贡，有司议馆之，遂以镜清闲基，起造嘉宾之馆，向来以处来使也"②。就是说，当时就考虑到己亥年即嘉靖十八年（1539）日本湖心硕鼎、策彦周良等日本贡使即将来到，由当时知府等在境清寺闲基的基础上，重建嘉宾之馆，以待来使。而这正是从嘉靖十八年（1539）五月二十五日起，在宁波下榻的"嘉宾堂"。

策彦等人对这个新的下榻场所，有如下的一些记述："城门傍'灵桥'二大字。""嘉宾堂面于正南。榜门以'怀柔馆'。出馆则分路于东西。西门有'怀远以德'四字。东门有'观国之光'四字。堂内有牌。书'投文'二大字，东有牌，书'放告'二大字。"③ 按《嘉靖宁波府志》卷之八"公署"条载："嘉宾馆在府治东南江心里，中为厅凡三间，周围井屋凡三十六间，厅后为川堂，凡三间。又为后堂凡五间。……通衢之东，复建二驿馆，以便供亿。今并圮。故为境清寺，嘉靖六年守高弟改为馆，凡遇夷入贡，处正副使臣于中，处夷众于四旁舍。"④ 从上述材料的描述来看，似原来规模较为宏大。由于为了急于修就，以接待策彦等的来贡，工事南面流于粗糙。这从策彦径直称之为"嘉宾堂"，而

① 《日本一鉴·穷河话海》卷七，使馆条。
② 同上。
③ 《策彦·初渡集》，嘉靖十八年（1539）五月二十七、二十九日条。
④ 《嘉靖宁波府志》卷之八，公署。

不称之为"馆"可以看出。并且当六月初,"连日阴雨,太苦下湿"。有人送来竹制桌椅,"得此二物,渐安心了"。说明建筑条件很差。①

(二) 市舶司

最早在宁波设立市舶司管理对外贸易,始于北宋。到元时,庆元(宁波)已成为对日通商口岸之一,遂将温州、上海等地市舶司并入庆元。明初,由于明朝廷招徕各国朝贡,宁波成为对日本进行勘合贸易的唯一海港,恢复了市舶司,将它设在元末明初的将领方国珍都元帅府的花厅,即现在中山公园九曲廊一带。市舶司下辖市舶库、市舶码头、四明驿、安远驿、嘉宾堂等。直到1523年,日本来贡使节发生了宁波争贡事件,才在1527年罢免了浙江市舶太监,改由镇守太监兼管。为接待嘉靖十八年(1539)五月来宁波的日本使节湖心硕鼎、策彦周良一行,特派"钦差镇守浙江等处地方兼管市舶事务御马监太监刘、钦差巡视海道浙江等处提刑按察司副使卢(《策彦·入明记》中不断简称为"海道大人""海道老爹"者)来专门处理,以代替平日市舶司的职权。

(三) 四明驿

明洪武元年(1368)设水站,命名为四明驿。为接待来明朝贡的国家,开放宁波、泉州、广州三港。而其中专以宁波接待日本的贡船。自1404年起至1549年止,四明驿一直成为接待日方朝贡船的起止点和日使返国的出发地。四明驿的遗址在今宁波市区柳汀街陆殿桥附近,佛教居士林址。

日使一行自五月二十五日到宁波以来,经过三个多月的交涉与等待(其中包含闰七月),终于在八月十六日,等到了明朝廷允

---

① 《策彦·初渡集》,嘉靖十八年(1539)六月六日条。

许入京文书的到来。八月二十六日，明方允许五十人入京。九月二十七日，盘验献给明方的贡物，为日使举行欢送入京的"礼宾宴"。美中不足的是，由于太监刘先期离开宁波，未得与会，惹起双方一点儿小小的不愉快（交涉等详情，请参看第二编第二章）。十月十九日，日使终于离开滞留半年之久的宁波，登上入京的航程。

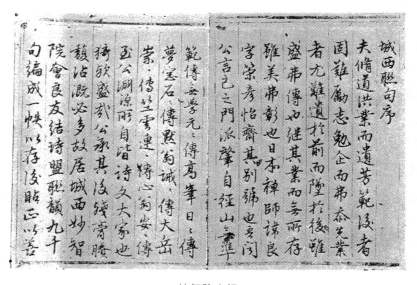

妙智院山门

上面提到的，都是策彦等第一次入明时到宁波的情况，至于在《再渡集》中反映的第二次入明的情况，则还未涉及。一般学者都普遍认为，《再渡集》所谈甚简，价值不大。在宁波滞留期间的记述，固然也有此缺点，但并非全无可取之处。就以游览名胜而论，策彦第二次到宁波时，除了曾到了延庆寺、补陀寺等前次去的寺院之外，还去了天宁寺，这是第一次入明中未曾去的。但只是在七月十九日条下，提了一下，未做详细记录。估计是策彦等对该寺的意义不太了解使然。当我们此次去宁波考察时，承蒙林士民先生做了详细介绍，得以稍有了解。

据现场竖立的当代碑文介绍，天宁寺始建于唐大中五年（851）。唐咸通年间（860—873）在寺前增置东、西两塔。后来，清代寺院及东塔均已坍塌，只存西塔，成为我国江南地区唯一幸存的唐代方形砖塔，弥足珍贵。因为创建于唐咸通年间，故称为咸通塔。天宁寺存在时，曾与日本有往来。天宁寺僧祖阐曾奉诏出使日本，入主日本天龙寺。当时，天宁寺也成为经常接待日本贡使及僧人来访的地方。

第二章　杭州

上天竺寺

灵隐寺

上天竺法喜讲寺

净慈寺

杭州城隍庙

西湖保俶塔

杭州伍公山脚下伍子胥庙遗址

真教寺

布政司遗址

　　杭州位于中国东南部沿海地区，浙江省中部偏北，气候温和湿润。自隋代开辟江南运河，成为南方的终点之后，城市工商业发达，经济繁荣，成为"鱼米之乡"、"丝绸之府"、"茶叶之都"。它有悠久的历史，春秋时属吴、越，五代十国时，曾是吴、越国首府，又曾是南宋的都城。明代时，它是风景秀丽、文化积淀丰富的东南名城。

　　策彦等日使一行，第一次入明上京途中，是在嘉靖十八年（1539）十一月初一日到杭州东门外岸上。明方传令，命在船上稍等。经策彦等呈短疏于御史坚决请求下，才允许上岸。入杭府后，只见"府中所过，及第门多多，有'双凤坊''海蛟竞起''奎璧联辉''世进士坊''父子翰林'……等之类，不遑枚举。又帘铭有'河清老酒''金华老酒''短水白酒''罗浮春''洞庭春色''上色清香高酒''瑶池玉液''紫府琼浆'之类，不可悉记焉"[①]。记录材料反映了当时的经济繁荣，文化发达。

　　随后，见有一寺，"门中央以金揭'真教寺'三大字"。据明嘉靖年间进士田汝成所撰《西湖游览志》记载：此寺，系元代延祐年间，由回回大师阿老丁所建。系由于宋室南迁之际，西域回民，多从驾而南，到"杭州尤夥"。遂立此清真寺，"寺基高五六尺"，"俗称礼拜寺。"[②] 此寺之年代，与策彦入明年代相近，因而可能为策彦所亲见。他在第一次入明到杭时，见此寺"寺门架以层层华构，犹如层塔"，颇为壮观。[③] 笔者于2001年来杭时，据本寺人谈，1928年为新修马路，拆除了本寺的大门及寺内高层的望月楼。因而，再也望不到望月楼的雄姿。但从总的建筑结构上看，还依然充满着伊斯兰教的气氛。

---

　　① 《策彦·初渡集》，嘉靖十八年（1539）十一月初一日。
　　② （明）田汝成辑撰：《西湖游览志》，上海古籍出版社1958年版，第289页。
　　③ 同上。

翌年，当日使一行在嘉靖十九年（1540）三月，入京朝贡完了之后，于九月三日返抵杭州，轿过吴山驿，自武林门入城里。武林门为杭州城的西北门。因附近有虎林山，"虎"与"武"音近，故演变为武林门。此门对杭州城特别重要。因为从各国来的使节，一般都由此门出入。此门又称"水城门"，因城内湖水（包括西湖水），都从此门排出城外，流入大运河。故策彦当时也是由此门出入城里。接着，拜谒布政司。当时的布政司署，其位置相当于今天吴山广场之北，延安路之西，即今杭州第四中学的位置。

九月三日下午，策彦等到西湖一带游览，在《入明记》中，他写道：

> 未刻，自清波关出到西湖之涯。于山于水，佳绝可爱。六桥之影，湖心横几虹。湖面或画船，或渔舟不知予其数。所恨公程匆匆，逐一不印屦于山隈水涯。三天竺、灵隐、净慈等之诸寺，孤山、苏境、六桥之烟景，如画图中物，但望梅林止渴耳。[①]

这充分表现了策彦等早已耳闻西湖美景的大名，而今才得第一次亲眼目睹时，难以尽收眼底，美不胜收的心情。

九月四日，他们一行到吴山驿前泊，"舟行四五里许，伍子胥庙在吴山山巅"。他虽然在文中提到伍子胥庙的名字，但看语气，他当天似乎并未入庙参观。

但等到策彦等第二次入明的上京途中，即在嘉靖二十七年（1548）十月十四日，渡过钱塘江之后，于十五日入武林峰，诣都堂、都察院（朱纨）等人之后，于十九日"宵分，点行灯登吴

---

① 《策彦·初渡集》，嘉靖十九年（1540）九月初三日条。

山，经忠节坊，诣伍子胥庙。……又诣城隍庙、到铁佛寺，又到水利馆"①。

　　按：吴山，位于杭州府城之西南。其得名，有数说。或曰，春秋时，此处为吴国之最南面。此地均属吴，故称吴山。或曰，因吴名将伍子胥在吴败越后，劝吴王"去疾莫如尽"，不听，最后，被吴王赐剑自尽。他死后，人悯其忠，在山上设庙以祭之。因"伍""吴"字音相近，讹称为"吴山"或"伍山"。策彦自幼熟读中国典籍，伍公事必早有所闻，故趁入明之机，谒庙以表敬意，固为事理之常。而十月十九日当天，策彦记曰："宵分，点行灯登吴山。"宵者指日没之后，并点灯登山，其后又拜谒山上之城隍庙、铁佛寺等地，时间紧，天黑，故在伍子胥庙内未必有时间充分停留，无法做仔细观察，以致在《入明记》内未能做详细之观察与记录，至为可惜。

　　此次，笔者于2001年去杭州考察时，承蒙浙江大学历史系徐明德教授专程陪伴，赐教良多，使得在考察伍子胥庙等地的工作中，取得了很大的收获。在他的引导下，我们来到了杭府西南，位于大井巷环翠楼西，今名"伍公山"的脚下。伍子胥庙的地址，今已编为"伍公山18号"。在伍公山上，今天已经是一片民宅小院。进入民宅小院不久，在偏北一间小民宅的房屋中，我们发现了一个已嵌入民宅墙壁中的似为清代雍正年间的残碑。经过仔细辨认，勉强可以看出，清残碑上的文字为：

　　　　大清敕封英卫公庙碑
　　　　敕封英卫公庙祠春秋吴行人，伍公殁……

　　看来，清残碑中的"英卫公"，为清代封赠给予伍子胥的封

号。按伍子胥死后，因其忠义，历代均有封赠。例如，唐封惠广侯，宋封英烈王。明洪武年间起，每年九月二十日，在他被杀日，都由当地知府向他致祭。

据该院居民谈，在伍公山上，原有坐西朝东的三行大殿，原来"佛殿"中均有"佛像"及匾额。后来，最后一行的佛殿及匾额均被拆除并拿走。现只有前面两行大殿，已改成民居。但显出与普通民宅不相适应的异样的高大，说明昔日确是伍子胥庙殿堂的旧址无疑。

当策彦等当年十月十九日，从伍子胥庙中出来以后，紧接着"又诣城隍庙"。一般道教所传，城隍为各地守护城池的神。唐宋以来，各地普遍祭祀城隍。明代，洪武三年（1370）正式规定各府、州、县的城隍神，并加以祭祀。当时杭州的城隍庙在宝月山上。明时，周新，字志新，广东南海人，曾任浙江按察司。明成祖时，误杀周新，后知其为清官，封他为杭州城隍。策彦来此地时，所祀即为周新。

接着，十月二十一日"天气佳暄，登北山山顶，乃保俶寺也，有八角七重塔"。……

晦日（三十日），"……游西湖，自北山山下乘扁舟，第一到净慈寺。……终于大佛寺。取归途于北山山顶，再游保俶寺。……北山山顶倚中条，佳境何辞磴路遥；白日僧稀黄叶寺，塔铃响似说前朝"①。

策彦的这一描绘，使人很容易想起保俶寺的塔，即北山山上的保俶塔。

对保俶塔的由来，据笔者所知，至目前为止，我国学界（或者说包括旅游界）共有两种说法。

---

① 《策彦·再渡集》，嘉靖二十七年（1546）十月晦日。

一种说法，是认为由吴越国的钱氏家族，为祈祷国君钱俶平安归国而建说。另一种说法，是永保师叔建塔说。

如众所周知，在五代十国时期，北周的显德七年（960）正月，乘周世宗病逝的机会，禁军的首领（殿前都检点）赵匡胤陈桥兵变，黄袍加身，成了宋朝的新皇帝。但，在他的面前，还有几个小国割据政权，包括以杭州为首府，钱俶为国君的吴越国政权。宋虽然授予钱俶以"天下兵马大元帅"的名号，但钱俶仍然小心翼翼，听候宋的召唤，向宋纳贡，协助宋进剿南唐。在宋开宝九年（976）二月，赵匡胤召钱俶偕其妻、子等来汴京，特赐剑履上殿，封其妻为吴越国王妃，赐金器等不可胜计。然钱仍然战战兢兢，大量纳贡，以表对宋的忠心。在这时，有一种说法，认为吴越的臣子，其母舅吴延爽发愿造塔，祈祷俶平安归来，故有建保俶塔一说。这一说法，虽然未经任何学术著作正式论证，而是旅游读物中提出的一种猜测，① 但流传甚广。而该书中，同时又提出一种否定的因素。即说"该兄弟五人"，早在后周显德七年（960），因"谋叛，被削除职名，流放外州"，从而陷入一种自相矛盾的境地。

依笔者的查考，这一"矛盾"的产生，乃由于对《宋史》如下一段记载，错误理解所致。

建隆元年（960），授（钱俶）天下兵马大元帅，俶舅宁国军节度使吴延福有异图，左右劝俶诛之。俶曰："先夫人同气，安忍置于法？"言讫呜咽流涕，但黜延福于外，终全母族。②

---

① 《中国名胜辞典》（精编本），上海辞书出版社 2001 年版，第 399—400 页。
② 《宋史》卷四八〇，吴越钱氏，《世家三》。

这一段记载，事实上与钱氏家族的建塔，并无什么直接关系。

据笔者检索《宋史》的有关记载，赵匡胤确实于宋开宝九年（976）二月，召钱俶及其妻、子等来汴京，有所封赠及接待，但到当年四月左右，即送回杭州。[①] 在这一期间内，钱氏家族热切盼望他们早日返回，其心情固可以理解，但检诸《宋史》的有关段落，俱无建塔的记载。而且两个月左右的时间，就建塔而言，时间仓促了些。

后来，元末明初的史家徐一夔（1318—1400）著《重修宝石山崇寿院记》，书中谈到钱氏在西湖建塔事。其中说：

> 封山为宝石山。……钱氏之臣，有吴延爽者，视伟兹山，遂往东阳请善导和尚舍利，建浮屠九级，附以僧坊，略具塔寺之体，人称为宝塔院。宋开宝初，始赐额曰崇寿。[②]

吴延爽乃是吴延福兄弟五人中的诸弟，官任都指挥使。[③] 虽然，这也是通过钱氏人之手，在西湖建立起九级宝塔，但其动机，似已不是为了祈祷钱俶安全返回，而是为西湖添景色。当时，吴越国人对佛教十分崇信，甚至是迷信。吴氏兄弟也是如此。

他所建的宝塔，与本书的主题——策彦的入明，也间接有一点儿关系。据策彦在第二次入明的进京途中，在嘉靖二十七年（1548）十月到杭州西湖时曾写道：

> 天气佳暄，登北山山顶，乃保叔〈俶〉寺也。有八角七

---

① 《宋史》卷四八〇，吴越钱氏，《世家三》。
② （明）徐一夔：《重修宝石山崇寿院记》，收入他所著《始年稿》卷七。
③ 《吴越吴延爽造石罗汉记》，收入（清）阮元编《西湖金石志》卷四。

重塔。方丈倾倒。……祖堂荒废，本尊前按开山善异和尚木像……①

西湖保俶塔，虽然不是九级塔，而是七重塔，但塔前毕竟也按上善异和尚木像，是否说明它与过去吴延爽筑塔时，请来善导舍利有关？

在徐一夔的上述书中，在谈到吴延爽建塔事之后，紧接着说：

> 咸平（998—1003）中，僧永保有目眚，誓修宝塔以还光明，化缘城府，十阅寒暑。市人咸以师叔称之。塔即完，人因呼为宝叔塔。大抵兹山以塔益胜，故皆称塔而不称寺。②

其后，嘉靖年间，明人田汝成所著《西湖游览志》中，也有类似的记载。其中，还特别谈到嘉靖年间以后的演变。它写道："嘉靖元年（1522）塔毁，二十二年（1543）僧永果重建。"③ 而这时距离策彦在第二次入明，即嘉靖二十七年（1548）十月到该处，不过五年左右，因而肯定事实不会相差太远。

后来，迨笔者等在 2001 年去西湖现场时，该塔已经经过 1933 年重新修建，成为如今这样六面七级、高达 45 米、秀丽挺拔的砖塔，成为西湖一个美景，映入我们的眼帘。

---

① 《策彦·再渡集》，嘉靖二十七年（1548）十月二十一日。
② （明）徐一夔：《重修宝石山崇寿院记》，收入《始年稿》卷七。
③ （明）田汝成辑撰：《西湖游览志》，上海古籍出版社 1958 年版，第 96—97 页。

第三章　平望·吴江·苏州

苏州宝带桥

吴江垂虹桥

苏州巡抚衙门遗址

吴江殊胜寺遗址

苏州虎丘寺云岩塔

震泽慈云禅寺

试剑石

憨泉

虎丘寺"风壑云泉"池

虎丘剑池

枫桥夜泊

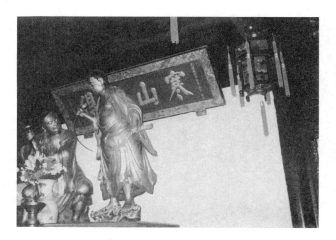

寒山寺寒山、拾得像

寒山寺张继碑

寒山寺山门

　　据策彦在《初渡集》中所记，他们一行在第一次入明时，是在嘉靖十八年（1539）十一月三日乘船离开杭州。七日到震泽（今江苏省吴江市西南震泽镇）而泊，"舟行九十里，有寺，揭'敕赐慈云禅寺'之额。又有五重石浮屠"①。此塔今日仍在，为吴江县文物保护单位。

　　次日（八日），"午时，至苏州府平望驿"。舟行四十里，到殊胜寺。据策彦的记述，那时的殊胜寺，一共有三道门。亭里中央揭"吴山越水佳处"六大字。两廊壁间供五百罗汉之木像，殿里左右床供十六罗汉木像。殿后供三大士像。中央供奉观世音，左普贤骑卧象王，右文殊骑卧狮子。② 看来是个相当壮观的寺院。而目前2001年我们到现场时，这个标明为平望西塘街千家弄11号的殊胜寺原址，已经成为"平望调料酱品厂"的制造酱菜的车间。后面大殿的原址已成为西塘街小学的教室。所残留者，只有两个旗杆的残址、大殿残址的一块基石和街头的建筑物上一块"殊胜寺"的招牌而已。当地介绍的人并未说明如此巨变的原因，可能是"文化大革命"所赐吧！

　　十一月九日，舟行四十里，到松陵驿，即今天江苏省吴江市所在地。在松陵镇东门外，有著名文物垂虹桥。但策彦在第一次入明上京途中经过此地时，似并未来此地参观。只有在第一次入明由京返回途中，才得以仔细观摩并记录了垂虹桥的当时情况。据策彦记录："桥中间有亭。亭中中央横揭'垂虹胜概'四大字。石碑列于左右。一则有垂虹亭记，一则有鲈乡亭记。亭之左方有祠，祠门横揭'三忠祠'三大字。祠中央按伍子胥像。……桥之上头又有石碑，镌以重修垂虹桥之记。俗谓此桥为七十二桥，概

---

① 《策彦·初渡集》，嘉靖十八年（1539）十一月七日条。
② 《策彦·初渡集》，嘉靖十八年（1539）十一月九日条。

其梁七十二有之。"①

　　按现在有关资料介绍，此桥始建于宋庆历八年（1048），原为木桥，元泰定二年（1325）改建为石桥，共七十二孔，被誉为江南第一长桥，在我国古代桥梁史上占有很高地位。根据策彦上面的引文，似在明嘉靖以前，又加以重修。七十二孔均存在。但后来，年久失修，到1967年5月，大部塌毁。笔者等在2001年亲临现场时，虽然在1996年做过修缮，但仅重修西边残址的八孔半，仍未全部贯通。策彦上面文字中所述的亭、碑、祠全然不见。原桥南的三忠祠已作为粮食局的宿舍利用。只可作为遗址加以凭吊而已。

　　从松陵驿（即今吴江）开船后，经三十三里，有宝带桥。此桥为唐元和十一年（816）由苏州刺史王仲舒捐出玉质宝带资助兴建的，故名宝带桥。明正统十一年（1446）重建。此桥为五十三孔，全长316.8米，为中国最长的连拱石桥。策彦来此时，距重建年代不远，理应十分壮观。但策彦在嘉靖二十七年（1548）十一月二十八日，由吴江去苏州中途经过此桥时，可能由于急于去苏州，并未停船，因而他只记上"经宝带桥，五十三洞，自此桥到姑苏驿（即苏州）五里"②一笔而已。此外，对细节并未多涉及。

　　策彦等日本贡使团一行，在嘉靖十八年（1539）十一月十一日，第一次入明时，首次到达姑苏驿，即今苏州。苏州地处温带，地势平坦，物产丰富。自春秋战国以来，即为吴国的都城，是江南政治中心之一。六朝以来，逐步由政治中心向经济、文化重心转变。自隋开通大运河以来，渐渐走向经济上的繁荣，成为江南物资的集散地之一。元明以来，由于它位于京杭大运河岸边，沿水路北

---

　　① 《策彦·初渡集》，嘉靖十九年（1540）八月二十五日条。
　　② 《策彦·再渡集》，嘉靖二十七年（1548）十一月二十八日条。

上，可直达北京，南通杭州。又兼苏州自古以来，即为吴文化的发祥地，经唐宋以来不断耕耘，成为江南著名经济、文化中心。古语云："上有天堂，下有苏杭"，苏者即指苏州。

　　当策彦一行在嘉靖十八年（1539）十一月十一日首次到达苏州之后，十六日，即到寒山寺游览。对寺内景物，做了详细的描述。众所周知，苏州的寒山寺，是以夜半钟声著称的。甚至远传东瀛。看策彦在《入明记》中的口吻，感到他在未到明土之前，已知道此事。例如，他在描述参观过程的文字中说："堂外东隅有钟楼……佛殿里东南之隅，挂一钟，所谓夜半钟也。"① 至于寒山寺内当时夜半钟声之钟，恐怕并非如策彦所猜想的，是在佛殿里东南隅悬挂的钟，而是在钟楼里悬挂的更大的钟。据有关著作中考订认为，大殿后侧东南角挂的大铜钟，是日本人山田寒山赠送的，高80余厘米，直径近70厘米。而钟楼上挂的更大的铁钟，是江苏巡抚陈菱龙在1906年重修寒山寺时，仿造旧式钟铸造的。高1.2米、直径1.2米。比上述铜钟更大。②

　　然后，策彦等出寺北行，去枫桥一览，并作诗记之。他写道："余偶作小诗记张继故事云：'枫桥未断仅存踪，人物难逢境易逢，张继去来无宿客，旧时山答旧时钟。'"③ 更证明他对张继的"枫桥夜泊"的诗句及故事，相当熟悉。

　　后来，在他第二次入明上京途中，即嘉靖二十七年（1548）十二月十一日到苏州时，再游虎丘寺及枫桥。并由十一日到十五日一直四夜，在枫桥船上做"夜半钟声到客船"的实际体验。④ 从十五日起，开始驶向锡山（即今天无锡）。

---

① 《策彦·初渡集》，嘉靖十八年（1539）十一月十六日条。
② 韩欣主编：《中国名镇》，东方出版社2008年版，第159页。
③ 《策彦·初渡集》，嘉靖十八年（1539）十一月十六日条。
④ 《策彦·再渡集》，嘉靖二十七年（1548）十二月十一至十五日条。

第四章　无锡

惠山寺

惠山寺"天下第二泉"

惠山寺（二）

锡山驿遗址外观

锡山驿遗址

南禅寺妙光塔

惠山寺门前唐宋经幢

南禅寺妙光塔

除了苏州、杭州以外，无锡在江南平原上，也是历史悠久、物产丰富，水运发达的鱼米之乡，历史文化遗产、风景名胜丰富的城市。

策彦等在第一次入明的上京途中，在嘉靖十八年（1539）十一月二十日离开苏州之后，当天到了无锡县锡山驿。

在到了无锡之后，在《初渡集》中他记述道：锡山驿"门左右有二门……一门面有'驻节'二大字。里有'登俊'二大字。又有一门，横揭'丛桂坊'三大字，及第门欤"。① 他不愧是熟读汉诗文的文人，一眼就能看出，这"丛桂坊"可能是为表彰中举文人的及第门。

次日（二十一日）去游南禅寺。南禅寺是在南朝梁武帝太清年间（547—549）始建，与惠山寺并称为无锡的两大宝刹。在北宋雍熙年间（984—987），建妙光塔。策彦在《初渡集》中，记述当时所见的情况说："有七重大塔，塔前横揭'妙光宝塔'四大字。"② 按策彦所见之塔，当是有的书中所说，属明正统十四年（1449）第三次重建的塔，亦即今塔。

当时他也曾进入该寺的大雄宝殿，见"殿里本尊释迦，左文殊骑狮，右普贤驾象。又其交左右迦叶、阿难。后门有观音、善财童子等像，有十六罗汉大像"③。经当时入明僧亲眼目睹，并加以描绘，具有某种"证实"的味道。

当天下午，他们又去游览了无锡另一个更大的寺院——惠山寺。惠山寺在无锡的西部，惠山的东麓，为江南名刹之一。于梁大同三年（537）始建。唐宋时又屡次改建。明洪武元年（1368）又重修。因而在嘉靖年间当时，相比依然十分壮观。这从策彦在

---

① 《策彦·初渡集》，嘉靖十八年（1539）十一月二十一日条。
② 同上。
③ 同上。

《初渡集》中，第一次到惠山寺时，用很大篇幅仔仔细细地描述惠山寺的殿堂景物上，可以看得出来。

当天从东门进入惠山寺后，首先看到："总门横揭'惠山寺'。……次有楼门横揭'惠泉福地'四大字。此门左畔有小门，横揭'观泉'二大字。……又次有小门。横揭'天下第二泉'五大字，赵孟頫书，子昂也。"[①] 赵孟頫，作为元代著名大书法家，名传中外，因而被策彦所熟知，也是很自然的。

其实，中国许多名胜古迹，只要有条件的地方，往往强调自己泉水的名气，以招徕游客。惠山寺有名泉，自不甘落后。例如，在惠山寺正殿门柱上，左书（实即为上联）"勺水流金，山谷发精华之气"十一字，右书（实即为下联）"寸云触石，江河成润泽之功"十一字。都与水有关。寺内，还有若干亭、堂上横揭："一碧万顷""源头活水""九曲清流""二泉真处"等字样，皆与强调泉水有关。窥其究竟，恐与中国人长期嗜爱饮茶的习惯有关。例如，在惠山寺内有"二泉书院"，在其方丈里壁间题句云："一啜知茶味，总胜酒百杯"[②]，都透露了此间消息。

他们继续西行，则"殿后有堂。堂里中央横揭'白云堂'三大字。堂后又有堂，中央按千手观音像，架二重阁，阁上额竖揭'大慈阁'三大字。惠泉福地门右方有小门，横揭'听松'二大字"。按上述引文中之所谓"听松"二大字，据顾文璧先生赐教，系指原在惠山寺大殿月台东北听松亭内的听松石。石旁有两棵六朝古松，唐末诗人皮日休有"松子声声打石床"之句。（按：此石在明成化七年（1471）被迁至听松庵内。策彦等第一次入明到此地时，是1539年，有六十余年，当可得见。从此事也可反映出，惠山寺西部的安排，似以偏重假山树木为主。）

---

① 《策彦·初渡集》，嘉靖十八年（1539）十一月二十一日。
② 同上。

不仅如此，当策彦等第一次赴明朝贡使命完成后的归途中，经过无锡时，当天上午他们再一次挤时间"再游惠山寺"① 颇给人以恋恋不舍之感。

在他于嘉靖二十七年（1548）第二次入明时，由宁波至北京的上京路上，在当年十二月十六日经过无锡时，正值雨天，不得不匆匆而过。而在北京翌年四至五月朝贡完了，返回宁波的路上，《再渡集》一书只记到嘉靖二十八年（1549）九月三十日到山东济宁为止，下面到无锡的情况，使我们无由得知，只能徒呼奈何。但是，作为一种补救办法，他留下了《大明谱》一文。其中把第二次入明的往返大事的梗概，均简明记入，可资参考。其中，在第二次入明返回路上，抵达锡山驿（即无锡）时，它曾简明地记入："惠山寺，天下第二泉，子昂书之。"② 据日本历史学者牧田谛亮的研究，他认为，《大明谱》一书是日本朝贡使团士官柳井藏人乡直，在嘉靖二十九年（1550）四月，第二次入明朝贡完成之后，在宁波回忆朝贡经过时所写。应该是对第二次朝贡的翔实记录。③ 这可能说明他们在第二次朝贡返回路上，又一次去了惠山寺。（按赵孟頫，字子昂。）

当笔者在 2001 年去无锡实地考察时，承蒙我的老同学、江苏省文史研究馆馆员、无锡文物界的耆宿——顾文璧先生的热情接待，详尽解说，向我们介绍了由锡山和惠山合并起来的锡惠公园的全部景物。例如，锡惠公园门前的唐宋时代的古经幢、"九曲清流"的刻石、听松亭内的听松石床等，实物与文献相结合，给人留下琳琅满目、美不胜收的难忘印象。他的解说，对于笔者研究策彦周良当年在无锡的活动方面，提供了巨大的帮助，谨在此致

---

① 《策彦·初渡集》，嘉靖十九年（1540）八月十三日。

② 《大明谱》，引自［日］牧田谛亮著《策彦入明记の研究》上，法藏馆，1955 年版，第 296 页。

③ 同上书，第 385 页。

以衷心的感谢。

最后，还要补充一点。即策彦两次入明经过无锡时，除再三来南禅寺、惠山寺游览，在主观上满足自己的艺术享受之外，在客观上，也起到一个他本人未尝想到的作用。即由于他的到来，目睹无锡的一切优美景物之余，事实上，为解决无锡文物界一些悬而未决的问题，起了决定性的澄清作用。例如，关于惠山寺大殿在元末战乱中被焚毁之后，究竟何时重建问题，颇有争论。有正统十二年（1447）由僧道裔、博济重建说，而另一说，则认为应该更晚。而现在由于策彦在嘉靖年间来此目睹大殿的雄姿，证实了前一说法。又如赵孟頫在"天下第二泉"的题额，有人认为正德五年（1510）已被废弃。策彦的目睹赵题词尚在，证实赵的题额失传于明万历二十七年（1599）以后。凡此种种，都是策彦来此游览所做的客观上的贡献。这也是中日交流史上的一段轶话。

第五章　镇江

远望焦山

金山寺山门

金山寺大雄宝殿

焦山寺多景楼

镇江西津渡街

焦山寺铁塔

妙高台玉鉴堂

焦山寺山门

焦山寺大雄宝殿

镇江地势南高北低，丘陵与平地相交错，又是长江与京杭大运河的交汇点，形成既有军事价值，又是风景美丽的江南古都。

镇江历史悠久，最早是吴国的发祥地。三国时代孙权时，是都城建业的屏障。隋代漕运兴起之后，历经唐宋，一直是大江南北的交通枢纽和物资集散中心。风景名胜方面，三山（金山、焦山、北固山）临江而立，为游览胜地。

金山寺始建于东晋时，原名泽心寺。相传唐代开山时得金，故名曰：金山寺。北宋真宗皇帝于天禧年间（1017—1021）梦游此寺，故赐名为龙游禅寺。金山寺的建筑风格奇巧秀丽，寺院依山而建，寺与山浑然一体，有天王殿、大雄宝殿、藏经楼以及二台四亭、六楼十阁等重重叠叠，将山包裹，故有"金山寺，寺裹山"一说。山上还有妙高台、七峰亭、留玉阁、江天一览亭、天下第一泉等名胜。这些建筑，通过曲廊、回檐、石级有机串联，形成楼上有楼、楼外有阁、阁中有亭的精巧建筑，各组既自成体系，又互相连通，十分精巧秀丽。

其中，关于金山寺的塔，还特别值得一提。金山寺的塔，据传始建于唐代。本雄踞于山巅的南北，互相对峙。到后来明代初年双双倒毁。至于何时倒毁，一般都无定说。但笔者根据日本方面的资料，提供一个线索。日本室町时代著名的画家雪舟等扬（1420—1506），于1467年跟随当时日本的遣明使桂菴玄树一起入明。他从事了一些美术活动，到1469年返回日本。他在这两年里，留下的绘画作品中，就有关于金山寺的图景。其中，就有两塔的形象。在该画的上方空间处，就明确由雪舟亲笔写的"金山龙游寺·妙高峰"等字样。① 可见这确是雪舟本人的当场写生画。由这一幅图画可以证明，起码到1469年为止，金山寺的双塔还是

---

① ［日］宫岛新一著：《雪舟——旅逸の画家》，青史出版2001年第二刷，第93页，图11，唐土胜景图卷，（卷头）（京都国立博物馆所藏）。

存在着的。即使明初双双倒毁，也应是 1469 年之后。

而其后，本书的主人公——策彦周良于 1539 年、1547 年两次入明所写的《初渡集》《再渡集》中，当他去游览金山寺时，并未见他有瞻仰金山寺双塔的描述。但是，且慢，我们如果在他的著作中的字里行间仔细搜索，就可以发现，当他第一次入明的上京途中，即嘉靖十八年十二月三日，在游金山寺的记录中，他写道：

> 亭里横颜"吞海亭"三大字，青字也。此亭下有塔婆之迹。[1]

也就是说，他发现了旧塔的基础。所以，有的中文书籍中说，后来是在明隆庆三年（1569）重建了双塔中的北塔。此事与策彦的"发现"是否有一定的关系？后来，笔者在 2001 年于金山寺现场考察时，看到了金山寺的高耸的慈寿塔。而有的书中提到，"明代隆庆三年将双塔中的北塔重建，后又毁。现塔是清光绪二十六年（1900）重建的"[2]。而 1900 年正是慈禧专政的时期，"慈寿"二字正符合当时的氛围。这样，也许能把金山寺塔的历史，粗略地理出一个线索出来。

焦山在镇江市东北长江中，如中流砥柱，耸立在滚滚白浪之中，气势雄伟。东汉末年，因有高士焦光在此隐居不出，汉献帝三次征召不至，至今有三诏洞，因而得焦山之名。

焦山的名胜古迹有十六景。例如，吸江楼的日出、华严阁的月色、壮观寺的夕照、观澜寺的听涛、别峰庵的郑板桥读书处、三诏古洞等。

---

[1] 《策彦·初渡集》，嘉靖十八年（1539）十二月三日条。
[2] 戴巍光：《中国名胜大典》，经济科学出版社 1997 年版，第 247 页。

　　焦山比金山更大，因而有金山是"寺裹山"，而焦山则是"山裹寺"之说。焦山的寺院中，以定慧寺古刹历史为最久，始建于东汉兴平年间（194—195），是镇江最古的寺庙，为焦山十五刹之首，原名普济庵。宋代改名为普济禅寺，元初毁于兵灾。明代宣德年间（1426—1435）重建，改称焦山寺。因此，当策彦在明嘉靖十九年（1540）八月五日第一次入明归途到此寺时，在《初渡集》中写道："午刻，乘舟便游焦山寺。舟山五里。……楼门面于东，横揭'焦山寺'三大字。佛殿横颜'大雄宝殿'四字。……堂里正面横揭'海云堂'三大字。……佛殿右方有焦光旧祠堂，门横揭'隐士祠'三大字。"① 然后，策彦等在饱览了大雄宝殿、海云堂、江山壮观亭、冬冷泉、三峰亭、三诏洞、吸江亭等名胜之后，直抵隔江的象山。这一系列游览，使策彦诗兴大发，吟诗寄兴。其诗曰："维缆焦山下，偶寻隐士踪。暗潮藏屿柳，空籁答岩松。鱼散午时梵，鸦翻日暮钟。留题强上壁，胜境罕重逢。"② 他诗中惊叹这样的胜景难得再逢。

　　后来，在清代康熙帝南巡时，赐名定慧寺。直到新中国成立后，还屡经修缮，因而至今还保存着定慧寺的匾额及浓郁的明代风格。

　　笔者于2001年到镇江进行实地考察时，得见今天还存在着明代的当年风貌及上述一系列名胜古迹，实为幸事。同时，也欣赏了焦山碑林中保存着的大量的书法碑刻，尤其是亲眼目睹了南朝著名书法石刻——《瘗鹤铭》以及米芾、赵孟頫等名家的碑石，充分领略了镇江各地景物的艺术价值。

　　另外，在北固山的后峰上，有著名的甘露寺。因它是于三国时代东吴甘露元年（265）所建，故名之曰"甘露寺"。随后，因

---

　　① 《策彦·初渡集》，嘉靖十九年（1540）八月五日条。

　　② 同上。

东吴在此寺招蜀汉刘备为婿，而名闻全国。后来，唐时李德裕守润州时——在宝历元年（825）为永护城镇——而在此寺建造石塔。后此塔倒塌，于北宋元丰元年（1078）改建成铁塔。将李德裕所瘗舍利石函等，埋入地宫之中。当时铁塔共九层八面。后来，当策彦等在明代嘉靖二八年（1539）第一次入明，在十二月四日途经镇江来此寺时，还曾亲眼看到这一甘露寺铁塔九层的雄姿。当时，他在《初渡集》中写道：（十二月）"四日，辰刻，……游甘露寺，寺在山上。……有楼门，门里安四天王像。横颜'天下第一江山'六大字。……入此门则右方有九层铁塔。"① 但后来，此塔因遭雷击，被毁，明清时，只有部分复建。当笔者于2001年去该处考察时，只见现存铁塔共四层。第一层、二层是宋代的，第三层、四层是明代的。再不见昔日九层铁塔的雄姿。抚今追昔，不禁无限沧桑之感！

---

① 《策彦·初渡集》，嘉靖十八年（1539）十二月四日条。

第六章　扬州·邵伯·高邮·淮阴

瓜州船闸

瓜州古渡旧址

广陵驿旧址（今南门外大街管驿前街）

琼花观山门

琼花观大殿

琼花台

高邮孟城驿

邮驿博物馆（外观）

邮驿博物馆（内部）

淮阴汉韩侯祠

淮阴汉韩侯祠内韩信像

淮阴漂母祠

淮安镇淮楼

楚元王（汉高祖少弟）庙

淮安孔庙泮池遗址

扬州

策彦等到扬州后，相对地说，只是往返经过，停留的时间较短。第一次入明去京及返回，在扬州最多只是停留有限的几天。而第二次入明上京途中，在扬州最多只是停留一周。因而，到各处浏览的景点，根据他自己的记录，除了必经的广陵驿之外，事实上只去了琼花观一处。

琼花观的前身是西汉成帝元延二年（前11）建于扬州的后土祠。在唐中和二年（882），淮南节度使高骈增修了三清殿。宋初，在大殿与后土祠之间，长有琼花树一棵。北宋至道二年（996），王禹偁任扬州太守，首咏《琼花词》两首。词前有小序说："扬州后土庙有花一株，洁白可爱。其树大而花繁，不知实何木也，俗谓之琼花。"从此，琼花之名，遂闻名于世。后来，欧阳修任郡守时，在琼花旁，筑"无双亭"，专供赏花之用。到宋徽宗政和年间（1111—1118），取《汉书·郊祀歌辞》中，"唯泰元尊，媪神蕃釐"句，取庙名为"蕃釐观"，俗称为"琼花观"。明洪武年间起，对蕃釐观屡加修葺。[①] 由于以上这些渊源，再加上道教人士的经营，在明代嘉靖年间，当策彦途经扬州小憩时，会听到琼花观的大名，引起他的游兴，于是才有琼花观之行。

据《策彦·再渡集》载，在嘉靖二十八年（1549）正月，"廿三日，快晴。斋罢，偕副使、钧云、慈眼上岸，游琼花观。去城三里。有楼门，入门少许而有六角亭。横颜'无双亭'三大字。所谓无双花，属无双亭是也。亭内有石碑，维扬重修琼花观记云

---

① 江苏省政协文史资料委员会等编：《扬州宗教》，《江苏文史资料》编辑部发行，1999年版，第211—212页。

云。亭后有六角石栏，中有一树，不知其名，想是后土琼花乎。其次有大殿，横匾'三清大殿'四大字。殿里安老君像，东西廊庑列诸宿灵像。取归途于城里，入小东门。"①

从他记述的内容看，当时琼花观内有"无双亭"、重修琼花观的石碑，并有一琼花树，三清大殿内供奉老君及道教诸宿灵像等。只是因在正月冬季，以致未能看到琼花的开放。是为美中不足之处。

2003年3月初，笔者在扬州市文物局副局长顾风先生的接待下，去扬州琼花观等地考察。蒙他热情接待，并进行了详细耐心的解说，感到受益很大。据他说，今天的琼花台，主要是晚清时的建筑物。今天的无双亭系1996年仿宋的风格建立的。只可惜，我们去的季节稍早些，也未能看到琼花的开放。

随后，他又带领我们到广陵驿的所在地进行了考察。他告诉我们，广陵驿（即过去的扬州驿）就在今天扬州市南门外大街与馆驿前街附近，明代运河沿岸的西侧。他并告诉我们，当时广陵驿拥有三进的楼堂、战船十七艘、战马十六匹、水夫一百七十名，是一个规模较大的驿站。据顾副局长介绍，在嘉靖二十一年（1542）时，扬州府下辖三州七县，是一个共有67万人口的较大的府。

邵伯·高邮

策彦等于嘉靖十八年（1539）十二月十二日由广陵驿（扬州）开船，当日到达邵伯驿。次日，他们在驿外看到邵伯庙。庙中有邵公像，他还记述当时还有列仙道院，今已不存。在我们面前，只有水闸上镇水的铁牛和通往旧河道的石阶，证明昔日这里

---

① 《策彦·再渡集》，嘉靖二十八年（1549）正月二十三日。

是个繁华的水上驿站。

策彦等在十五日到达盂城驿。在《策彦·初渡集》中，把这一地名的"盂城"误排成"盂城驿"，实误。今天，这里属于江苏省的高邮市，在高邮城的南门外。这一驿站最初是在明洪武八年（1375）创设。在明代之前，虽然自秦始，即有邮驿之设，但皆称"高邮"，名盂城驿始自明代。历代所设驿站，虽以万数，但据1985年的调查，江南唯一保存完好的驿站，只有盂城驿一处。因而，在1993年，修复了古盂城驿，成立了全国唯一的邮驿博物馆。随后，在1996年，盂城驿被指定为全国重点文物保护单位。①

笔者当2003年去盂城参观该驿站时，感到该驿站已被整饬，焕然一新，并承蒙姜文定馆长热情接待。特别是当他得知笔者此行是为考察策彦入明史迹而来的，更加详尽地对笔者说："当时策彦循京杭大运河入京，肯定由此地经过。"因而盛情邀请我，为该馆撰写策彦入明的事迹，向观众介绍，敢不从命？于是在返京后写就，向姜馆长邮寄奉上。并为通过这一小事，能为中日文化交流史聊尽绵薄之力，感到欣慰。

淮阴

其后，笔者循着策彦等赴京的路径，即通过界首驿（属高邮市）及安平驿（今宝应县），在十二月二十一日，到达淮阴驿。（即今江苏省淮阴县）。汉韩信，本是淮阴人，后来，在公元前201年，将韩信封为淮阴侯时，亦在此地。韩信在此活动较多，当地民间对韩信印象较深，故韩信遗迹较多。

策彦等于十二月二十二日，在淮阴驿上岸，谒韩信庙。庙里中央按遗像，像前有木牌，牌上书"汉淮阴侯韩公信"七字。次

---

① 姜文定编著：《走进高邮》，安徽文艺出版社2001年版，第24—32页。

日，他又谒"漂母祠"。"庙里有漂母像。像前供香火，白发满簪。左右有侍女像。"① 又去谒楚元王庙，庙门揭"楚王祠"三大字，庙中央有塑像（按：楚元王，系指汉高祖刘邦之少弟刘交）。上述之漂母祠及楚王庙，目前均在淮安市勺湖中心小学的一小院内。当天上午，当我们来到该小学的操场，一面是孩子们的嚣闹和嬉戏声，另一面，则是我们这些远来的"客人"们的宁静和专注。这二者在学校里形成了鲜明的对比。

策彦又一次来到了韩信庙，他描写道："庙中央按韩公像，左右有徐仲车、赵师且二塑像。香火俨然，纸马森然。就中韩信像生气凛凛，眼光射人。"②

其次，又"谒孔子庙……入门则有小池，池上有桥门，门上揭'泮宫'二大字"③。当笔者等去淮安时，孔子庙早已不存在，只有孔庙入口处凌乱而沉寂的"泮宫"遗址，在向路边的行人诉说着它的寂寞。

---

① 《策彦·初渡集》，嘉靖十八年（1539）十二月二十三日条。
② 同上。
③ 同上。

第七章　宿迁·古邳·徐州·沛县

项王故居

项王故里庙

项王故里内项王像（英雄盖世）

张良殿

圯桥进履——邳州八景之一

不是报韩心似铁，岂能忍辱污泥中。汉家四百年天下，错定萧何第一功。(当地人记咏邳州八景诗，面告策彦，记入《初渡集》，嘉靖十九年（1504）正月五日)

岠峰独秀（邳州八景之一）岠山西麓山门

策彦记圯桥诗（初渡集）

蹶项颠嬴天下分，运筹帷幄树元勋。黄公一授素书后，更使圯桥高似云。

宗善寺碑（古邳镇人民政府藏）

古邳镇人民政府院内（古碑残存处）

古邳镇宗善寺旧石碑

宗善寺（羊山寺）旧址

宗善寺遗物（古邳中学院内）

古邳镇岠山遗址

大云禅寺址

运粮河岸残碑（徐州市境山麓）

运粮河岸残碑

沛县歌风台（一）

沛县歌风台（二）

歌风台内部（一）

歌风台内部（二）

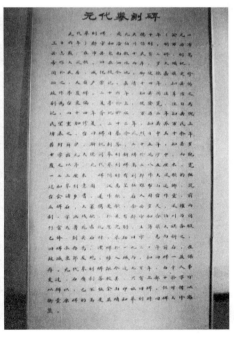

元代摹刻碑（介绍）

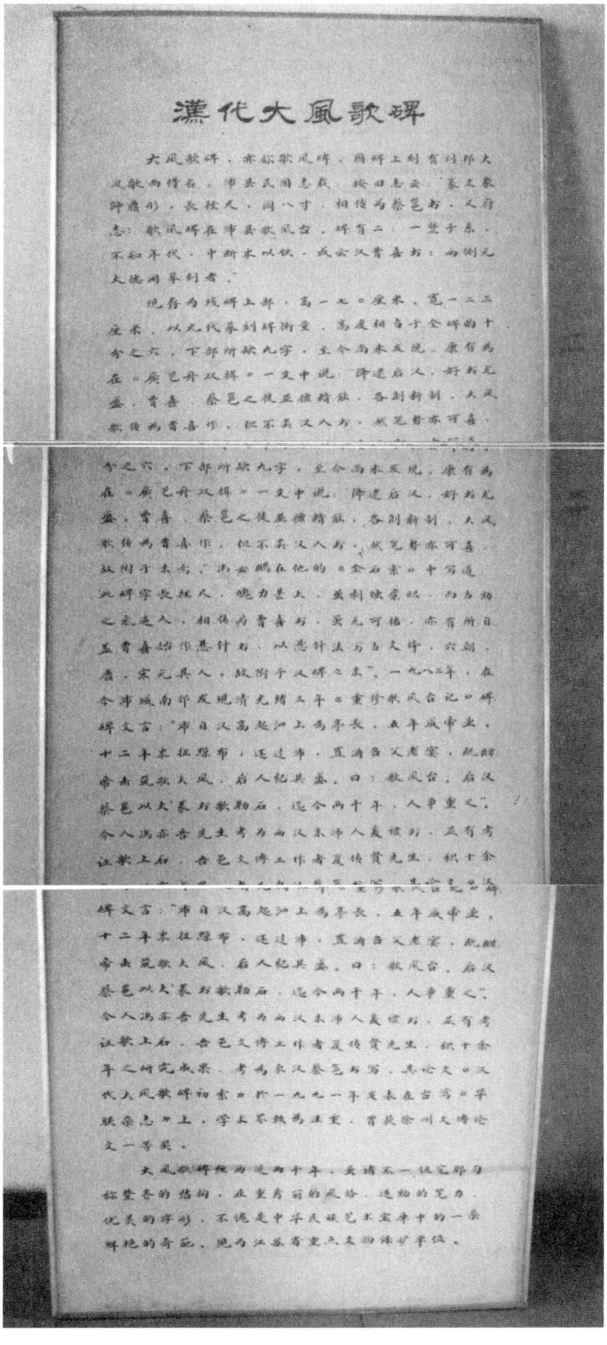

汉代大风歌碑（介绍）

策彦等于嘉靖十八年（1539）十二月二十四日自淮阴开船后，当天到清口驿（今江苏省淮阴市西南马头镇西北）。二十六日，着桃园驿（泗阳县西北）。二十八日，着古城驿（泗阳县西北四十里）。二十九日，着钟吾驿（今江苏省新沂市南，属今宿迁市）。上岸后，见县门竖揭"宿迁县"三大字。随后，"诣项羽庙"。过石桥后，有庙门，"横揭'楚王祠'三大字"。中央坛上按项羽塑像，右胁书云："力拔山气盖世，千古英雄。"

睢宁古邳镇

继之，策彦一行在嘉靖十九年正月四日"巳刻，着下邳驿。舟行四十里，即刻，携三英、宗桂上岸。访圯桥遗址。东去驿门二里许而有圯桥。授书房亦在此。房里中央按黄石公像。右侧有二童，左方按张子房像。右侧有一童捧书。有授书山房纪，镌于石，其略云，'子房佐汉高帝，蹙秦灭项，克复韩家五世之仇。事功忠义与日月争光，而实赖黄石公命。圯下取履，折其豪迈之气。'云云"①。面对此情此景，策彦随即有感而赋诗一首云："蹶项颠嬴天下分，运筹帷幄树元勋，黄公一授素书后，更使圯桥高似云。"②这充分反映策彦熟知秦汉交替的故事，故能出口成章，极其自然。

笔者随后在当地负责人及专家们的引导下，去圯桥遗址查看。据他们介绍，圯桥遗址在古邳镇东一千米处，但为1932年重新架设起来的。

其后，再到明代钟吾驿的地点去考察。当时的钟吾驿，在今天宿迁市城内宿迁区县府前街小关庙附近，马陵区居委会院内。

---

① 《策彦·初渡集》，嘉靖十九年（1540）正月四日条。
② 同上。

西距黄河 300～500 米，东距运河约 1000 米。即钟吾驿之西有黄河，东有运河。运河为当年策彦走过的故道，为国家二级航道，水量充沛，运输繁忙。在睢宁县城北二十五千米处，邳睢路上有黄河桥，为黄河故道。当年明代运河即走此路，策彦亦复如此。

上文中提到，策彦在《初渡集》嘉靖十九年正月四日条中记"着下邳驿"，其地址在今古邳镇之南，黄河桥之北，在防洪堤上，有"白门楼闸"字样，但其为现代修造者。在此闸之西，有古下邳城址。明时，策彦所经过的下邳驿址，即在此一带。

然后，笔者等又到古邳镇政府院内一楼库房内，他们指证库房内藏的刻有"宗善寺"三字石制横匾一块。据云，为明代成化年间（1465—1487）遗物。

在《策彦·初渡集》上述正月四日、五日条中，曾记述："申刻，偕大光，钩云上岸，游羊山寺。寺在高岗。成化年间敕谕宗善禅寺。"[①] 按文意，应理解为羊山寺，即是成化年间敕谕的宗善寺。在《初渡集》中，下面又说："岗之绝顶有层楼，于此望八景。八景之条件，开写于后：羊寺晚钟、沂武交流、静圣洪翠、岠峰独秀、鱼亭晚照、圯桥进履、灵台夜月、官湖夏景。"[②] 从上面记述，可以想见，当年此处是一个楼台高耸、风景秀丽的名胜之所在。可惜六百年后的今天，只剩下一堆荒凉的秃山和地上散落的碑石，供人凭吊。

随后，笔者等在当地各位的引导下，出古邳镇政府向西、向北五十米处，今古邳镇中学之东，即羊山寺所在。该寺今已不存。只有旧羊山寺之石碑基座一处，另有石柱基一个。另外，在古邳镇中学宿舍院内，发现一残碑。其上有模糊字迹"旧是寺……"等字。估计是指羊山寺而言。另有当地居民曾发现零散残缺石碑

---

① 《策彦·初渡集》，嘉靖十九年（1540）正月四日条。
② 同上。

等，已移作他用。总之，大体上发现此处原为羊山寺（即宗善寺）遗址，是为重要成果。

另外，有一个插曲。据下邳镇当地的负责人说，日本 1972 年时曾任内阁首相的田中角荣先生，在 1972 年来华与中国谈判恢复邦交时，曾对人提起，他在战时被征入伍，并曾来华，到羊山寺驻扎过，据说当时还是"小队长"。经笔者查阅《日本人名事典》核对。他系 1918 年出生，《日本人名事典》中载，他在战前，从 1943 年起，曾从事土木建筑业，此前履历空缺。按 1937—1943 年，他应为 19—26 岁的人。① 详情待查。

就在田中角荣的话题中，我告别了盛情好客的主人们。此次睢宁、古邳之行，除了从扬州一直陪同前来的扬州市文物局顾风副局长之外，还有睢宁县博物馆全泽荣馆长等当地负责人。多蒙示教，谨表示衷心的谢意。

徐州

当策彦等在当年六月，第一次入明由京返回，行将到彭城驿（即徐州）之前时，据《初渡集》中记载："所历过有境山。山下有寺，佳景可爱，榜门楣以'大云禅寺'四大字。酉刻，著彭城驿。"② 即在徐州之南，经过境山及大云禅寺。

笔者在 2003 年去当地考察时，曾请教当地有关负责人。据答称，在当地境内确有大云禅寺，但现已不存。原在古运河岸边遗留有石碑。碑上刻有当年修复大云寺时捐助者名单，可证明当时确有此寺并确在此处。

又，当策彦等于第二次入明上京途中，即嘉靖二十八年

① 《コンサイス・日本人名事典》，三省堂，2001 年第 4 版，第 822 页。
② 《策彦・初渡集》，嘉靖十九年（1540）六月二十八日条。

（1544）二月十七日，《再渡集》中载：策彦等抵达彭城驿之后，曾同副使等上岸，入城里，游卧佛、石佛、铁佛三寺，并在次日，"诣汉高庙"。[①] 但当笔者去实地考察时，当地人答称：卧佛寺、铁佛寺及汉高庙，现均已不存。但石佛寺，即云龙山兴化寺，俗名石佛寺，该寺正殿右侧，有明代石碑。从中能说明在明宣德七年（1432），该寺发生火灾，翌年又重建。现存有明成化二十三年（1487）修复之大雄宝殿。可见确有此寺。

沛县

策彦等第一次入明上京途中，在嘉靖十九年（1540）正月九日过彭城驿后，十四日到泗亭驿。按：泗亭恐即为泗水亭的简称。秦置，属沛县，在今江苏省沛县东一百步。刘邦少时曾为泗水亭长。沛县为刘邦的家乡。

当笔者一行于2003年3月离开徐州到沛县之后，即到沛县博物馆参观。据该馆的介绍，该馆现有古碑二块。一为汉代古碑，高170厘米，宽123厘米，据传为东汉蔡邕所书。中断束以铁，现存者仅为残碑上部，但字迹模糊，具体时间无可考。另一块为元代大德十年（1306）摹刻，高235厘米，宽123厘米，篆刻共四行，碑文为汉高祖刘邦所作之"大风歌"。

据《史记·高祖本纪》和《汉书·高帝纪》写道，刘邦在汉高祖十二年（前195）击败淮南王英布的叛乱后，还乡，留沛县十余日，与父老故旧宴饮，作"大风歌"以抒怀。元大德十年（1306）之碑，为郡守和泊伯倡制摹刻，原在泗水西岸。后在明成化年间（1465—1487）移到今地。后来，明嘉靖十四年（1535）由知县杨某作亭覆碑。这时，距策彦第一次入明的1539年，已非

① 《策彦·再渡集》，嘉靖二十八年（1549）二月十七、十八日条。

常接近了。因而，当策彦在嘉靖十九年（1540）正月十四日，到沛县歌风台时，能亲自看到此碑，也就并不奇怪了。

据《策彦·初渡集》记载，在正月十四日，策彦"著泗亭驿，舟行十五里，同刻上岸，到歌风台。台门横揭'歌风台'三大字。台中中央安牌，牌书以'汉高祖皇帝位'六字。台前有琉璃井，井畔有碑文，又高祖手敕大字书镌于石，别记之"①。下面，他就汉高祖的事迹，作了一首诗，紧接着，他记录了值得注意的"汉高祖手敕太子书"的碑文如下：

汉高祖手敕太子书

吾遭乱世，当秦禁学。自喜谓读书无益。暨践祚以来，时方省书，乃使人知作者之意，追思昔所行多不是。

又云：尧舜不以天下与子，而与他人，此非为不惜天下，但子不中立耳。人有好牛马尚惜，况天下耶？吾以尔是元子，早有立意。群臣咸称，汝友四皓，吾所不能致，而为汝来，为可任大事也。今定汝为嗣。

又云：吾生不学书，但读书问字，而遂知耳。以此故不失〔大〕土〔工〕，然亦足自辞解。今视汝书，犹不如吾。汝可勤学习。每上疏，宜自书，勿使人也。

又云：汝见萧、曹、张、陈诸公侯，吾同时人，倍年于汝者，皆拜，并语于汝诸弟。

又云：吾得疾遂困，以如意母子相累，其余诸儿皆自足立，哀此儿犹小也。②

上述材料明确说明，策彦在来明的嘉靖年当时，亲眼在沛县

---

① 《策彦·初渡集》，嘉靖十九年（1540）正月十四日条。
② 同上。

歌风台前、琉璃井旁看到刻有汉高祖手敕惠太子之书的碑文。惠太子即后来即位成为汉惠帝的刘盈。

不仅如此，假如我们把策彦亲眼所见并予以笔录的上述这段文字，与国内外出版的其他材料，例如：台湾商务印书馆出版的《钦定四库全书》集部二七一册，所收录的《古文苑》卷十的《汉高祖手敕太子》一文，以及清代严可均辑，任雪芳审订的《全汉文》卷一，商务印书馆 1999 年 10 月第一版中所收的《手敕太子》一文相对照，除了策彦的记录在个别文字上微有瑕疵之外，基本内容是一致的。这也证明，策彦虽作为外来的匆匆过客，但其笔录还是站得住的。

更重要的是，笔者认为，刘邦手敕太子书中的基本内容所包含的四点，确实反映出当时朝中的大事，与刘邦所处的形势相合。

（1）刘邦在书中坦白承认自己年轻时不爱读书，而现在感到作为帝王必须努力读书。因而，勉励太子必须勤奋读书，不要偷懒。

（2）他看到太子刘盈罗致"四皓"为友，可以帮助太子成就帝业，比自己更强。因之，他说"汝友四皓，吾所不能致，而为汝来，为可任大事也"。

（3）他告诉太子，要尊敬长上，以为己助。

（4）刘邦在公元前 196 年，讨伐平定淮南王英布时，被流矢射中，回到长安时，病势转重。弥留之际，他把最为放心不下的幼子赵王刘如意及其母戚夫人的命运，托付给太子刘盈。

根据以上情况来看，此"敕太子书"内容与刘邦境遇相同，最大可能写于公元前 196 年左右。

策彦面对歌风台，不由得吟起诗句。他吟道："苛法已蠲民气和，升平乐入大风歌；歌台遗响犹盈耳，丰沛雪消春涨多，汤沐邑荒无主人，苔封古井几回春，岂知一滴琉璃碧，曾洗五年兵马尘。"这位来自异国他乡的海外使僧，缅怀起一千七百多年前的中土往事，竟然如数家珍般地吟起怀念的诗句，信手拈来，毫无造作之嫌，令我们这些当代的晚生后辈，感叹不止。

第八章　济宁

南旺分水工程示意图

治水老人白英像

龙王殿遗址（现汶上村小学校）

望龙王殿址（分水口附近）

南旺分水口遗石

南旺分水口遗石

南城水马驿址前（背立者为著者及博物馆朱馆长）

济宁太白楼

太白楼内（传李白书"壮观"）

济宁浣笔泉碑（一）

济宁浣笔泉碑（二）

济宁观亭址（今览胜楼）

策彦等于嘉靖十九年（1540）正月十五日，自泗亭驿开船，经沙河、鲁桥驿，二十日，到南城水马驿，即今山东省济宁市。

济宁一带，在整个京杭大运河一线，具有特殊的地位与作用。京杭大运河，从北京到杭州，全长约 1800 千米，流经北京、天津、河北、山东、江苏、浙江等六个省市。而济宁却正处于这一线的中心地位，而其地势又最高。地形复杂，治理最难，也最关键。因而，元、明、清三代都把治理运河的最高领导机构设在济宁。就以明代对运河的司运职官而论，就分总部、差巡、监司、分司、承倅五类。在总部类中，又有总理河道、总督河道、经理河漕、总漕兼河道、巡抚兼河道等，简称总河，由朝廷钦命署理，为运河最高行政管理机构。

明初，洪武二十四年（1391），因河南黄河决口，祸及鲁西，山东运河全线告急。永乐九年（1411），朝廷命工部尚书宋礼总理河道，驻节济宁，建总督河道都御史衙门。但由于其中济宁一段，人称为"南旺水脊"，位置最高，水源困难，极为棘手。宋礼采纳汶上老人白英的建议，设闸逼汶水直达南旺，然后设分水工程，使之南北分流。使 6/10 注入北方临清方向，4/10 注入南方的沛县、徐州，以济黄淮。永乐十七年（1419）竣工，使漕运通，创造了中外水利工程的奇迹。

后来，到嘉靖初年，运河屡有淤塞。嘉靖十三年（1534），济宁至徐州、沛县数百里运道均淤。工部侍郎刘天和奉命任总河，治理河道。刘天和动用 14 万名劳力，用六法综合治理，全面疏浚了鲁桥至徐州间 125 千米河道，一定期间内赢得了运河的稳定。功成，他升任左都御史、兵部尚书加太子太保，授正一品。到嘉靖二十一年（1542）刘天和告老归林。[1]

---

① 宫衍兴、汪孔田：《中国运河之都——济宁》，收入《济宁运河文化研究》（一），山东省济宁市政协文史资料委员会编，山东友谊出版社 2002 年版，第 136 页。《济宁运河文化》，山东省济宁市政协文史资料委员会编，中国文史出版社 2005 年版，第 29 页。

而上述治理运河期间，即嘉靖十三年（1534）至二十一年（1542），大体上正与本书的主题——即日本遣明使策彦周良两次入明的时间，即嘉靖十八年（1539）至嘉靖二十八年（1549）相接近。因之，可以说，正是由于明方官民上下共同努力，营造了运河的畅通。是他们的努力，为策彦等两次入明往返朝贡任务的顺利完成打下了坚实的基础。试检诸《策彦·初渡集》中，在第一次入明上京途中，到达济宁之前，从沙河驿开船之后，有"处处多闸，且又水浅""船路十里而有闸""船行少许而有新闸"等记载。而到南城水马驿（即济宁）之后，又有"闸多水浅"的记载。[①] 在第一次入明的归途中，从开河水驿（今山东省汶上县南，在南城水马驿的前一站）开船后，"船路四十里而前程有闸，故待开闸泊船者须臾""去此闸北六七里许，有龙王庙，庙前河水分为两，河水澄澄。从此以上水浊，殆不可饮"[②]。从济宁开船后"闸亦多"。在第二次入明，途中往返经过济宁时，也有"有闸""船路三里而有分水龙王庙……到济宁闸口而泊矣""起闸而到官驿""中流有闸"等一系列记载。运河在济宁一带这些"多闸"的记载，正说明在地势较高、地形复杂、水源短缺的情况下，他们用建设各种蓄水、排水的闸门所做的水利技术上的努力，解决了这个水利技术上的难题，成为中外水利史上的一个奇迹。可是，迨我们在 2003 年到该处做实地考察时，除了南旺分水龙王庙的残余部分殿堂，被用作汶上县南旺镇中心小学的办公室，得以侥幸保存下来之外，至于原来的分水工程本身，因 1978—1979 年，为取土开窑烧砖，大量挖土，将土取光，早已看不出来原有南旺分水工程的模样，令人唏嘘不止。

　　下面，我们再看策彦等到济宁后的活动。

---

① 《策彦·初渡集》，嘉靖十九年（1540）正月十八、十九、二十日条。
② 《策彦·初渡集》，嘉靖十九年（1540）六月十九日条。

第一次入明时，是在嘉靖十九年（1540）正月二十日到济宁的。继之，从次日起，《初渡集》中有如下记载：

　　二十一日……携三英，宗桂上岸，登太白楼。在城之南门，有小门，门楣揭"谪仙楼"三大字。入此门，则移步少许而有楼。面于南，横揭"太白楼"三大字。楼上按太白像，像上有额，书以"意不在酒"四字。又有诗板，诗云：《登太白楼》：闲访谪仙迹，危楼瞰水边。探齐东鲁地，省咎夜郎天。饮酒欣佳益，承恩羡少年。骑鲸声息断，徒负月华园。澧阳李如圭。《济宁游浣笔泉》：济上清泉地，名贤自昔游。豪吟须浣笔，纵饮却登楼。树色千村暮，烟光一涧秋。野亭聊寓意，怀古有余愁。大明嘉靖丙申夏月吉旦。副都御史澧阳李如圭。又楼中有"壮观"二大字，白字也。乃太白所亲书也。尾有"太白"二字。……又自楼上瞰下，则有泉水，所谓浣笔泉乎。①

　　二十二日浴后，又登太白楼以极目，兴味有余，所恨与乡友不同此兴。《登太白楼》二绝句：流水绕城城绕流，李公此地昔曾游。有何面目对遗像，不酒不诗空倚楼。又：夜郎京洛雨茫茫，醉里乾坤到处乡。纵倒银河酿为酒，终当不满翰林肠。②

　　按李白（701—762）于三十五岁以后，离长安，流寓山东任城（即今济宁），直到742年应诏入京，任供奉翰林。因此，他在济宁的活动，应在735—742年这几年之间。当时他穷困潦倒，因而当时他常去这个酒楼借酒浇愁，是完全可能的。因而在八百年

---

① 《策彦·初渡集》，嘉靖十九年（1540）正月二十一日条。
② 《策彦·初渡集》，嘉靖十九年（1540）正月二十二日条。

后，策彦体会李白当时的心情，吟出"李公此地昔曾游""醉里乾坤到处乡，纵倒银河酿为酒，终当不满翰林肠"的诗句。

策彦一行是在正月二十日到达南城水马驿（即今济宁）的。其后，就迫不及待地，在二十一日、二十二日接连两天去太白楼，吟诗作赋，缅怀李白，充分表现了他对中国这位著名大诗人的尊敬与景仰。不只是对太白楼本身，由此还进一步发展到对传说是李白洗笔处的浣笔泉产生兴趣。

当策彦等在第一次入明返程经济宁时，他们又一次登太白楼。特别是嘉靖二十八年（1549）九月第二次入明归途中经济宁时，又一次登太白楼。他发现楼上有李白醉像，其左胁有贺知章像。有感于此，策彦吟诗曰："知章太白友非常，身后并成鸥鹭行；人影月前迎此客，夜宴两酌乐何央。"① 表现了对中国文人的真挚友情，当然也表现出他对中国文学的挚爱。

至于笔者于 2003 年去济宁考察时，发现济宁地方政府已经把太白楼等开辟为李太白纪念馆，也可以说是物尽其用了。

---

① 策彦：《谦斋南游集》，收入牧田谛亮编《策彦入明记の研究》（上），佛教文化研究所 1955 年版，第 276—277 页。

第九章　聊城·临清·沧州

聊城运河大码头

聊城运河小码头

聊城昔通济桥闸址今通济桥

山陕会馆

光岳楼

光岳楼内部（一）

光岳楼内部（二）

鳌头矶

观音阁

观音阁内部天井

临清观音阁嘉靖十年砖

临清昊天祠遗址

集善寺址

水月寺址

水月寺外部

沧瀛楼遗址所在地

聊城

　　策彦等自从离开济宁以后，接下来比较重要的两个驿站，就是山东的崇武水马驿（即今山东省聊城市）和清源驿（即今临清市）。

　　聊城在商汤末期和西周时期即受封，战国时期也见于史乘。秦时，始置聊城县，后世相因。元时，为东昌路总管府的治所。1289 年，征集民工，开凿北起临清，中经聊城，南至东平的会通河。会通河的开挖，对于聊城的繁荣起了重要作用。

　　明初，洪武五年（1372），把宋代修筑的土城，改建为砖城。洪武七年（1374），出于军事的需要，利用筑城剩余的物料，建立了光岳楼。原为"远眺料敌与严更漏"而建，后以其"近鲁而有光于岱岳"，遂改为今名。楼台基为砖石结构，高 9 米，上部为木构，自台面至楼顶高 24 米，通高 33 米。目前该楼为四层，但据策彦在嘉靖二十八年（1549）返京途中登楼时，记为"此楼五层峥嵘，四檐逐一横颜'光岳楼'之三大字"。也许由于明清两代曾九次重修之故，四面斗拱飞檐，并有回廊相通，表现了宋元建筑向明清建筑过渡的风格。此楼虽是明初的重要遗物，但许多地方又保留了宋元风格，有很高的科学价值。

　　在聊城的文物古迹中，共有两处列入国家重点文物保护单位，一是光岳楼，二是山陕会馆。

　　当策彦等，于嘉靖十九年（1540）正月二十七日第一次入明上京途中经过聊城时，当天，就到光岳楼。但他只写道，"有五重门，揭'光岳楼'三字"。只有他第二次入明，由京返回途中，经过聊城时，也许因为公事已毕，显得比较放松些。他写道，"辰刻，同琇公上岸，于余以亦登光岳楼。楼之四面远景可爱。此楼五层峥嵘，四檐逐一横颜'光岳楼'之三大字。于最上层东望见泰岱。所历过有小门,揭'望岳里'之三字"①等。

自明初永乐九年（1411）运河畅通之故,使得从济宁—聊城—临清一线日见繁荣兴旺。例如,崇武水马驿（即聊城驿）就分为官方专用的"大码头",民间用的"小码头"。由于工商业的日见兴旺,各地商人齐集此地,于是在聊城就出现了江西会馆、苏州会馆等八大会馆今多已不存,只有山陕会馆一处仍在。

山陕会馆是清代去聊城经商的山西、陕西的商人联谊、祈福之处,是一座庙宇与会馆相结合的两用建筑群体。整个会馆画栋雕梁,飞檐挑角,气势浑厚,风格独特,是聊城历史上经济繁荣、文化昌盛的象征,对于研究经济史、商业史、运河史都有重要价值。目前,是聊城市博物馆的办公地点。笔者此次于2003年去聊城进行关于策彦入明问题的考察,承蒙博物馆张兢放,尤其是陈清义副馆长热情接待,对聊城市文物惠予详细解说,深感收获很大。为此,我能多次有机会出入该馆所在地——山陕会馆,为它优美的艺术所感染,深以为幸。可惜,当年明代时,策彦在两次入明的往返路上,也许由于时间有限,行色匆匆之故,竟至未能抽暇一睹山陕会馆的芳容,不能不说是一个遗憾。

临清

策彦等于第一次入明时,于嘉靖十九年（1549）正月二十八日,离开崇武水马驿（即山东省聊城）,二十九日到达清源驿（即今山东省临清）。在三十日午后,上岸,"过一伽兰,门揭'观音阁'三大字。入门则有二重阁,阁中央按观音大士像。又傍有小亭,亭里有石井,横揭'通济寒泉'四大字"②。其后,无论

---

① 《策彦·再渡集》,嘉靖二十八年（1549）九月十九日条。
② 《策彦·初渡集》,嘉靖十九年（1540）正月三十日条。

是上京的归途，及第二次入明的往返，均似未再入观音阁。

此次笔者等沿京杭大运河的考察，也是从南到北，从济宁出发后，经山东聊城，然后到达临清的。到达临清之前，笔者对观音阁等，几乎毫无所知。正如聊城把市博物馆放在山陕会馆一样，山东省临清市也把博物馆设在观音阁内。多蒙临清市博物馆的原馆长马鲁奎先生，百忙之中对笔者多所赐教。

据《临清县志》载：在鳌背桥西南数十步中洲东起处，砌以石，如鳌头突出，筑观音阁于其上，旧闸新闸各二，分左右如鳌足，而广济桥尾其后。明知州马纶题曰："鳌头矶。"在东面前后相通的门洞上过楼三间，即观音阁。飞檐挑角，小巧玲珑，内供观世音大士像。据马馆长介绍，观音阁内，上有三架梁，与抹角梁交叉，体现明建筑的特点。外壁所用的砖上，亦有"成化""嘉靖"等字体的砖，更证明确系明代建筑。

在策彦上述这段关于观音阁的记述之后，还有一段话。他接着写道："又诣一祠，祠门横揭'昊天祠'三大字……又有一祠堂，横揭'追思夏公祠'五大字。"①据说，明代时，本称为"昊天祠"，后来，清代康熙来此驻跸以后，改为"无为观"，其中主建筑为玉皇阁，前区中有牌坊，为道士观，坐东朝西，在大众公园的西部。原建筑物今已无存，只余一红墙小院。至于"追思夏公祠"，据说原为祭祀临清州官夏鼎而建，今已不存。

沧州

嘉靖十九年（1540）二月三日，策彦等由临清动身，经过甲马营（即今山东省德州）、连窝、新桥、砖河驿等，二月十五日到河北沧州，以有千年历史的镇海铁狮子而闻名的沧州。

---

① 《策彦·初渡集》，嘉靖十九年（1540）正月三十日条。

原来沧州的码头，是在今沧州解放路上解放桥与彩虹桥、新华桥之间，约有二里的运河东岸的区域。沧州的文物工作者，曾在解放桥北、东侧的今商店一带进行过发掘。发现若干精美的瓷器碎片，说明这是昔日码头卸货的痕迹。

当策彦在当日到了沧州以后，他记述："泊于沧州沧瀛楼前"，而沧瀛楼现已不存在。当地的文物工作者告诉我，其地址大约在沧州运河转弯处，无线电二厂宿舍处。

十六日，他去望瀛门。望瀛门的地址待考。下面他又记述说，"又游敕赐集善禅寺，有楼门，按四天王像。东有钟楼，西有鼓楼。又其次，东有土地堂，西有祖师堂，佛殿三世如来。左右有十六罗汉大像，后门中央有观音，乘卧麒麟。左文殊，骑卧狮子，右普贤，骑卧象，岩窟如云"。① 根据上面这些描述，承沧州市文物保护管理处的郑志利先生见示：他认为集善寺今已不存，而其地址大约在今新华路往东，运河区人民政府院内一带。

继之，策彦等在第二次入明的归途中，到沧州时，曾记述说，嘉靖二十八年八月一日，"到水月寺，登上头楼，楼上按千手观音像。"②

据谈，原来水月寺规模较大，现院内有"重修水月寺碑记"碑文可资证明。但现在，原有水月寺院内的部分房产被沧州市弹簧厂占用，只有部分房产归佛教慈善会所有，用作安排水月寺的念佛堂及释迦像，致使规模大为缩小。

总之，如果以策彦等在明嘉靖年间的记述，与今天的情况相对照，文物规模大大缩小。世事变迁，这也是无可奈何的事。

---

① 《策彦·初渡集》，嘉靖十九年（1540）二月十六日。
② 《策彦·再渡集》，嘉靖二十八年（1549）九月一日。

第十章　通州

通州张家湾

通济寺旧址

古通州牌楼

潞河驿址

古槐树

佑民观古槐

策彦等一行日本使节，由河北而天津，再进一步进入北京的通州，成为进入北京城的三部曲。由于在元世祖时，命漕运万户张瑄，在通州的白河湾设置码头，于是命名为张家湾。因而，通州与张家湾就成为漕粮入京与客货交流的咽喉要地。通州的兴旺与运河具有不可分割的密切关系。

当策彦等第一次入明时，是在嘉靖十九年（1540）二月十六、十七日到达乾宁和流河驿（均在今河北省青县）。继之，二月十八、十九、二十二、二十四日到达奉新驿（今天津市静海县）、杨青、杨村驿、河西驿（在今天津市静海县及武清区境内）。二月二十六日，到和合驿（即进入通州东南和合站），二十七日到达通州的张家湾，三月二日，入北京崇文门。

当策彦等第二次入明时，是在嘉靖二十八年（1549）四月二日至十三日期间，大致如上述第一次入明时的同样步骤，到达了通州的张家湾。不过，应该指出的是，在其后的四月十八日，策彦在《再渡集》中，记述为"三伴送官迟了，故于永济寺相待"一语。[①] 此处，策彦所记的"永济寺"，据通州文物管理所所长周良先生的意见，应为"通济寺"之误。

再者，策彦一行第一次从京城经通州返回日本时，是在嘉靖十九年五月九日，"巳刻，离城起身。……午时，达潞河驿，各入驿门……又过永济寺"[②]。此处的"永济寺"，正如上文中所说，也是通济寺之误。

其后，五月十六日，由张家湾开船，从十七日至二十日，先后越过今通州南的和合驿、天津的河西驿、杨村驿、"天津雄镇"门前。二十六日，着乾宁驿（即进入今河北省青县范围）。

当他们第二次离京登上返程的道路时，是在嘉靖二十八年

① 《策彦·再渡集》，嘉靖二十八年（1549）四月十八日条。
② 《策彦·初渡集》，嘉靖十九年（1540）五月九日条。

（1549）八月九日"离（京）城而起程如例，至通州府、潞河驿。未刻，著张家湾，少焉驾船"[①]。"十九日，晴，辰刻，鸣鼓开船。船路二十里而停棹。盖此处有道士观。……观门揭'真武观'三大字。"[②] 此处观名，据周良所长认为，为"佑民观"之误。

经笔者查阅有关著作，也指出：此观在元时称天妃宫，供奉天妃妈祖，于明嘉靖十四年（1535）改建后，称为佑民观。因此观位于今张家湾镇里二泗寺村西北角，面对运河故道南岸，在山门前立有四柱三楼悬山筒瓦调大脊大牌楼。在牌楼正门上匾"敕赐佑民观"，下匾"古迹里二泗"（但他认为系请康熙帝所书）。总之，它是京杭大运河漕运的产物和见证。[③] 与周良说有不谋而合之处。

其后，策彦返程一行，自当年八月二十日起，至二十八日，经历了如同第一次返程大致相同的路程，即经天津各驿直到乾宁驿（即离开京畿及通州，进入河北省青县）。

最后，顺带公布一个与本课题密切相关的学术消息。

如前所述，策彦等日本使节两次入明的过程中，都通过了河北—天津—通州—北京这三部曲。其中，都反复提到必经的通州驿，也即俗称的潞河驿。但毕竟语焉不详，究竟是在今何处，还是一个谜。

大概在两年前，我接到周良所长一封专函，转述了新浪网2010年1月8日关于"北京发现明代永乐年间水陆两用驿站"的消息。其内容，主要是谈通过最近的全国文物普查，"通州发现北京地区唯一幸存的驿站遗址——明代永乐年间设置的'潞河驿'"。现在已经明确：

---

① 《策彦·再渡集》，嘉靖二十八年（1549）八月九日条。

② 《策彦·再渡集》，嘉靖二十八年（1549）八月十九日条。

③ 北京市通州区图书馆编：《百年沧桑：通州历史图片汇编：1860—1960》，学苑出版社2010年版，第30页。

一、潞河驿的所在地址，在通州东关附近的赵登禹大街 5 号院，而且大门、正厅及东配房都保存完好。

二、此处所称潞河驿，就是通州驿。因为"潞河"就是古代通州的别称。

三、据《通州志》记载：潞河驿是在明代永乐年间设置的。潞河驿是水陆两用驿站，当年外国使节走水路出入北京，必于此驿码头上下船，并由明礼部官员至此接送。

根据新浪网的上述介绍，对于策彦两次经过通州入京，在某些细节上，可以做些补充。譬如，值得注意的是，在策彦等两次出京时，即嘉靖十九年（1540）五月九日及二十八年（1549）八月九日，在出京后，策彦在他的《入明记》中，都分别提到："达潞河驿"（五月九日）、"至通州府、潞河驿"（八月九日）。与此相反，在两次入京时，却并没有这样明确提到，可能是说明在入京时不走潞河驿。但其中原因为何？值得人们进一步思索。

第十一章　北京

承天门（今天安门）

端门

阙左门

午门前

会同北馆遗址（今东单三条，协和医学院门前）

习礼亭

左掖门

礼部、鸿胪寺等官衙旧址（今中国国家博物馆）

策彦自入明以后，在大运河沿线所停留的城市中，除宁波以外，就以在京城停留的天数为最多。试具体统计一下停留天数。在第一次入明时，在宁波停留的天数，是由嘉靖十八年五月二十二日至十月十九日，共停留一百七十六天（其中，多加一个闰七月，为 29 天）。第二次入明时，是由嘉靖二十七年三月九日至十月六日，共停留 207 天。而在京停留天数，在第一次入明时，是由嘉靖十九年三月二日至五月九日，共在京停留六十七天。第二次入明时，由嘉靖二十八年四月十八日至八月九日，共停留一百一十七天。其他城市均属于经过性质，因而停留天数都不算太长，或一驶而过，或停留一两天、两三天不等。

以下，试用表格形式，把宁波、中间经过城市、北京三种性质的停留天数，列表比较如下。

第一次入明

在宁波停留天数	中途经过天数	在京停留天数
嘉靖十八年五月二十二日至十月十九日	十月十九日至嘉靖十九年三月二日入京	嘉靖十九年三月二日至五月九日离京
共一百七十六天	共一百四十一天	共六十七天

第二次入明

在宁波停留天数	中途经过天数	在京停留天数
嘉靖二十七年三月九日至十月六日出发	嘉靖二十八年十月六日至四月十八日入京	嘉靖二十八年四月十八日至八月九日离京
共二百零七天	共一百八十六天	共一百一十七天

从上述表格的统计数字来看，宁波、中途、京城所耗日期，大体上各占三分之一。其所以如此，各有一定的原因。

（1）到宁波后所耗日期来看，大体上由于：①日本使节到宁波后，需要拜谒当地省、府、州、县各级地方官吏，说明来意。②这不仅是一种礼节上的拜谒。相反，每次来使时，总有一定的背景事件，需要互相交涉，耗费相当的时间。例如，在第一次入明之前，在1523年曾发生了宁波争贡事件，留下一些需要解决的善后问题。在第二次入明时，因为有未到"十年一贡"的贡期，人、船都超越限额的问题，都需要通过交涉来解决。耗费了不少口舌。③更主要的是，当地官吏向朝廷汇报后，需要等待朝廷诏书的下达。这更是耗费时间的原因。正因如此，每当诏书下达，就是日本使团欣喜若狂的原因所在。④当然，利用这个等待诏书的时间，从事观览名胜，联系当地文人，互相酬唱，这还是次要的原因。

（2）在中途路上，耗费时间的原因有：①中途水利的原因。由于京杭大运河整个航线所处的地势，高低不同。事实上，中心点的济宁一带，反而是地势最高的所在。因而才发生建立南旺分水工程的必要性。越到运河中段，所建水闸越多。所以，在策彦的记录中，"闸多水浅"等字眼，屡屡出现，这当然耽误行程。②中途需要纤夫拉纤，因而不断出现因等待纤夫的到来而耗费时间的例子。由于明方行政效率的低下，也耗费了时间。③在中途有名胜，尽量上岸观看，并且仔细描绘名胜的状态，包括一一记录下各地殿堂的楹联，恐怕也消耗一定的时间。当然，从我们今天的角度来说，这也成了一定的财富。

（3）策彦等到京后的活动，是向明朝廷进行朝贡活动。这是他们中心目的之所在，自然要全力以赴，马虎不得。以下，我们将具体地列出以策彦为首的两次入明使节的活动情节，然后再进行分析。

日期	第一次入明时主要活动内容（据《初渡集》择编）	日期	第二次入明时主要活动内容（据《再渡集》择编）	阶段划分
嘉靖十九年三月二日	从崇文门入京。因日人久不修职贡，馆亦荒凉，今假就玉河馆	嘉靖二十八年四月十八日	到京，依旧例从崇文门而入，就玉河馆。嘉靖十八年进贡之时，就西馆。今东馆修复，以故就东馆	（一）生活安排阶段
三月六日	正使以下到鸿胪寺习礼亭前，习朝参礼	四月二十二日	二大通事来，予教朝礼	
		四月二十三日	二大通事来，传礼部老爹暨鸿胪寺之命，教朝参之礼式。于是，各序班刷羽仪，而习礼拜	
三月七日	入廷朝拜。从东门左腋入——承天门——端门——午门（五拜、叩头）——出东门——鸿胪寺——礼部，大明门	四月二十四日	乘月跨马，在东长安街头下马。自长安门而入——承天门入——端门而入——午门前（拜、叩头）——阙左门后茶饭——午门前（一跪三叩头）——鸿胪寺——礼部。各出门，退	（二）入廷朝拜及献贡物阶段
		四月二十六日	呈表文于礼部	
		五月四日	要求将所进方物，于初六日送司查验	
三月八日	礼部要求日本国表文。礼部重烦使坚请。不得已，将表文呈礼部	五月六日	收进贡物于礼部之所。今次使臣自进扇子亦同时献之。礼部亲查验明白	
三月十日	礼部乞收贡物	五月二十日	昨日十九，供贡物于宸览	
三月十一日	收贡物于礼部处			

日期	第一次入明时主要活动内容（据《初渡集》择编）	日期	第二次入明时主要活动内容（据《再渡集》择编）	阶段划分
三月十五日	打廪给口粮及各种食物	五月二十六日	朝参，盖谢昨日下程完了也。于午门前，五拜三叩头	（三）双方就贡物进行折冲及各种交涉阶段
三月十七日	诸役者趋天庭，五拜。盖谢前日下程也。礼部致牌，嘱须达礼秉法，名分严明，御下毋纵，夜慎火烛，毋致疏虞等	五月二十七日	迎茶饭，到会同馆，大大监国公来临。饰天子座于堂前右方，列拜叩头	
三月十八日	就会同馆大茶饭，馆在玉河东南。堂右方饰天子座。礼部并日使等拜、叩头。日使向礼部、大监等深揖、拜四	五月二十八日	入内朝参，五拜三叩头，谢前日筵宴	
三月十九日	出馆入内廷，午门前鞠躬、拜五、叩头三，谢前日茶饭			
三月二十日	打廪给口粮	五月二十九日	向礼部门下呈短疏。礼部接迎勘合衣裳等之事。礼部温和示谕，以再计较之由，各欢喜无措	
三月二十一日	天子看查吾邦贡物物色，收之公库			
三月二十五日	天子看吾邦别幅			

续表

日期	第一次入明时主要活动内容（据《初渡集》择编）	日期	第二次入明时主要活动内容（据《再渡集》择编）	阶段划分
四月三日	赏日本国到京正副使、居座、从僧硕鼎等共十三员。正副使硕鼎等二员，每员赏镀金银钩环全一件，共二件。居座、从僧等十一员赏银钩环全一件，共十一件	七月二十一日	趋禁庭领衣裳	（四）明朝对日使颁布赏赐物及日方谢赏阶段
四月三日		七月二十二日	朝参，谢昨日赏赐之恩，五拜三叩头。日使各着所赐之衣裳	（四）明朝对日使颁布赏赐物及日方谢赏阶段
四月十三日、十四日	十三日，日使拟请明方发还上次争贡事件中没收日方之货物。十四日，明方予以拒绝	七月二十七日	赴上马宴，就会同馆，向饰天子座一拜三叩头，次向大大监国公跪，四拜，向知事四拜	（四）明朝对日使颁布赏赐物及日方谢赏阶段
四月十六日、十七日	日使拟向明上疏，请求"复旧货物，颁新勘合"。十七日，呈疏于礼部	七月二十七日		（四）明朝对日使颁布赏赐物及日方谢赏阶段
四月二十九日	诣大慈恩寺、大隆善护国寺、都城隍庙	七月二十八日	参内，谢昨日筵宴之事。诣城中名寺、双塔，大隆善护国寺，大隆福寺	（四）明朝对日使颁布赏赐物及日方谢赏阶段
五月初一、二日	入禁中，阙左门，领受明方所赠之衣裳及罗、纱、丝绢等。初二日，正使以下，趋禁庭，启谢	七月二十八日		（四）明朝对日使颁布赏赐物及日方谢赏阶段

日期	第一次入明时主要活动内容（据《初渡集》择编）	日期	第二次入明时主要活动内容（据《再渡集》择编）	阶段划分
五月七日	正副使以下日使全员，趋禁庭，午门（五拜，叩头三），——午门内、左顺门——阙左门茶饭——午门（一拜、三叩头）——谒鸿胪寺——礼部	七月三十日	参内，自午门东角入。历长廊到左顺门。"翰林院高捧天书，而度与于予，予即出两手而领之。又借副使叩头者三，予高捧天书而出。""即毕事，下廊之时，以黄锦布裹天书，吴通事系手颈而出。"就阙左门，随例下饭，"又到午门之前，一拜三叩头而退朝"。到鸿胪寺、礼部，"次诣郎中四拜，拜了后，度与礼部扎付一封于生等，各出门，跨马而归馆"	（五）告别阶段
五月九日	离城起身	八月九日	辰刻，离城而起程如例	

　　从第一次入明（嘉靖十九年三月二日入京至五月九日离京）以及第二次入明（嘉靖二十八年四月十八日入京至八月九日离京），二者相较，虽然第二次入明时，在京停留的时间稍长些，但由于两次入明的性质相同，因而将其活动内容归纳一下，具有许多相似之处。根据笔者的愚见。如上表所列，似大致可分为以下几个阶段。

　　第一阶段，为生活上的安排及准备阶段。主要内容是安排入住，并派官员教朝参之礼。

　　关于入住处所的问题。据策彦于当年三月二日条中，在入京以后写道：

旧年进贡差使臣等，就会同馆。日人久不修职贡，故馆亦荒凉。今虽假就玉河馆，未由安处。傍有一宇，梓匠方修补焉。生等偻指竢之。于时朝鲜、琉球、鞑靼人进贡，割拠于本馆。①

如果说，上面这段话的意义，还不太清楚，需要译成现代文字的话，大致意思是说："往年日本进贡使臣被派入明，都是入住会同馆的。现因这些年日本久未来朝贡，原居馆所已趋荒凉。现虽被暂时安置于玉河馆，仍不惶宁处。见傍有一屋，木匠正在施工修补。我等曾趋前敬观施工。当时只见该馆还有朝鲜、琉球、鞑靼人进贡使节们也聚居此处。"

假如我们进一步再把他在第二次入明时的一段话，一并加以观察的话，就会豁然开朗。在第二次进京的第一天，即嘉靖二十八年四月十八日，他写道：

申刻，达京，依旧例从崇文门而入。就玉河馆。嘉靖十八年进贡之时，就西馆。今东馆修复，以故就东馆。②

我们把这段话，与前面所列第一次入京第一天这段话，再加上《明会典》中关于会同馆等规定一并考虑的话，其真相就会大致揭晓。

（1）上段引文中，所谓"嘉靖十八年进贡之时"，就是指我们所说"嘉靖十九年入京"。所以其中有一年之差，是因为日本使团是在日本天文八年，即嘉靖十八年（1539）四月，从日本五岛

① 《策彦·初渡集》，嘉靖十九年三月二日条。
② 《策彦·再渡集》，嘉靖二十八年四月十八日条。

列岛出发入洋的。同年六月入宁波。到京则是嘉靖十九年，故有一年之差。

（2）《明会典》中，对"会同馆"有一条专门规定。其中说：

> 永乐初，设会同馆于北京。……正统六年，定为南、北二馆。北馆六所、南馆三所，设大使一员，副使二员，内以副使一员，分管南馆。……
>
> 北会同馆在澄清坊大街东，正统六年（1441）盖造，弘治五年（1492）改作，共房屋三百八十七间。南会同馆在东江米巷玉河桥西街北，亦正统六年（1441）盖造，弘治五年（1492）改作，共房屋三百八十七间。
>
> 凡各王府公差人员，……湖广土官番人等，俱于北馆安顿。迤北瓦剌、朝鲜、日本、安南等国进贡陪臣人等，俱于南馆安顿。①

从上述数段引文中可以看出：会同馆虽都是接待外国贡使之机构，设立年限，房屋间数大致不差，但其政治地位有别，北会同馆处于领导地位，安排贡使全部活动，南馆则处于被领导地位，主要接待外国使节居住。

其所在地址，北会同馆在当时澄清坊大街东，大致在今东城东单三条，协和医院门前一带。而南会同馆，在当时东江米巷玉河桥西街北，即东交民巷一带。因而，从当时南会同馆的角度看，北馆在东、北一带，故又可称其为"东馆"。而反之，从北馆角度看，由于处在东交民巷的南馆，在其西南，故可称其为西馆。正因如此，在策彦第二次入京第一天，就写道："嘉靖十八年进贡之时，就西馆。今东馆修复，故就东馆。"而东馆何以需要花工夫修

---

① 《明会典·卷一四五，兵部二八，驿传一·会同馆》条。

复，才能入住？其原因，在于在此之前"日人久不修职贡，故馆亦荒凉"。而何以日本使节也承认自己对明朝"久不修职贡"呢？因为，策彦第一次入明朝贡是嘉靖十九年（1540）的使节。因1523年在宁波发生争贡事件，演变成武装暴乱，狼狈逃回，未能入京。而在此之前，日本使节到明京的时间是1512年，日使了庵桂悟所率的大内、细川氏共三只船入明京朝贡，而这距策彦来京的1540年，也有二十八年之久了，造成"馆亦荒凉"也是自然的。而策彦抵宁波，要求上京朝贡的消息抵京，明廷急忙动手修理房屋，也确有些措手不及之故吧！

在1991年左右，我为了对北京的中日交流遗址进行调研，曾敦请北京市文物局负责人齐心、赵迅诸公惠予指教。经他们研究，在今东交民巷路北解放军站岗的某一大院，很可能是明代会同南馆遗址。后虽经我们去现场力求允许拍照，未果。日前，为本书北京部分的写作。笔者再次去该处寻觅。只见高楼成片，往日踪迹全无。遗憾，遗憾！

其后，如表中所示，初渡时，由嘉靖十九年三月七日至三月十一日；再渡时，由嘉靖二十八年四月二十四日至五月二十日，按其活动内容，可分别视为进入第二阶段，即入明廷朝拜及献贡物阶段。

继之，（初渡）十九年三月十五日至三月二十五日，（再渡）二十八年五月二十六日至二十九日，可视为进入第三阶段，即"双方就贡物进行折冲及各种交涉阶段"。

其后，初渡的嘉靖十九年四月三日至五月初一、二日，再渡的嘉靖二十八年七月二十一日至二十八日，可视为进入第四阶段，即"明朝对日使颁布赏赐物及日方谢赏阶段"。

最后，为第五阶段，即告别阶段。

我认为，以上五个阶段的划分，大致可以涵盖策彦先后两度入京时活动的主要内容。除了在个别事情上，须稍做补充。例如，在第二次入京中，在快要终结的嘉靖二十八年七月二十二日条中，策彦记载："五更乘月朝参，谢昨日赏赐之恩，五拜三叩头。"①关于此项记载，据日本小叶田淳先生的研究，他认为，其中所指"赏赐"的含义，不仅指衣裳而已，还包括明廷所赏赐日使的绢、罗以及铜钱。但铜钱须在归途中到南京去取。②

除此之外，他们一行在两次入京期间的主要朝贡礼仪及交涉活动，均在本书后面第二编"专题研究"中的第二章"策彦两度入明中的朝贡及交涉活动"处有详细的阐述，请读者参看，此处不赘。

在京寺院的活动

策彦等在京的活动中，除了上面各处谈到的对明朝贡、交涉等活动以外，还有一种，即参观寺院的活动。虽然次数少，也应提到，并加以研究。

在上述这两次入明中，日本使团往往选择内廷朝贡活动已毕，才放松心情，选一天去京内大寺院参观。

例如，在第一次入明时，选在嘉靖十九年（1540）四月二十九日去了三个寺院。据《初渡集》中记载，当天共参观了"大慈恩寺""大隆善护国寺""都城隍庙"三处。"大慈恩寺"的问题比较复杂，容后再议。以"大隆善护国寺"言之，地址在今北京西城区护国寺大院 11 号。创建于元代，明成化八年（1472），赐今名。共有十层殿宇，该寺中轴线上，依次有金刚殿、天王殿、延寿殿等。东西配殿更多。但经过"文化大革命"的破坏，今仅存金刚殿五间及其他廊房。

---

① 《策彦·再渡集》，嘉靖二十八年七月二十二日条。
② 小叶田淳：《中世中日通交贸易の研究》，第 200 页。

另一处是都城隍庙，它是供奉都城的城隍神庙，坐北朝南，中轴有庙门、顺德门、阐成门，此点与《初渡集》所载一致。

但最大的不一致，却在整个北京并无大慈恩寺。那么，是否误入别的寺院了呢？若论殿宇众多，在城内中心地带二点，与正觉寺较为接近。若论名称，有的书中谈到双塔庆寿寺"又名慈恩寺"①，但是，始建年代，"大慈恩寺"与后二者，又都不相同。因为，以《初渡集》中所载"大慈恩寺"的情况而论。它说在该寺的祖师殿中有牌，上书"开山第一代僧录司右阐教月庭朗法师"。可见其建立大约在洪武年间。而护国寺、都城隍庙均始建于元代。② 因而，所谓当天到过"大慈恩寺"的记载，很可能是误传。

误传的根源何在呢？他们在出发的前一天，即四月二十八日，策彦写道："予以病后不赴。"次日出发时，他写道："价即休记之。"③ 按在日语的文字中及中国的文言中传宾主之话的人称"介"。故称使者为"介"，也作"价"④ 例如，宋苏轼的《东坡集续集·六》中说："承谕欲撰韩公庙碑……谨已撰成，付来价。"策彦的书中，亦多用之。而"即休"二字，系人名，为手下使团中的成员，书中多见。故此处应理解为：策彦因病未去，令即休去，将去庙宇情况记述来告。可能即休汉语不太好。这里有一个证明，即在他的汇报中，对此三处的方位，都下写"南面"二字。⑤ 乍一看来，从汉语角度理解，必然认为是指该寺在北京城之南部。实际上，按日语理解，都意指这几处寺院都"面向南"，即

---

① 北京市文物事业管理局编：《北京名胜古迹辞典》，北京燕山出版社1989年版，第116、149—150、168页。

② 同上。

③ 《策彦·初渡集》，嘉靖十九年（1540）四月二十八、二十九日条。

④ 《全译：汉辞海》，户川芳郎监修，三省堂，2000年版，第74页。

⑤ 《策彦·初渡集》，嘉靖十九年（1540）四月二十九日。

"坐北朝南"之意。而其中例如大隆善护国寺确是地处北京城偏北。考虑到这些情况,认为"去过大慈恩寺"一说,来自误传、误报,是有可能的。

像听戏一样,越到后面越精彩。策彦等在第二次入明的最后几天,去北京重要寺院的活动,更加值得称道。过去,无论在途中或到京后,去参观寺院都是自己的私人行动,静悄悄而随便,而这次却大不一样。

在嘉靖二十八年(1549)七月二十八日,他们上午从住处会同北馆(即东馆)出发,去从事"诣城中名寺"的活动。

由明方派三名武官以为前导,显得队伍更加威武雄壮。先出会同馆过大明门前,再经西长安街,先到双塔庆寿寺。其中有二塔,各为七层和九层(在今电报大楼对面一带,现已拆毁,不复得见[①])。

然后,过宣武街,去拜访大隆善护国寺。估计由于事前通过官方有所联系,到该寺时,"寺头率大众出迎于门外,撞钹击鼓吹笛。入佛殿里烧香,各消三拜,香奠一两。寺长三人殷勤磬礼,礼了"。策彦等"以三金扇赠之。少焉吃茶,茶罢,入浴。浴罢,以扇子四柄赠浴子以下。法堂有前住独庵禅师像。赞曰:'有时摇动龟毛拂,直得虚空笑点头。'云云"。

"次诣大隆福寺。寺长率大众,各着法衣,出迎于门前。又撞钹鸣鼓吹笛。于门里下马,入佛殿烧香三拜,香资三两。佛殿揭真如殿。就方丈吃茶。茶罢有下饭。此寺禁酒,故无酒。吾同列以两金扇赠之。下饭罢,各跨马而归。"[②]

这一天,前后共去了三个寺院。特别是,先去的西城的大隆

---

① 《北京名胜古迹辞典》,第116页。北京市档案馆编:《北京寺庙历史资料》,中国档案出版社1997年版,第154—155页。

② 《策彦·再渡集》,嘉靖二十八年(1549)七月二十八日条。

善护国寺，人称"西寺"。后去的东城的大隆福寺，人称"东寺"，东西呼应，是北京最重要的两个寺院（在一定的意义上说，有些类似日本京都的东本颐寺与西本颐寺）。当天，策彦恭谨有礼，当地僧人热情郑重接待，反映了中、日两国僧人之间的真挚友谊。

最后，他们于当年八月九日，离开滞留三个多月的京城，迈上返日的航程。从此，他也结束了两次入明的使命，回到日本，安度晚年。

护国寺金刚殿

金刚殿已定为北京文物保护单位

第三编　专题研究

在中日交流史上，以史料情况而论，虽然种类繁多。但在日本来华人士中，对来华后的整个经过情况，以日记体裁，逐日记载的最为详尽的，当属日本入唐僧圆仁的《入唐求法巡礼行记》以及入宋僧成寻的《参天台五台山记》。因之，日本学术界往往把此二者誉之为日本来华僧侣旅行记中的"双璧"，当不为过。但除此之外，明代日本入明僧策彦周良所著《策彦和尚入明记》（包括《初渡集》《再渡集》），也详尽地记录了他在嘉靖十八年（1539）和嘉靖二十六年（1547），前后两次入明的经过情况。在史料价值上，较前二者并不逊色。可惜，研究者除日本学者牧田谛亮在距今六十年前的 1955 年刊出的《策彦入明记の研究》之外，只有近年来才有人逐步有所涉及，但较对前二者的研究，还是远不如之。正因如此，笔者本着拾遗补阙的精神，拟尝试对他的入明记录，进行较为全面的探讨。

本书的结构，如前面所示，在前一部分，主要对他当年入明的亲历地点，在实地考察的基础上，进行深入的挖掘和阐述。

后一部分，主要着力于对策彦两次入明记录中的有关问题，进行专题研究。在研究方法上，除对《策彦和尚入明记》中的记录，进行正面探讨之外，在有关问题上，如果与入唐僧圆仁、入宋僧成寻当年的记录有可比性的内容的话，也拟进行一些对比性的研究，以便把问题引向深入。当然，这三人由于所处时代不同，个人身份、来华任务及目的、主观条件不同等情况，其活动内容，所起的作用也不尽相同。通过分析对比，也许有可能把中日交流各时代演进的面貌凸显出来。

第一章　策彦入明后的水路交通
与京杭大运河

　　如前所述，策彦两次入明，自到宁波以后，北上入京，都是循水路，主要是利用京杭大运河进行往返的。因而我们需要对这一水路及其有关情况，进行一些研究。

第一节　中国运河发展的几个阶段

　　中国大陆地形的特点，一言以蔽之，西部或曰西北部，因山脉及高原较多，地形较高。而东部尤其东南部，大多是平原，地势较低。因而主要河流大抵都是由西向东，而河与河之间，又有丘陵相隔，因而河流大都是平行东流，然后入海。因而，在近代铁路出现之前，东西方向的水利交通，较为便利。而南北方向的交通，因走陆路需要较大的人力，走海路有一定的危险，颇为不便。故而需要开凿南北方向的人工运河。此外，又由于中国古代历代王朝大多奠都北方，而中国的经济重心，又经历了由北南移的过程，因而南粮北运也需要运河。所以开凿运河实属必然。

　　中国水利事业的历史，大致可分以下几个阶段。

　　（一）春秋战国时期，为水利事业的初步发展时期。例如，吴王夫差时，开邗沟，连接长江与淮河等。

（二）秦汉统一帝国时期，是以黄河中游的关中为主的农田水利发展时期，两汉以治黄为主，南方只是萌芽。

（三）东汉末到隋统一，到魏晋南北朝时期，北方战乱频仍，而江南稳定，且河流众多，因而水利主要在江淮流域发展起来。在三国及东晋时期，在南方出现了初步水利设施——堰、坝等。

（四）隋唐再度统一，直到1127年北宋灭亡。这五百多年间，先是，隋炀帝时为了汲取南方物资，供朝廷所需，在605年，开通济渠，北起东京洛阳，南至今江苏盱眙。608年，开永济渠，由洛阳北至涿郡（今北京西南），以便控制东北，并为讨伐高句丽，供应粮草。610年，开江南运河，从京口（今江苏省镇江）到余杭（今浙江省杭州）。至此，隋代以洛阳为中心，通达东西南北的运河计划，全部完成。全长共2700余千米。

其后的唐、宋二代，由于唐代建东都洛阳、北宋奠都汴京（今河南省开封）、南宋定都临安，都处于运河线上。而从唐末起，由于北方战乱，江南开发，使得全国经济重心到宋代最终南移到江淮一带。因而唐宋时代，南北大运河成为供应国家所需物资，维系国家命脉的生命线，引起统治者高度重视。当时不仅对运河进行一系列整治及疏浚工程，使运河畅通。而且在水利工程的技术上，也较前代有更高的发展。这表现在：

1. 在运河河道上，堰、埭的技术始于东晋，到唐时已经成熟，而且数目繁多，充分运用。由于各河段间，地势有高低，势必存在水位差。当时已知在各河段间筑起土坝，称为"堰"或"埭"，以保持河段的一定水位，也不妨碍在不同水位间的河段上互相逾越。具体过堰办法是：在河的上下游用条石砌成较缓的平滑坡面，在堰上用稀泥浆作堰面的润滑剂，以实现船只过堰。再根据堰的坡度、船只的大小及重量，可分为：（1）人力牵拉过堰；（2）人力拉动辘轳绞动，实现过堰；（3）在堰坡度更大，船只更重时，用水牛拉动辘轳过堰，当时称为"牛埭"。

2. 另一个技术上的趋势是设闸代堰。由于船只过堰时，船夫劳苦，磨损船只，诸多不便。北宋太宗淳化元年（990）下令将江南运河四堰改为闸（单闸）。到北宋天圣年间（1023—1032）出现了复闸。办法是：船行至关闭的闸前，然后关闭后闸。在两闸间，或充水，或放水，以提高或降低水位，使闸中水位与前方河流趋于一致，然后开前闸，使船通过。复闸代替堰是水利设施中一项重要进步。[①] 船只来往更方便，这很接近现代的船闸。比之号称世界上最早的复闸——荷兰运河的复闸，要早 350 年。

（五）由 1127 年宋室南迁，经元朝，再到明嘉靖末年（1566），共约 440 年。这一阶段的主要形势是，由于南宋国土局限于江淮以南的南方平原，因而它着力经营江南一带运河，使江苏、浙江一带农田水利甚盛。北方水利衰落。其后，1279 年，元灭南宋，统一全国之后，定都大都（今北京）。由于自宋代之后，全国经济重心已最后转移到东南，由运河漕船运送东南物资赴京，更形重要。而当唐宋运河漕船运送北上时，还需西折至河南境内，而当时开封、洛阳等已非都城，浪费人力、时间，元代遂由徐州向北开凿会通河（由今山东省济宁经聊城到临清），然后溯卫河到通州，再开惠通河直达北京城内。至此，由杭州经长江、淮河至北京的京杭大运河，才全线贯通。这是把唐宋时代的南北大运河裁弯取直，使杭州至北京间省去了六七百里的路程。全长近三千五百七十八里，成为贯穿南北水路交通的主要通道。但在元时，由于运河还未充分疏浚，以致不得不在很大程度上用海运代替陆运。

明代，自明成祖即位后，在永乐十九年（1421）正式迁都北京。对京杭大运河进行疏浚整修，使运输能力大幅度提高。每年

---

① 翁俊雄：《唐宋运河之古今》，收入唐宋运河考察队编《运河访古》，上海人民出版社 1986 年版，第 353—355 页。

漕运江南粮食四百万石到北京，有力地保证了国家的需要。同时，它既为国内经济文化的交流创造了条件，又为各国使节的入明和上京，提供了便捷的通道，促进了中外交流。

明末嘉靖年间以后以及清代，在水利方面都有一定程度衰微的迹象，且因与本书主题有所偏离，故从略。

第二节　京杭大运河的延长与补充
——浙东运河

虽然京杭大运河南方的终点在杭州，但从杭州之南的西兴驿（今浙江省肖山市西兴镇）起，还有运河向东南延伸，经萧山—越州（今浙江绍兴）—上虞—通明堰，再接余姚江、甬江两条自然河流，水运最后可达明州（今浙江省宁波），成为连接杭州与宁波间的航道。由于它在浙江省东部，故多称为"浙东运河"，又称为"杭甬运河"。从其客观效果来说，可以视为京杭大运河进一步延伸到海港城市宁波。

从中日交流角度看，在唐代，日本派遣唐使来华，从第一次（630）到第六次（669），主要是走经山东半岛的北路。从第四次（659）到第七次（702）以后，开始走南岛路及南路。但其抵达地点，由于航海技术的原因，往往分散抵达苏州、扬州、楚州等各处。当时抵达明州者，次数并不多。只有804年第十四次的第二船（但有从明州返回日本的例子，例如805年第十四次遣唐使）。后来自从北宋起，日本入宋僧大多抵达明州，然后去他处求法。南宋时，中国去日僧人大多是从明州出发。992年，北宋在明州设立市舶司，管理对外贸易，其成为宋代对外贸易三大港口之一，凡去日本、朝鲜贸易者，必须到明州办理手续。南宋时，中国商人去日本贸易者，日本商人来宋者，也多到宁波。这样，宁波成为两宋时期中日双方经济、文化交流的重要窗口。

元代，虽因发动两次侵日战争，对双方的交流造成一些消极影响，但战争平息后，双方经济文化交流仍在继续。明代，中、日双方建立朝贡贸易关系之后，宁波港成为明朝廷法定专通日本的唯一港口。宁波这一地位的奠定，使京杭大运河及连接宁波的浙东运河，成为中日交通的必经要路，包括策彦周良在内的历次遣明使，也不例外。

从这一段运河的地理情况来看，由于水源丰富，天然河流与人工运河交叉纵横，因而造成堰埭众多的局面，运河工程量大，这是它的特点。

当我们探讨浙东运河时，本应按圆仁、成寻、策彦的时代先后进行探讨，但入唐僧圆仁在唐开成三年（838）七月到扬州之后，拟申请去天台山。而他系天台宗请益僧，只具有短期滞在身份，难以在规定的时间内与使团一同归国，未得唐的允准。故而未能利用浙东运河南下，后遂改去楚州。因而我们准备在后面的相应部分（即淮扬运河部分）再探讨他的事迹。

下面再谈入宋僧成寻。成寻（1013—1081），是日本平安时代中期天台宗寺门派的僧人。自幼师从文庆，后在1042年左右，继师文庆之后，任京都大云寺寺主。1053年，任左大臣藤原师实的护持僧。1054年任延历寺阿阇黎。[①] 是当时日本天台宗里有相当地位的僧人。

他久怀入宋求法交流之意。在日本延久四年，宋熙宁五年（1072）得以实现夙愿。在当年三月十九日，从肥前国松浦郡壁岛（今日本佐贺县唐津市呼子町加部岛）扬帆渡海，三月二十五日到达苏州大七山，二十七日，到达明州黄石山海面。明州官方指示他们："令不入明州，直向西赴越州"（即在杭州湾循海路西向，

---

① 藤善真澄：《参天台五台山记の研究》，关西大学出版部，2006年3月发行，第6—7页。阿阇黎是当时日本佛门认为可以收徒授业，有"高尚德行僧人"的称号。

奔越州）他们从海上经过越州、萧山等地界，四月十三日到杭州。

他作为天台宗僧人，立刻提出去中国天台宗的发源地——天台山参拜的要求，并很快获准。五月四日，他开始动身，乘船沿浙东运河向西南行。根据他所著《参天台五台山记》（以下简称《参记》）的记载，可以了解他在沿途的水运情况。

在介绍水运情况之前，必须先弄清几个概念的区别。首先，是堰、坝与水闸的区别。前回已谈过，不赘。其次，是水闸与水门的区别。水闸有门，可以启闭闸门，以便根据水位适时启闭舟船。而水门，在宋代凡有城墙，都设水门与陆门并行。水门有铁棂窗，可上下启闭，管理船只的出入。因而与水闸显有区别。

成寻于五月四日自杭州出发后，到清水闸。（按：清水闸为宋景德三年（1006）所建的水闸。①）

其后，成寻等在五月六日，"过十里入河。船头陈咏行向主船司衙，令见杭州牒取开门札来，即开水门。名定清门，古闸基石。船入门了。过十五里，至五云门，第二水门也。以主船引入闸孔，开门入船"②。看此原委，可知文中的定清门、五云门，都是当地的水门。

其后，他详细地记述了越过钱清堰的情况。

　　（五月）六日……自五云门过五十里，未时，至钱清堰。以牛轮绳越船，最希有也。左右各以牛二头卷上船陆地，船人人多从浮桥渡。以小船十艘造浮船。③

即指在过堰时，用牛四头（左右各两头）拉动辘轳绞盘的绳索，拖船过堰。人则走浮桥过江。

---

① 姚汉源：《京杭运河史》，中国水利水电出版社 1998 年版，第 745 页。
② ［日］成寻：《参天台五台山记》（以下简称《参记》）卷一，宋熙宁五年（1072）五月六日条。
③ 《参记》卷一，宋熙宁五年（1072）五月六日条。

然后，五月七日到越州府（州治在今绍兴）。"过五里，有都泗门。"但这并非是都泗堰。尽管文中说，"以牛二头令牵通船"，这可能是如纤夫的性质。否则，不会如后面文中紧接着说："都泗二阶门楼五间，如迎恩门。"①中国水利学者的著作中也认为，都泗门是水门。姚汉源主张，宋代绍兴城有五个陆门，四个水门，都泗门即为水门之一。②

当天，再向前行约一百一十里，到达曹娥堰。次日（五月八日）。"辰一点潮满。先以水牛二头引上船陆，次以四头引越入大河，名曹娥河。向南上河。"③也就是说，如上述同样的办法，用二头牛力把船拖出浙东运河，再用四头牛力把船拖入曹娥江，从此离开浙东运河，折而向南，直奔天台山方向而去（这说明曹娥堰也是"牛埭"）。

通过上面记录可以看出，成寻等是先用两头牛力将船拖上曹娥堰，说明运河水位与堰顶之间，差距较小。然后，再用牛四头，拽船入曹娥江，说明堰顶与曹娥江的水位之间，差距较大，堰的坡度较大。

试检《参天台五台山记》中的记载，成寻在利用浙东运河这一段的经历上，除上述这一次（这次可称为第一次）之外，其后还有两次。

第二次，是在同年八月九日成寻由天台山归来，经浙东运河，八月二十一日到杭州这一次。其中记载，他在经过越州（今浙江省绍兴）之后，八月二十日，通过钱清堰时，"以水牛八头付辖轳绳大船越堰。船长十丈，屋形高八尺，广一丈二尺也。越州为日本僧上京，新彩色庄严，依敕宣也"④。这说明，宋朝廷及越州为他们准备了十分高大而壮观的船只。

---

① 《参记》卷一，宋熙宁五年（1072）五月六日条。
② 姚汉源：《京杭运河史》，第746页。
③ 《参记》卷一，宋熙宁五年五月八日条。
④ 《参记》卷三，宋熙宁五年八月二十一日条。

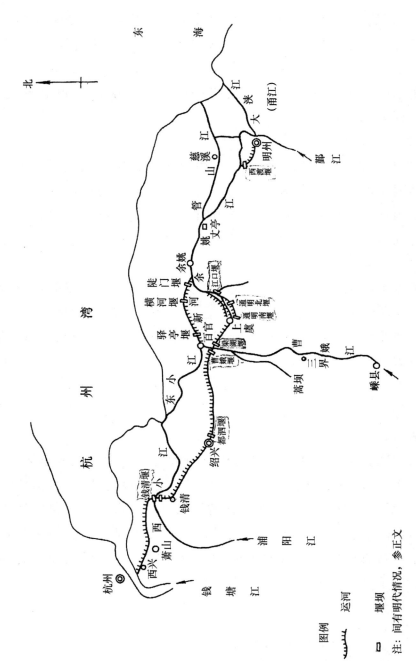

图1—1　宋代浙东运河示意图（据姚汉源《京杭运河史》，第739页）

第三次，成寻在次年（宋熙宁六年，1073）开封祈雨成功后，又请求去天台山，并送弟子归国。他于六月一日离杭州，其目的地为经浙东运河，最后到达明州。他曾记述，六月二日，由杭州出发，过钱塘江后，遇水闸。翌三日，"开闸入船，即曳船至州北门外宿"①。

六日，"以牛十二头曳越船……今渡曹娥江已了"②。过江后到上虞县，这说明过者为曹娥堰。而使用牛的头数由去年的两头，增加为十二头。说明去年与今年之间，曾对堰进行了扩建。

七日，"过十二里至余姚江。辰二点，以牛十六头曳越堰头了。自曹娥堰至余姚堰五十里也"③。按余姚堰即为通明堰。④ 成寻此次越堰用牛的头数为历次中最高，说明堰体高大，过堰最为困难。

下面，该探讨本书的主人公策彦周良在浙东运河上的活动情况了。据《策彦和尚入明记·初渡集》中载，他在嘉靖十八年（1539）第一次任副使入明时，使团于四月十九日从五岛列岛的奈留岛（今日本长崎县南松浦郡）上扬帆出发。五月二十五日，到宁波。十月十九日自宁波出发，沿浙东运河自东向西航行。二十二日，到姚江驿（即今浙江省余姚）。

　　　酉刻，至下坝，舟行四十里，候潮泊于此。戌时，潮满了。力士将辘轳索卷越坝。夜半，发下坝。舟竖挈舟。丑刻，至中坝，舟行十八里。又如前坝。同刻，拨舟。寅刻，著上虞县岸。⑤

---

① 《参记》卷八，宋熙宁六年六月二、三日条。
② 《参记》卷八，宋熙宁六年六月六日条。
③ 《参记》卷八，宋熙宁六年六月七日条。
④ 姚汉源：《京杭运河史》，中国水利水电出版社1998年版，第742页。
⑤ 《策彦和尚入明记》（以下简称《入明记》）。引文均根据牧田谛亮《策彦入明记の研究》上，法藏馆，1955年版。本注据《策彦·初渡集》嘉靖十八年十月二十二日条。

　　按上文中的"下坝"，即指大江口坝，或曰江口堰。"中坝"即指通明南堰。① 文中所谓"力士将辘轳索卷越坝"，即指用人夫拉动辘轳绳索使船越坝。江口堰与通明南堰均同。

　　二十三日，至曹娥驿。二十五日，至绍兴驿、蓬莱驿。二十六日，"午时，至钱清驿。舟行六十里，不滞泊，直涉驿前"②。然后，经西兴驿，十一月一日，入杭州。

　　此后，在第一次入明从北京的归途中，当年九月自杭州发，沿浙东运河东行。经萧山、曹娥等地，九日，到上虞。据《策彦·初渡集》载：

　　　　（九月十日）船路十里而已刻超中坝。十八里而午时超下坝。其险可畏。酉刻，著姚江驿。③

　　其后，九月十二日到宁波。如前所述，中坝指通明南堰，下坝指江口堰，姚江即今天浙江省余姚。归途，在浙东运河上费时七日，除通明、江口二堰"其险可畏"之外，沿途似较顺畅。

　　第二次入明上京途中，嘉靖二十六年（1547），三月九日，到宁波。十月六日，由宁波动身。八日，到姚江驿。"九日，辰刻，著登瀛门下，以鹿索卷越船。午后，过中坝，又如前度越船。戌刻，著曹娥驿。"④ 十五日，到杭州。

　　当他第一次入明，这里遇到了两个问题。第一，策彦当

----

　　① 姚汉源著：《京杭运河史》，中国水利水电出版社1998年版，第740页。到南宋嘉泰元年（1201），才建通明南堰。从此，通明堰才分南北二堰。南堰专通官民之舟，北堰专通盐运。

　　② 《入明记·初渡集》，嘉靖十八年（1539）十月二十六日条。

　　③ 《入明记·初渡集》，嘉靖十九年（1540）九月十日条。

　　④ 《策彦·再渡集》，嘉靖二十七年（1548）十月九日条。

1539—1541 年第一次入明往返经过余姚时，都明确提到通过中坝（通明南堰）与下坝（江口堰）。但当 1547—1549 年第二次入明上京途中经过姚江驿越坝时，只提及中坝，而未明确提到过下坝。究竟当时是否通过下坝了呢？笔者根据有关史料的核对研究认为，很可能是通过下坝了。理由如下：上京途中经过余姚城时，他见到："又所经历，及第门多多，或颜（？）'榜眼'二大字，或揭'登瀛'二大字……酉刻，至下坝。"[①] 他们是先看到登瀛门，然后到达下坝。继之，"戌刻，潮满了，力士将辘轳索卷越坝。夜半，发下坝"。他们一行是在酉刻（即下午六时左右）到达下坝。等到潮满，又准备辘轳绞盘等设备，一直到夜半，越过了下坝。然后，"丑刻，至中坝，舟行十八里，又如前坝"[②]。即在次日清晨二时左右，再经过中坝。

第二次入明上京途中经过此处时，是在嘉靖二十七年（1548）十月"九日，辰刻，著登瀛门下，以鹿索卷越船。午后，过中坝，又如前度卷越船"[③]。

此段史料中，前面的"以鹿索卷越船"中"鹿"，即是"辘轳"二字的简化写法，即指用辘轳的绞盘，拉船过坝。而过的应是指下坝，即江口堰，但未明说。然后，午后过了中坝（即通明堰）。更何况，这两次都是从宁波去杭州的上京途中，在浙东运河上由由东向西，必先经过下坝（江口堰），然后再经中坝（通明堰），这是完全合情合理的解释。

第二，当策彦一行等嘉靖十八年（1539）第一次入明上京途中，经过下坝、中坝时，《入明记·初渡集》中明确记载："力士将辘轳索卷越坝"，即是用人夫拉动辘轳绳索使船越坝。而第一次

---

①　《策彦·初渡集》，嘉靖十八年（1539）十月二十二日条。

②　《策彦·初渡集》，嘉靖十八年（1539）十月二十二日条。

③　《策彦·再渡集》，嘉靖二十七年（1548）十月九日条。

入明归途中以及第二次入明的上京途中，关于经过姚江驿（浙江省余姚）越坝的记载时，并未明确说明是用人力还是牛力。这个问题，我想比较好解决。因为他在第一次入明上京途中关于此处越坝时，已经明确记载是用"力士"，他认为后来记载时无须一再重复。再者，后来，在第二次入明上京途中，提到此事时，他的写法是"午后，过中坝。又如前度卷越船"，意思是与上次相同，无须再赘，意已甚明。

策彦与成寻在浙东运河航行情况比较表

成寻			
航程	经过	航行情况	天数
第一次 熙宁五年（1072）五月由杭州去天台山摘录其中杭州—曹娥段 （《参记》卷一）	五月五日 由杭州出清水闸 六日 过定清水门、五云门 过钱清堰（用牛四头） 五月八日 过曹娥堰（用牛二头拉上岸四头拉入江）		杭州—曹娥 5 天
第二次 熙宁五年（1072）八月由天台山回杭州 摘录其中曹娥至杭州段 （《参记》卷三）	八月九日 至曹娥 八月二十日 过钱清堰（用牛八头） 八月二十一日 到杭州		曹娥—杭州 13 天
第三次 熙宁六年（1073）六月 杭州—明州 （《参记》卷八）	六月一日 离杭州 六月三日过钱塘江后过水闸 六月六日过曹娥堰（用牛十二头） 六月七日过余姚堰（通明堰）（用牛十六头） 六月九日到明州		杭州—明州共 9 天 （其中杭州—曹娥 6 天）

续表

策彦			
航程	经过	航行情况	天数
第一次入明上京 嘉靖十八年（1539）十月 （《策彦·初渡集》）	十月十九日 由宁波出发 二十二日 到姚江驿 用力士使辘轳过下坝（江口堰） 用力士使辘轳过中坝（通明南堰） 十月二十三日 到曹娥驿 十一月一日 入杭州	十月二十六日至钱清驿"舟行六十里不滞泊，直涉驿前"	宁波—杭州 12 天（其中曹娥——杭州 7 天）
第一次入明，由京归途 嘉靖十九年（1540）九月 杭州—宁波 （《策彦·初渡集》）	九月五日离杭州 九月九日著上虞县 九月十日 过中坝（通明南堰）下坝（江口堰） 九月十二日 到宁波	九月十日超中坝、下坝之后，策彦写"其险可畏"	杭州—曹娥 5 天 杭州—明州全程共 7 天
第二次入明上京 嘉靖二十七年（1548）十月 宁波—杭州 （《策彦·再渡集》）	十月六日 宁波出発 十月九日 著姚江驿登瀛门下人力过下坝、中坝著曹娥驿 十月十五日 到杭州		宁波—杭州共 10 天（其中曹娥—杭州 5 天）

根据上面所述及表格，对于策彦在浙东运河上的航行状况，可以从与入宋僧成寻进行比较的角度，初步得出以下的一些认识。

（一）就两人来华的身份及使用浙东运河的次数而言，两人往返都是一共三次。从身份上说，策彦是明朝接待的日本使节（副使、正使各一次），成寻虽然最初以普通僧人身份入宋，但在入宋不久，自熙宁五年（1072）闰七月六日，在天台州得到热心开展日宋交往的宋神宗皇帝圣旨，命官员将成寻送上京城面见皇帝时开始，[1] 身份上也陡然变为国家的贵客，得到优厚的照顾。[2] 从这一点上说，二人的身份也有近似之处。

① 《参记》卷二，熙宁五年（1072）闰七月六日条。
② 夏应元：《〈"参天台五台山记"〉から见た成寻在宋中の收入と待遇について》收入《8—17世纪の东アジア地域における人・物・情报の交流》，东京大学大学院人文社会系 2004 年发行。

（二）从航程上讲，策彦作为国家使节，与使团一起，其在浙东运河上的航程，是从宁波至杭州，再从京杭大运河入京。主要是嘉靖十八年（1539）与嘉靖二十六年（1547）两次往返。只是在第二次入明后的归途，在《策彦·再渡集》中，只记载到山东济宁为止，缺少剩余部分，这是一个欠缺。

以成寻的状况而言，如前面开头中所述，我们的着眼点，主要集中在浙东运河中杭州至曹娥一段，因它与策彦的航程有重合之处。但由于在第三次他的航程不限于到曹娥，而是以到明州送弟子们归国为目的，因而成为浙东运河的全程旅行者，反而便于我们与策彦的对比研究。

（三）从他们二人的旅行记中，反映出浙东运河不同历史时期的水运设施情况，这方面我们也有一定的收获。

（1）在他们二人经历中，主要不同点之一，是在水闸方面。据成寻记载，一共过水闸两次，即清水闸，过钱塘江后的水闸一次。而到明代的策彦，却全然没有关于过水闸的记载，此事值得琢磨。

（2）从二人过堰的情况来看，成寻共过堰五次，但分散在三个堰上（钱清堰两次，曹娥堰两次，通明堰一次），而策彦在浙东运河段过堰六次，但集中在两个堰上。即，下坝（江口堰）、中坝（通明南堰）各三次。

特别是钱清堰，成寻前后两次过堰。成寻在到钱清堰时，记载它"以牛轮绳越船，最希有也"。但到明代的策彦时，记载船到钱清驿时说，"舟行六十里，不滞泊，直涉驿前"，根本没有见到钱清堰。这主要是因为原来浦阳江改道，流入钱塘江（即西小江），因而造成钱清江与浙东运河间水位的差异，因设钱清堰以调节之。后在明嘉靖十六年（1537）浦阳江复归故道，水位差消失后，钱清堰自然拆毁。①

再者，北宋时成寻曾过曹娥堰两次。而策彦入明时，则根本没有见到曹娥堰。其原因在于，据《国初群雄事略》载，明初，吴元年（1367）朱元璋即位前，命汤和等攻方国珍。由绍兴到曹娥江，乘潮尽平诸坝，因而曹娥坝以东各坝均毁。②

以上二人记载不同，给人印象是北宋时积极营建闸坝，而明代时由于自然环境的变化及人事原因等，堰数似有减少的趋势。而这与中国水利史的研究也是大致相符的。

（3）以过堰的动力来看。成寻入宋时，第一次过钱清堰，是以牛四头拉上。后来，在越曹娥堰时，用"水牛二头引上船陆，次以四头引越入大河"。最多时，用水牛十二头、十六头分别拉辘轳越过曹娥堰、余姚堰。可见用牛力之多。而到明代策彦是，各次全部用人力（"力士"）。可见宋代过堰花费劳力极大，而到明时，则使用劳力较少。

（4）关于在中途的航行状况。策彦入明后，除了在第一次上京归途中嘉靖十九年（1540）九月十日过中坝、下坝时，有"其险可畏"一语之外，其他再没有惊险的局面，较为平稳。

（5）从二人在途中所费天数来看。成寻在杭州—曹娥一段，大致所费日期在五六天左右（第一、三次）。而第二次曹娥—杭州，耗时十三天，则因途中各寺院求法活动较多的缘故，可作为例外看待。

策彦在杭州—曹娥一段所费时日，大致为 5 天及 7 天。杭州—明州间全程往来，成寻花费九天，策彦为十天。二人大致相近。

综上所述，如果单纯以浙东运河这一段作为观察对象的话，似乎可以给人印象。即，明代嘉靖年间比之北宋时，在越过水闸、堰坝等水利设施及所耗劳力上，均较前者为少，而航行日期及安

---

① 邱志荣、陈鹏儿：《浙东运河史研究》，中华书局 2008 年版，第 517 页。

② 姚汉源：《京杭运河史》，第 754 页。

全程度大致相近。

最后，再补充一点。策彦在明代航行在浙东运河上，之所以感到比成寻在北宋时更加通畅，其中原因之一，是由于南宋时，国都设在杭州，非常重视江浙一带运河的经营，为改善浙东运河的航运条件做了许多工作，例如疏浚河道和营建闸坝等。因而使浙东运河的通航条件，比先前有了一定的提高所致。[①]

第三节　京杭大运河中最南的一段
——江南运河

江南运河是指京杭大运河中长江以南的一段，也即京杭大运河最南的一段，是指从京杭大运河的终点——杭州北上，经余姚、长安镇、崇德、秀州（今浙江省嘉兴）、苏州、无锡、丹阳、到润州（今江苏省镇江），是从杭州北上，通往镇江的主要航道，共长720余里。它地处浙江省北部与江苏省南部江南的最为富饶之区，地势平坦，物产丰富，是京杭大运河中的最重要的段落，因而受到历代的重视，是很自然的。

春秋战国时期，在太湖平原的"三江五湖之间"，出现了一些互相沟通的人工渠道。秦始皇时，为加强对江南的控制，曾开凿镇江至丹阳、杭州至嘉兴的水道，使得江南运河初具规模。在隋炀帝时，大业三年（610）十二月，"敕穿江南河，自京口（今江苏省镇江），至余杭（今浙江省杭州），八百余里，广十余丈，使可通龙舟，并置驿宫，草顿，欲东巡会稽"[②]。奠定了今天江南运河的基础。从此，江南运河基本定型。

到唐代，由于唐代中期以后，中国经济重心逐步南移。"国家

---

① 《浙江航运史》（古近代部分），人民交通出版社1993年版，第70—72页。
② 《资治通鉴》卷一八一《隋记·大业六年》。

根本，仰给东南。"到宋代，国家经济重心最后确定南移，因而使得唐宋两代历届朝廷，都把保持江南来的漕运，视为国家的生命线，对运河的畅通，全力以赴。

唐宋时期，江南运河从南到北，共分以下三段，主要问题在于解决下列这些症结。

南段：为从杭州到嘉兴。这一段地势西南稍高，东北偏低。从隋唐时期起，这一段主要水源取之于杭州西湖，湖水不足，则引钱塘江水补给。所以主要问题是如何保持西湖的水源，因而从唐代时起就不断疏浚西湖，使水源畅通。另外，在途中设置水闸，例如长安闸等。"置板闸，遇城中河水浅涸，启板纳潮，继即下板固护水势，不得通舟；若河水不乏，即收闸板，听舟楫往还为便。"①　总之，让水闸起引水及防沙的双重作用。

中段：由平望镇到苏州以北的望亭间。此段是江南运河中全线最低的一段。地势平而流缓，常因太湖泄水而覆舟。当时在太湖泄水口处，修建了宝带桥。吴江县知县在松江出水口处，建垂虹桥。在这两个桥下，既可以过船，桥面上也可用作运河的纤道。当年成寻、策彦等行经此处，都曾目睹这些桥的雄姿。

北段：自望亭至镇江。西北镇江至丹阳一段，地势偏高。东南则较低。在冬春枯水时，长江水位低落，常患水量不足。为维持运道水深，从北宋年间，这段河上已建立京口、吕城、奔牛、望亭四个堰。分级蓄水，以维持通航。唐宋以来，重视对江南运河的治理。北宋嘉祐三年（1058）承隋唐之制，置都水监，主管国家水利工程。宋还在江河沿岸配置厢兵，用于江河的疏浚，对江南运河杭州段的水源进行了疏凿与治理。尤其自北宋天圣年间（1023—1032）在航道上建设先进的复闸与澳闸，在江南运河道上，营建了长安、杉青、京口等闸，使航道畅通。虽然，自明嘉

---

①　《宋史》卷九七《河渠志七》，宋淳熙二年（1175）两浙漕臣赵磻老言。

靖以后，管理制度逐渐松弛，有时出现废闸复堰或闸堰并用等现象。但总的来说，通过宋元明历代的努力，进一步改善了内河航道的条件，提高了航运的效率。

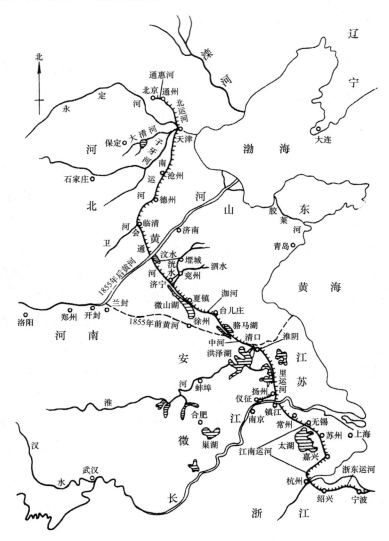

图1—2　京杭运河全线分段示意图（姚汉源：《京杭运河史》，第32页）

以下先将日本入宋僧成寻来宋时第一次经过江南运河时的情况，叙述如下。

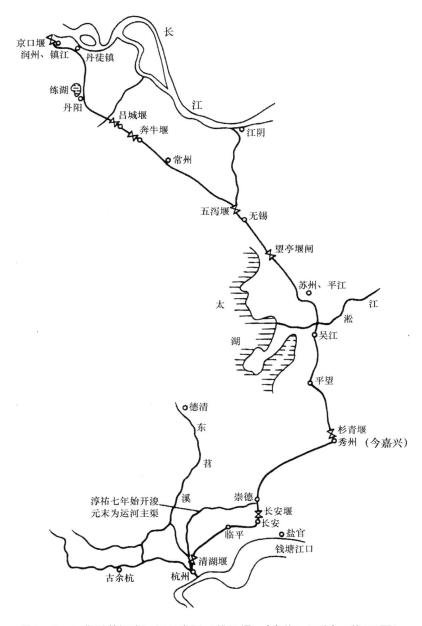

图1—3　元代以前江南运河示意图（姚汉源:《京杭运河史》，第38页）

　　成寻在北宋熙宁五年（1072）三月二十五日到苏州大七山，四月到杭州。作为天台宗僧人，申请去天台山国清寺求法、朝圣。

在天台，闰七月，接到宋朝文牒，命当地官员护送来汴京，面见皇帝。于是，八月六日，他离开国清寺，经浙东运河到杭州。八月二十四日，出杭州北门，先奔秀州（今浙江省嘉兴）及镇江方向。从此，他进入江南运河（由南向北）。

据他手记的《参天台五台山记》他在次日（八月二十五日）条中记载：

> 午时，至盐官县长安堰……申时，开水门二处出船，船出了。关木曳塞了。又开第三水门关木出船。次河面本（水）下五尺许。开门之后，上河落，水面平，即出船也。①

从上述这段记载来看，表明他们一行到长安堰之后，先开水门两处出船，然后把木制闸板开启了又闭上。接着，又打开第三道水闸门。然后，使河面水平下降约五尺许，开门之后，即与前面河段水面保持一致。由上述这一段渡过长安闸的具体描绘看，长安闸当时是两级三门的水闸，近似近代船闸。这是中国水利史专家姚汉源的论断。② 也与日本学者藤善真澄认为此水闸是巴拿马运河式闸门的看法相一致。③

八月二十七日到秀州（治所在今浙江省嘉兴）。"九月一日，天晴。申时出船，过州北门。经六里至三树堰。令开二水门出船了。"④ 此处三树堰之名，今不存。据藤善真澄研究，在成寻入宋前四年半左右，宋提举河渠胡维奏请，请修筑杭州之长安堰、常州之望亭堰之同时，亦请修秀州之杉青堰。从杉青堰所处之地理

---

① 《参记》卷三，熙宁五年八月二十五日。
② 姚汉源：《京杭运河史》，中国水利水电出版社1998年版，第37页。
③ 藤善真澄译注：《参天台五台山记》上，关西大学出版部2007年版，第307页。
④ 《参记》卷三，熙宁五年九月一日条。

位置上看，此处"三树堰"应为杉青堰之误。① 姚汉源亦认为，此处"系日人读音不准确，多用谐音"。"三树"当为"杉青"之误。②

根据成寻对杉青堰的记述，此水闸也应是复式水门的水闸。

九月二日，至苏州平望镇。三日，过大湖，有利往桥，即垂虹桥。次至吴江县，再过四十五里，至苏州前宿。六日，"巳时越上亭堰入常州界。堰水门并辘轳皆荒芜年尚"③。按姚汉源认为，此处"上亭堰"应为望亭堰之误。他并认为，此处虽未明言过堰方式，但应为"越堰过船"④。

八日，"出（常州）北门。南北水门二阶楼门外过二里驻船……戌时，过三十五里到奔牛堰宿"。"九日，天晴。卯时越堰。左右各有辘轳五，以水牛十六头，左右各八头。"即用十六头水牛，拖船过奔牛堰。⑤

九月十日，卯时开水门入润州城。辰时，至京口堰驻船。十一日，"申时以牛十四头左右各七越（京口）堰"⑥。

以上，是在熙宁五年（1072）八九月间成寻第一次渡过江南运河（由南向北）的大致情况。

当年十二月中旬，成寻自五台山朝圣归来，十二月二十六日，回到开封。次年（熙宁六年，1073）三月，在宫中祈雨成功，赐号善慧大师。四月十五日离开封，南下送弟子归国。五月二日到扬州。五月七日渡扬子江，由北向南，开始第二次江南运河之旅。

---

① 藤善真澄译注：《参天台五台山记》上，卷三，熙宁五年九月一日注。
② 姚汉源：《京杭运河史》，第40页，注（3）。
③ 《参记》卷三，熙宁五年九月六日。
④ 姚汉源：《京杭运河史》，第37—38页。
⑤ 《参记》卷三，熙宁五年（1072）九月九日条。
⑥ 《参记》卷三，熙宁五年（1072）九月十一日条。

当日，已时三点至京口堰止船。八日，午时越京口堰，左右辘轳牛合十六头。

五月十日，"午时过四十五里至吕城堰。即曳船。未三点过三十里至奔牛堰，左右辘轳合十六头水牛，曳越已了"①。至常州北水门宿。中经无锡县，苏州、秀州，五月十九日，到杭州十八里店。五月十九日，"未时左右辘轳，牛合十四头，曳越长安堰了"②。五月二十日，到杭州。

从成寻上述两次越过江南运河的情况看来，共越过九次堰、闸。其中，七次为牛力过堰，其他两次为近代式船闸。但其中长安堰在九个月后，似又改闸为堰。可见近代式船闸在数量上不占优势，又不太巩固。

下面再看策彦在第一次入明时，经过浙东运河，进入江南运河后的情况。

嘉靖十八年（1539）十一月初一日，日使等入杭州。谒见御史台、布政司等官吏。三日，离杭州。戌刻，至湖州府德清县。五日，至湖州府苕溪驿（今湖州市）。七日，至震泽泊。午时，至苏州府平望驿。九日，至松陵驿（吴江）。十一日，至姑苏驿，游寒山寺、枫桥等地。二十日，到常州无锡县锡山驿。二十一日，游南禅寺、惠山寺等地。二十二日，至毗陵驿（今江苏省常州市）。

二十七日，到吕城镇巡检司，即吕城驿。二十八日，"发船，越卷坝"（即越吕城堰）。

二十九日，至云阳驿（今江苏省丹阳市城南）。三十日，至丹徒坝，游海会寺，诣张良庙。

---

① 《参记》卷八，宋熙宁六年（1073）五月十日条。
② 《参记》卷八，宋熙宁六年（1073）五月十九日条。

十二月初一日，"酉刻，正使及护送大人三个船超坝。余船、两居座以下犹在坝前方舣耳。盖候明朝潮也"（按：此文指策彦及居座以下诸人之船在丹徒坝前方，等待潮来做出的准备）。

"二日，巳刻，将辘轳索卷越坝口。"即指越京口堰。三日，渡扬子江。午时，至镇江府京口驿（在今镇江市旧城西门外）。①

反过来，在嘉靖十九年（1540）八月，策彦第一次入明，完成朝贡任务后，由北京就归途，由北向南，进入江南运河。八月七日，越扬子江到丹徒坝。申刻，到云阳驿。十日，著毘陵驿（今江苏常州）。十三日，著锡山驿（今无锡）。十六日，著姑苏驿。二十五日，著松陵驿（吴江），游垂虹桥。二十六日，著平望驿。二十七日，著西水驿（今嘉兴市城西）。二十九日，著崇德县皂林驿（今桐乡县西北皂林镇）。九月三日，入杭州。②

嘉靖二十七年（1548），策彦等第二次入明上京途中，于当年十一月八日离杭州北上。二十日，著崇德县。二十三日，至皂林驿。继著西水驿。二十五日，著平望驿。二十六日，著松陵驿。二十八日，经宝带桥，到姑苏驿。十二月十六日，到锡山驿。二十七日，著毘陵驿。

二十日，著吕城巡检司，二十一日，"卷越坝"（即越吕城堰），著云阳驿。二十三日，著丹徒坝。二十五日，"搬行李于小船，盖前程水浅，大船难通故也。大船直超坝赴扬子江。吾使臣诸船经别路。申刻，开船"。二十六日，著镇江府。③

　①　《策彦·初渡集》下之上，嘉靖十八年（1539）十一月初一日至十二月三日条。

　②　《策彦·初渡集》下之上，嘉靖十九年（1540）八月七日至九月三日条。

　③　《策彦·再渡集》，嘉靖二十七年（1548）十一月八日至十二月二十五日条。

根据上述策彦等在江南运河上往返共三次航行过程来看,[①] 所经过的水利设施,除丹徒坝之外,只有第一次入明上京途中,越过吕城堰、京口堰各一次,第二次入明上京途中,越过吕城堰一次而已。而值得注意的是,所有这些设施,都集中在江南运河的北段,南段则丝毫没有涉及。主要原因在于江南运河北段,地势高,水源缺,必须着重兴修水利设施,以解决北段镇江至丹阳间的水源问题。在北宋时,就曾在江南运河兴修四闸,即京口、吕城、奔牛、望亭闸,分级蓄水,形成梯级航道。而在南段,由于南宋时,奠都杭州,努力疏浚江南运河南段的航道,使之较为畅通。因之,正如水利专家姚汉源在谈到明代江南运河时,曾写道:

　　江南运河北段之常州、镇江段,以地形及水源关系,最多事。其南多平顺,少工程。[②]

这就是策彦在南段较少提及越过堰、闸的原因。而在明代较少提及过堰,正说明比北宋时通航顺畅也。

---

① 根据《策彦·再渡集》记载,在第二次入明由京返程时,只记到山东济宁为止。故可以视为他在江南运河段,只航行三次。

② 姚汉源:《京杭运河史》,第314页。

成寻、策彦江南运河上航行状况比较表

	航程					
成寻	第一次沿江南运河北上（杭州—镇江）（《参记》卷三）	宋熙宁五年（1072）八月二十四日，由杭州出发	同年八月二十五日出盐官县长安堰三道闸门水闸	九月一日，秀州北门，经六里，过三树堰（杉青堰）两道闸门水闸	九月三日，到苏州平望县利往桥（垂虹桥）	九月六日，入常州界，过越堰上亭堰（即望亭堰），越堰过船
		熙宁六年（1073）五月二十日，入杭州	五月十九日，未时，左右水牛共十四头，越长安堰			
策彦	第一次入明上京沿江南运河北上（杭州—镇江）（《初渡集》）	嘉靖十八年（1539）十一月三日离杭州 九月三日，入杭州			八月二十五日，著松陵驿，到垂虹桥	
	第二次入明上京沿江南运河北上（杭州—镇江）（《再渡集》）	嘉靖二十七年（1548）十一月八日离杭州			十一月二十八日经（吴江），到宝带桥	

成寻、策彦江南运河上航行状况比较表

（入常州界）九月八日出常州北门到奔牛堰。九日，越奔牛堰，用水牛十六头，左右各八头	九月十日，到镇江。口堰驻船。十一日，以牛十四日，左右各七，越堰	十二日，过瓜洲堰，入扬子江	成寻于熙宁六年四月，离开封，经扬州，沿江南运河南下（镇江—扬州）（《参记》卷八）
五月十日，未时三点，左右辘轳合十六头水牛，越奔牛堰	五月八日，左右辘轳牛合十六头，越京口堰	熙宁六年（1073）五月七日，过扬子江，到京口堰上路	
十一月二十七日，到吕城驿。二十八日，越卷坝（越堰）	十二月初一日，正使及护送大三船超坝，策彦船等在坝前方准备。二日，将辘轳算卷越坝口	十二月三日，渡扬子江。午时，至镇江府，京口驿	策彦第一次入明归途，沿江南运河南下（镇江—杭州）（《初渡集》）
		嘉靖十九年（1540）八月七日，离镇江，到丹徒坝	
十二月二十日，到吕城门。二十一日，卷检门，卷船，开船曳船过堰（吕城堰）		十二月二十三日，到丹徒坝。十二月二十六日，到镇江府	

第四节　淮扬运河（扬州—淮安）

——日本来华三僧：圆仁、成寻、策彦活跃的舞台

[附]　评小野胜年先生在圆仁《行记》注释中的两个见解

在京杭大运河上，从江南运河继续北上，渡过扬子江以后，即面临古城扬州。从扬州向北，沿着运河，直到楚州（即今江苏淮安），被人习称为淮扬运河，或称楚扬运河。全长168千米。沟通长江、淮河两大水系，历史上在漕运、盐运方面，都起过重要作用。由于历史上漕运的运道，多在湖泊中运行，故又称为湖漕。

在春秋时代，吴王夫差十年（前486），吴国在此开邗沟，联结长江与淮水，故有人又称这段运河为"邗沟"。它在我国运河中起源最早，是我国历史上有明确记载最早的运河，至今已有两千多年的历史，是解剖我国运河历史发展的最好的化石。

从中日交流的历史及本书的主题来讲，这一段运河也有它特殊的意义。因为日本入唐僧圆仁、入宋僧成寻及本书主人公两次入明僧策彦，都曾先后在这一段运河，留下他们的足迹，在我们今天对他们来华的事迹进行历史对比研究上，提供了丰富的素材。

让我们按他们来华的先后顺序，从入唐僧圆仁谈起。

圆仁（794—864）是日本天台宗僧人，日本天台宗创始人最澄的亲传弟子。在最澄圆寂后，他承遗志，在唐开成三年（838）至唐大中元年（847）来唐求法巡礼。归国后，撰写了《入唐求法巡礼行记》，详细记录了来唐求法巡礼的经过，无论在日本天台宗的历史上，还是中日交流的历史上，都是珍贵的史料。

他在入唐后的九年中，曾去长安、洛阳及五台山等地，进行了广泛的求法巡礼活动。其中，在唐开成三年（838）七月到开成四年（839）三月间，曾在扬州—楚州的运河上，即淮扬运河段上活动。这一段资料，为我们研究唐代这段运河的情况，提供了一些信

息。同时，由于其后入宋僧成寻、入明僧策彦也都在扬州—楚州这一段运河上航行过，因而，为我们的对比研究，提供了有用的资料。

圆仁所著《入唐求法巡礼行记》（以下简称《行记》），由于其珍贵的史料价值，久为日本史学界所瞩目。而对此书，最为权威的研究著作，当推日本小野胜年先生的四卷本注释的大著——《入唐求法巡礼行记の研究》。① 该书注释完备而详明，自出刊以来其权威性久为日本及国际有关学者所公认，自然也成为中国有关学者钦仰的对象。笔者的恩师周一良先生在生前曾与小野先生有所过往。笔者也曾面晤小野先生，在拜读他的大作之后，深感敬服，受益良多。

就以圆仁在淮阳运河这一段而言，虽然字数不算很多，也颇具史料价值。圆仁在《行记》第一卷，唐开成四年（839）二月二十一日、二十二日条中记载：

（二十一日）（圆仁等）到江阳县回船堰，夜宿……二十二日……到常白堰。常白桥下停留。②

小野先生在该书同年二月二十二日注（3）中指出，"常百"当为"邵伯"的假借字，邵伯堰即为邵伯埭。其源出于"晋太元十一年，（东晋中叶著名宰相）谢安（320—385）筑新城于城北二十里，筑堰以灌民田，民思其德，比于邵公，因名"。并指出，常白桥即可能在今邵伯镇附近。这无疑都是正确的。

但另一方面，由于《行记》一书中，内容庞杂，涉及诸多门类的知识，不易掌握。例如，水利史就是一门技术性很强的专门

---

① ［日］小野胜年著：《入唐求法巡礼行记の研究》，铃木学术财团，1963—1969年版。

② 《行记》第一卷，开成四年（839）二月二十一日、二十二日条。

学科，因而，有时误生小疵，也是难免的。小野先生的注译本，据笔者拙见，似有以下两点，尚有推敲的余地。

首先，在该书第一卷，开成三年（838）七月二十日条的注（2）（3）中，小野先生列举了入宋僧成寻著《参天台五台山记》中的下列三条记述。

（1）卷三，熙宁五年（1072）八月二十五日条：

> 至盐官县长安堰……申时开水门二处出船。船出了。关木曳塞了。又开第三水门关木出船。次河面本［水］下五尺许。开门之后，上河落，水面平，即出船也。

（2）同书，卷一，同年五月六日条：

> 未日寺至钱清堰，以牛轮绳越船，最希有也。左右各以牛二头，卷上船陆地。船人人多从浮桥渡。以小船十艘造浮船（桥）。

（3）同书，卷三，同年八月二十日条：

> 以水牛八头付辘轳绳，大船越（钱清）堰。

小野先生之所以在这里引用成寻书中的上述三条材料，其用意在于证明，圆仁入唐经过泰州如皋县丁堰镇时，这些无论是堰堤或水闸，正如他上述（2）（3）注中所说的，都是堵塞两岸水流的堤防，在本质上都是一样的。

但实际上，经过最近这些年中日学者的研究，并非如此。例如，对上述（1）八月二十五日长安堰的材料，虽名曰"堰"，但在日本历史学者藤善真澄，或中国水利史专家姚汉源的著作中，都一致认为是两级三门的近代化船闸。①

而对于上述（2）、（3）两条材料，有关学者都认为是用牛力拉辘轳过堰的"牛埭"，与前者在本质上迥然不同，不可相提并论。

其次，在小野先生著《入唐求法巡礼行记の研究》第一卷，开成四年（839）二月二十一日越过江阳县回船堰的注（5）条中，他写到明代时说，"（朝鲜）李朝崔溥著的《漂海录》中曾说，从扬州到邵伯当中，有闸二座"。

下面小野又引用《大清一统志》的两条材料，一条说"在府城东北运河上，堤长一百余里，为十闸，以泄横流"。另一条说："在江都县东，又有减水闸，凡十一处，俱在县北境。"他认为，这固然是指明代的情况，但"由此上溯到唐代（圆仁时期）推测当时也会有船闸"。

笔者以为，此说不能成立。因为第一，崔溥在《漂海录》中，虽系亲历，但他只记述：

> 过杨（扬）州府……臣等由舟而过，不得观望……所过有闸二坐（座），至邵伯驿。②

他只说在扬州至邵伯间，有闸两座，并未说明闸的名字及详细情况，语意含混。

第二，《大清一统志》成书在康熙、乾隆年间，主要反映到乾隆年间（1736—1795）为止清代的历史地理情况。以18世纪的材料，去推断838年时的情况，上溯近千年，缺乏足够的说服力。

---

① 《参记》上卷三，藤善真澄译，熙宁五年（1072）八月二十五日条注（1）。姚汉源：《京杭运河史》，中国水利水电出版社1998年版，第37页。
② 崔溥：《漂海录》卷之二，弘治元年（1488）二月二十三日条。

小野先生此种"推断"，影响所及，使得中国近年来一些类似的著作，震于小野先生的大名，也萧规曹随，盲目重复类似的错误看法。① 当然，这属于人情之常，可以理解，但毕竟是错误的。

　　总之，如上所述，根据圆仁在《行记》卷一记载，在淮阳运河一段中，所越的堰埭，只有江阳县的回船堰和邵伯的常白堰（邵伯埭）两处。后来，圆仁在大中元年（847）六七月间，由长江归来，经过楚州，再到扬州，又返回楚州。但检诸《行记》本文，并未对当时淮阳运河上的堰、埭，有所记载。这恐怕是由于圆仁的《行记》的性质——专门注重佛事的记载，而疏于水利方面记载的特点所造成的。而据中国水利史专家的研究，在唐后期，南方稳定，江淮之间农田水利持续开发，在兴修堰埭方面均有所建树。例如，在淮阳运河上曾兴建平津堰等。因而可以推测，圆仁在当时可能不只过此二堰而已，只是受资料的限制，难以阐明。

　　下面，谈谈关于入宋僧成寻在淮阳运河上的记载。

　　根据《参记》卷三的记载，成寻在熙宁五年（1072）八月，离开天台山国清寺，进入京杭大运河，由南向北，经江南运河，九月十一日，到镇江。十二日，到扬子江，然后入瓜州，"至水门驻船。待湖（潮）生可开关木。中一点潮生，曳水中木入船。过二里到著瓜州堰宿"②。就是说，他们先通过一个船闸，待潮至开闸，然后到瓜州堰（此处船闸，据姚汉源认为，系龙舟闸）③。

　　十三日，"卯时越堰，牛二十二头，左右各十一，牵上入运河……午时至杨子镇，江都县驻船"④。

　　十四日，"至邵伯镇止船……未时，开水门二所了。次开一门

─────────────

① 白化文等：《入唐求法巡礼行记校注》，花山文艺出版社1992年版，第118页。
② 《参记》卷三，熙宁五年（1072）九月十二日条。
③ 姚汉源：《中国水利发展史》，上海人民出版社2005年版，第269页。
④ 《参记》卷三，熙宁五年（1072）九月十三日条。按日本岛津草子本（1959年大藏出版），此处文为"牵上入上河"，此处按藤善真澄译注本改。

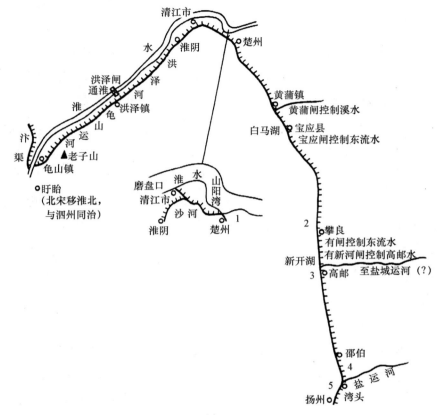

图 1—4　宋代淮扬运河示意图（姚汉源：《京杭运河史》，第 54 页）

1—满浦闸、北神闸、两河闸；2—增筑长堤；3—新开湖；

4—邵伯埭；5—斗门、水闸 79 处，堤长 360 里

出船了。子时，过六十里，至高邮县"[1]。按藤善真澄的《参记》译注本理解，九月十四日，成寻在邵伯所通过的水门，即为东晋时谢安在邵伯镇所筑的邵伯埭的余绪。北宋天圣七年（1027）发运使钟离置闸，以便于漕运。[2] 中国水利史专家姚汉源也认为"邵伯亦设闸，闸有三道门，似现代的二级船闸"[3]。二者看法一致。

① 《参记》卷三，熙宁五年（1072）九月十四日条。

② 《参记》卷三，藤善真澄译注，熙宁五年（1072）九月十四日条注（1）。

③ 姚汉源：《中国水利发展史》，上海人民出版社 2005 年版，第 269 页。

十五日，成寻等入楚州宝应县。十六日，入楚州城门宿。

十七日，"巳时过十里至闸头，依潮乾，不开水闸……戌时，依潮生开水闸，先入船百余只。其间经一时。亥时出船，依不开第二水门，船在门内宿"①。十八日，"戌时，开水闸出船，即得顺风上帆……寅一点，过六十里，至楚州淮阴县新开驻船"。十九日，"戌时开闸出船，至淮河口宿"。

根据以上记载，成寻等（第一次）由扬州至入淮河之间，先过船闸（龙舟闸）一次，然后，用牛力越过瓜州堰一次，再越过邵伯闸一次。十八日、十九日先后共越船二次。统计起来，共越船闸四次，越堰一次。

成寻第二次利用淮扬运河是在一年以后。先是，在熙宁六年（1073）三月，在宫中奉旨祈雨成功之后，宋帝降旨，可回天台山。然后可去五台山，一年后再回汴京陪伴皇帝。四月十五日，成寻乘船离开汴京南下，二十二日，入淮河。继之，乘船至淮阴县（即今江苏省淮阴市）。二十三日，到楚州府城（今江苏省淮安市）。"申三点，开闸头。先出船数百只间，及于酉一点，入船，南门边着船宿了。"②

二十五日，"使臣殿直来书与云：'去问（官）来，为发运司指挥，须管每一闸要船一百只已上到，一次开。如三日内不及一百只，第三日开，不得足失水利。今日已是第三日，近晚必开闸，出闸便行者。'"③ 从上述的记载可知，在楚州城的船闸，每次必须够一百只船，才能开船。

---

① 《参记》卷三，藤善真澄译注，熙宁五年九月十七日注（5），将巳时改午时。据《大日本佛教全书》本，卷一百十五，一百十六，改为"依次开……"。
② 《参记》卷八，熙宁六年（1073）四月二十三日条。
③ 《参记》卷八，熙宁六年（1073）四月二十五日条。

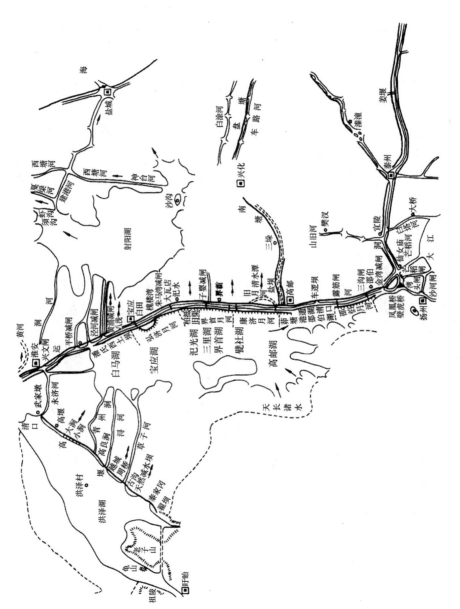

图1—5　明后期淮安至扬州段运河示意图

否则，只能等到第三日，才能开一次，以便节水。结果，他们的船在二十六日晨才开闸出船。此后，从二十六日离开楚州城。然后相继到宝应、界首、高邮，二十九日，到扬州的邵伯镇。五月一日，到邵伯的船闸内停船。先来者进入闸内等待。他们的船到黄昏，打开第三闸的闸门，方得入内。夜间止宿于闸内。[①] 次日（五月二日），卯时出船，午时到达扬州府城。

五月六日，到瓜州堰，"申时，左右胁辘轳牛各五头次曳越"[②]。七日，渡扬子江。

从以上成寻第二次利用淮扬运河的记载来看，楚州及邵伯各越船闸一次，瓜州堰牛力越堰一次。

下面探讨一下本书的主人公——策彦和尚等两次入明利用淮扬运河的情况。

他第一次入明上京时，是在嘉靖十八年（1539）十二月四日，经由江南运河到镇江，然后到瓜洲扬子岸。"亥刻，超坝"，即指超越扬州的瓜州坝。七日，到扬州府广陵驿（即今扬州）。十二日，着邵伯驿。十五日，着盂城驿（即今高邮）。十七日，着界首驿。二十日，著安平驿（即今宝应）。二十一日，着淮阴驿，游韩信庙、漂母祠等。二十四日，着清口驿（今淮阴市西隅）。

策彦等在嘉靖十九年（1540）三月至五月，进京完成朝贡任务之后，回归途中，由北向南，是在当年七月十三日，着淮阴驿。底下他紧接着记曰：

> 舟行三十五里。盖风不顺，闸亦多，故着驿迟了。[③]

虽然他在文中并未记具体闸名，但，既名为"闸亦多"，想必不止二三，或因通过顺利，故未遑记。但据明代成化年间曾任工部

---

① 《参记》卷八，熙宁六年（1073）五月一日条。
② 《参记》卷八，熙宁六年（1073）五月六日条。
③ 《策彦·初渡集》，嘉靖十九年七月十三日条。

郎中，有三年亲身治理漕河经验的王琼编撰的《漕河图志》；其中的"漕河之图"中著录，由清河县（今淮阴市西）至淮安府（今淮安市）之间，密集排列有"新庄闸、福兴闸、清江闸、移风闸、板闸"等五闸。① 可见船闸之多，说"闸亦多"，并非虚语。

其后，从七月十五日至二十一日，相继到安平驿、界首驿、孟城驿、邵伯驿，最后到达广陵驿。

策彦等在嘉靖二十八年（1549）第二次入明的上京途中，由南向北，第三次经过淮扬运河。他们一行是在当年正月初，到镇江。五日，渡过扬子江。由于换船，到仪真驿（今江苏省仪征市）。六日，"今旦，呈短书于伴送官，盖禀开船之事。已刻，开闸通往来船，然生等驾船通行之事，伴送官未计调，管闸官不肯，故犹迟滞于此"②。这条材料说明，尽管他们是外国使节来朝贡的船只，由于陪送官员未在事前尽早做计划并通知有关方面，也不能随意开闸放行，直到八日才得以从仪真回到瓜州。说明明代当时对船闸的管理还是很严格的。

十二日，"搬行李于小船，盖为待潮便超坝也"。十六日，"辰刻，以辘轳索卷起各船"，指进贡使节等四只船，超越瓜州坝。③ 十七日，著广陵驿（即今扬州）。

二十六日—二十九日，先后抵达邵伯、孟城、界首、安平驿。二月初一日，着淮阴驿。二月五日"寅刻，鸣鼓开船，六七里而泊于闸前。少焉，闸开，即便开船。申刻，著清口驿"④。这说明，在清口驿（在今江苏省淮阴市西）之前，有船闸。而这与前面《漕河图志》中所列淮安府与清河县之间有船闸的记载，正相符合。

---

① （明）王琼编撰：《漕河图志》卷之一。王琼（？—1532）明成化、嘉靖年间人，在工部出治漕三年。据王恕成化年间《漕河通志》，只补充当时新材料，于弘治九年（1496）编成本书，为现存最早的运河专志，反映了明代运河当时的真实面貌。新中国成立后，收入《中国科学技术典籍通汇》技术卷三。

② 《策彦·再渡集》下，嘉靖二十八年（1549）正月六日条。

③ 《策彦·再渡集》下，嘉靖二十八年（1549）正月十六日条。

④ 《策彦·再渡集》下，嘉靖二十八年（1549）二月五日条。

总之，从上面所列材料说明，策彦在扬州与淮阴之间三次往来的记载，除瓜州坝是用辘轳索卷超越之外，其他都是船闸。

根据近些年来中国水利史专家的研究，大致都认为，堰和闸，虽然都是用以调节运河水量和水位的，但两者形制各异，构造不同。堰又称"埭"，是一种拦水溢流的低坝，可防止河水流失，使河道保持一定的水位。因其构造简单，不需人工操作，因而在中国古代得到广泛运用。至迟在东晋（317—420）年间已开始使用。[①] 也有人认为，在东周初年已建成堰埭。[②]

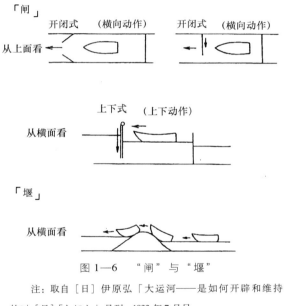

图1—6 "闸"与"堰"

注：取自［日］伊原弘「大运河——是如何开辟和维持的?」［日］「しにか」月刊，1933年7月号。

但因为堰（埭）的缺点是船只过堰时，需要人力或牛力牵挽，又往往磨损船只，为航运带来不便。于是，在唐开元年间（713—741），扬州已开始设船闸。起初是借潮行运的"潮闸"（即单

---

① 嵇果煌：《中国三千年运河史》，中国大百科全书出版社2008年版。
② 蔡泰斌：《明代漕河之整治与管理》，《中国科学技术史·水利卷》，科学出版社2004年版。

闸）。后来，北宋天圣四年（1026）起，发展到二门或三门的复闸。继之，又出现能够积水的澳闸。总之，到北宋船闸得以迅速发展，逐渐取代堰埭。这是成寻来宋时所亲历过的。元代继承上述水利工程技术，只有江南运河、淮扬运河仍有局部使用堰埭。到明代，仍有局部的堰、闸并存或去闸复堰的例子。总之，从堰与闸的发展趋势而论，从东晋南朝到隋唐，是主要使用堰、埭的时期。从唐、北宋以后，是船闸的出现，逐渐取代堰、埭的时期。自明清以后，是船闸普及，只有局部堰、埭残存的时期。

图 1—7　（绘画）过堰的船只

注：取自［日］伊原弘「大运河——是如何开辟和维持的?」［日］「しにか」月刊，1933 年 7 月号。

第五节　策彦与圆仁、成寻水路比较的结语

我们如果以上述堰闸兴替的历史作为观察的视角，回头来看圆仁、成寻、策彦三人来华后水运的经历，或许能得出一些新的认识。

让我们还是以来华时间先后，即圆仁、成寻、策彦的顺序，制表格加以论列。

入华三僧涉及堰闸情况比较			
入唐僧圆仁在淮扬运河	入唐时间	出入淮扬运河时间	涉及堰闸情况
	唐开成三年（838）——唐大中元年（847）	唐开成三年（838）扬州——开成四年（839）三月楚州	回船堰 常白堰（邵伯埭）

	入宋时间	出入浙东运河时间	涉及堰闸情况
入宋僧成寻在浙东运河	北宋熙宁五年（1072）三月二十五日入宋	第一次，（卷一）熙宁五年（1072）五月四日杭州出发，六日入浙东运河。五月八日到曹娥堰	清水闸 钱清堰 曹娥堰
		第二次（卷三）同年八月九日曹娥——八月二十一日到杭州	钱清堰
		第三次（卷八）熙宁六年（1073）六月一日离杭州——六月九日到明州	水闸一次 曹娥堰 通明堰
入宋僧成寻在江南运河		第一次（卷三）熙宁五年（1072）八月二十四日离杭州，入江南运河，九月十日，到镇江	长安堰（船闸） 杉青堰（船闸） 望亭堰 奔牛堰 京口堰
		第二次（卷八）熙宁六年（1073）五月七日到镇江，入江南运河五月二十日到杭州	京口堰 吕城堰 奔牛堰 长安堰（牛埭）
入宋僧成寻在淮扬运河		第一次（卷三）熙宁五年（1072）九月十二日渡扬子江，由扬州入淮扬运河十八日至楚州淮阴，十九日入淮河	龙舟堰 瓜洲堰（牛埭） 邵伯埭（改置闸） 楚州越船闸（二次）
		第二次（卷八）熙宁六年（1073）四月二十三日到楚州，入淮扬运河，南下五月二日到扬州	楚州越船闸 邵伯闸 瓜州堰（牛埭）

续表

入华三僧涉及堰闸情况比较			
	入明时间	出入浙东运河时间	涉及堰闸情况
入明僧策彦在浙东运河	第一次入明，上京途 嘉靖十八年（1539） 五月十六日到定海 嘉靖十九年（1540）五月二十一日离宁波返日	第一次 嘉靖十八年（1539）十月十九日自宁波出发，入浙东运河 十一月一日，到杭州	江口堰 通明南堰
	第一次入明，由北京归途	嘉靖十九年（1540）九月五日离杭州入浙东运河 九月十二日到宁波	通明南堰（中坝） 江口堰（下坝）
	第二次入明上京途 嘉靖二十七年（1548）三月九日入宁波 十月六日自宁波出发	嘉靖二十七年（1548）十月六日，自宁波出发，入浙东运河 十月十五日，到杭州	江口堰（下坝） 通明南堰（中坝）
入明僧策彦在江南运河	第一次入明上京途	嘉靖十八年（1539）十一月三日离杭州入江南运河，十二月三日到镇江	吕城堰（人力?） 京口堰（人力?）
	第一次入明由北京归途	嘉靖十九年（1540）八月七日越扬子江南下入江南运河 九月五日到杭州	无
	第二次入明上京途	嘉靖二十七年（1548）十一月八日，离杭州入江南运河，十二月二十六日到镇江	吕城堰（人力?）
入明僧策彦在淮扬运河	第一次入明，上京途	嘉靖十八年（1539）十二月四日越扬子江 十二月七日到扬州，入淮扬运河 十二月二十一日到淮阴驿	（十二月四日）瓜州坝（人力）
	第一次入明，由京归途	嘉靖十九年（1540）年七月十三日到淮阴驿，北上，入淮扬运河 七月二十一日著广陵驿（扬州）	到淮阴驿前"闸多"
	第二次入明上京途	嘉靖二十八年（1549）正月五日，渡扬子江，正月八日到瓜州，十七日到广陵驿，入淮扬运河 二月初一日，到淮阴驿	正月十六日超瓜州坝 淮阴闸 二月五日，著清口闸

让我们对上述表格，进行一些简单的分析与说明。

首先就入唐僧圆仁而言。由于需要考虑到，他与成寻、策彦二人路线重合的可比性，因而他所经历的淮扬运河一段路线，路途较短，材料单薄。再加上在《行记》中对水利记录较少，结果只能落实到两个堰上。但毕竟两个全部都是堰。

成寻在 1072 年入宋时，他一方面体验了过去在运河上使用人力或牛力挽拉过堰的滋味；但另一方面，由于宋初人们已经渐渐发现堰的缺点，逐步开始兴起改堰为闸的活动。因而成寻也局部体验了当时水利工程所达到的新成就。这种堰闸并用的情况，反映了当时处于一种堰闸交错的过渡时期的特点。当然，这种改堰为闸的工程，具有技术上创新的意义，因而较为水利史专家们所称道，广为介绍。但是，直到 1072 年他入宋，当时船闸在量上推广的程度到底如何？这是历史家所关心的。也就是说，我们需要对成寻入宋后在运河上越过堰、闸的比例，进行仔细的推敲。

根据成寻在浙东、江南、淮扬三段运河上，越堰、闸的座数及次数的积累，可统计如下：过堰数共为 14 座/次，过闸数共为 10 座/次。二者比较起来，还是以渡堰占更大的比例，越闸在次数上暂时稍居弱势。

在成寻入宋的四百多年后，策彦两次奉使入明。当时形势比以前发生了很大变化。明永乐帝奠都北京后，需要用江南富庶的物产，通过京杭大运河的漕运，支持明统一大帝国的消耗，因而十分注意京杭大运河的全面治理和维护，使它起到南北贯通大动脉的作用。其中有的地段，因地制宜，局部筑坝、堰，或在堰埭旁开凿新运道建闸，但更多的则是兴建新的船闸。

试从上面的表格中，看策彦入明后在运河上所经的堰坝数目，倒是明显比成寻时减少。但从他所经船闸的数目表面一瞥，似乎并未见明显增多，这是何故呢？

笔者认为，这可能是由多方面的原因形成的。策彦两次入明，身为朝贡使节，肩负重任，公务繁忙。一路之上，纵有余暇，他又爱好诗文，陶醉流连于中华大地的胜景，吟诗记联，消耗大量精力。更何况他对于水利，并非内行，既无剩余精力，又无考察与记录的义务。因而，在他的笔下，往往对沿途水利设施的情况，兴之所至，只采取"简写""虚写"一语带过等写法，这是完全可以理解的。因而，使我们对他的记录，往往不易理解，所以还必须结合当时的其他资料，核对补充，仔细琢磨，才能略窥明代运河水利情况于一二。以下试举他在《入明记》中，对于沿途船闸情况的记录若干条为例，略作探索。

（1）他在第一次入明时，嘉靖十八年（1539）十月离开宁波，入运河，驶向去京城的航向。首先，他在嘉靖十九年（1540）正月十六日，"著沙河驿（今江苏沛县北）。舟行三十里……亥时，乘月开船，船路四五里而超闸"①。按此处船闸，与台湾学者蔡泰斌著《从明代漕河之整治与管理》一书中，"明代漕河闸及所属闸，溜役夫一览表"中核对，此闸很可能为蔡书所列的"湖陵城闸"。②

（2）同年正月十七日，"巳刻，开船。船路二十里而有闸"。"十八日，辰刻，开船，船路十里而止。盖以处处多闸，且又水浅也。"③

（3）正月十九日，"巳刻，著鲁桥驿。舟行二十五里……酉刻，开船，船路十里而有闸，故泊于此。二十日，卯刻，鸣鼓解缆，舟行少许而有新闸。戌刻，著南城水马驿（按即今山东济宁）舟行五十里，闸多水浅，故迟了"④。

（4）嘉靖十九年（1540）五月九日，离京，是为第一次入

---

① 《策彦·初渡集》，嘉靖十九年（1540）正月十六日条。

② 蔡泰斌：《明代漕河之整治与管理》，台湾商务印书馆1992年版，第281页。

③ 《策彦·初渡集》，嘉靖十九年（1540）正月十七日、十八日条。

④ 《策彦·初渡集》，嘉靖十九年（1540）正月十九日、二十日条。

明，就归途。由北方南下。

六月九日，"寅刻，拨船，巳刻，著清源水马驿（按即今山东临清）闸口。舟行五十里。少焉，进舟者五里许而泊于观音阁前。楼门之额揭'观音寺'三大字。此交超放下闸，砖闸口"①。按此即临清闸，蔡书有著录。②

（5）六月十二日，"戌刻，著清阳驿（今山东省临清市东南）。舟行七十里，此交有东昌府清平县戴家湾闸"③。

（6）六月十五日，著荆门驿（今河南省台前县东北）。"舟行九十里，超闸者五。"④ 据蔡书，在山东阳谷附近，有荆门上闸、荆门下闸、阿城上闸、阿城下闸等（按：阿城镇在山东省阳谷东，亦在河南台前县东北一带）。⑤

（7）六月二十二日，著鲁桥驿。二十三日，"巳刻……即开船，船路五十里……闸亦多，故不著驿"⑥。按鲁桥驿在今山东济宁市东南鲁桥镇。而鲁桥之南有枣林闸。按蔡书载：在鲁桥之南的鱼台管界内，明代当时有南阳闸、谷亭闸、八里湾闸、孟阳泊闸等。⑦ 策彦所谓"闸多"者，或即指此。

（8）七月十二日，到清江。十三日，"著淮阴驿。舟行三十五里，盖风不顺，闸亦多，故著驿迟了。"⑧ 按蔡书载，此处相当之船闸，应为新庄闸、福兴闸、移风闸、板闸等。⑨ 故称"闸亦多"。

---

① 《策彦·初渡集》，嘉靖十九年（1540）六月九日条。
② 蔡泰斌：《明代漕河之整治与管理》，台湾商务印书馆1992年版，第275页。
③ 《策彦·初渡集》，嘉靖十九年（1540）六月十二日条。
④ 《策彦·初渡集》，嘉靖十九年（1540）六月十五日条。
⑤ 蔡泰斌：《明代漕河之整治与管理》，台湾商务印书馆1992年版，第276—277页。
⑥ 《策彦·初渡集》，嘉靖十九年（1540）六月二十二日条。
⑦ 蔡泰斌：《明代漕河之整治与管理》，台湾商务印书馆1992年版，第279—281页。
⑧ 《策彦·初渡集》，嘉靖十九年（1540）七月十二日条。
⑨ 蔡泰斌：《明代漕河之整治与管理》，台湾商务印书馆1992年版，第283页。

（9）七月二十三日，"巳刻，开船，申刻，著仪真驿闸口"①。

（10）七月二十六日，"辰刻，超响水闸亭"②。

（11）策彦第二次入明时，于嘉靖二十七年（1548）十月六日，离宁波，乘船赴上京途。于翌年（1549）二月五日，越过清口闸（今江苏淮阴市西）。③

（12）二月二十二日，着夹沟驿。次日，"酉刻，又超闸"④。

（13）二月二十四日，于泗亭驿超闸。⑤

（14）二月二十六日，沙河驿超闸。二十七日，又超闸。⑥

（15）二月二十九日，于前驿又超闸。前进十余里，"又超枣林闸"⑦。

（16）同年三月一日，超石佛闸。⑧

（17）三月三日，于南城水马驿（今山东济宁）超闸。⑨

（18）三月十一日，着荆门驿，申刻，开船。十二日，"水浅闸多，故泊于中流"。卯刻，鸣鼓超闸而开船，午时，着崇武水驿（今山东省聊城市）。⑩

（19）三月十四日，未刻，前进超通济桥闸。⑪

从以上策彦《入明记》的《初渡集》和《再渡集》的字里行间，仔细搜索，再加上其他材料的印证，可以说明策彦在京杭大运河上两次往返所实际经历的船闸的数目，会大大超过他所记载

① 《策彦·初渡集》，嘉靖十九年（1540）七月二十三日条。
② 《策彦·初渡集》，嘉靖十九年（1540）七月二十六日条。
③ 《策彦·再渡集》，着靖二十八年（1549）二月五日条。
④ 《策彦·再渡集》，嘉靖二十八年（1549）二月二十二日条。
⑤ 《策彦·再渡集》，嘉靖二十八年（1549）二月二十四日条。
⑥ 《策彦·再渡集》，嘉靖二十八年（1549）二月二十六日条。
⑦ 《策彦·再渡集》，嘉靖二十八年（1549）二月二十九日条。
⑧ 《策彦·再渡集》，嘉靖二十八年（1549）三月初一日条。
⑨ 《策彦·再渡集》，嘉靖二十八年（1549）三月初三日条。
⑩ 《策彦·再渡集》，嘉靖二十八年（1549）三月十一日、十二日条。
⑪ 《策彦·再渡集》，嘉靖二十八年（1549）三月十四日条。

的表面数目。当然，更会远远超过成寻入宋所经过的船闸的数目。

　　进一步就全国范围来说，据蔡书的统计，从北方的大兴、通州开始，直到南方江苏的江阴为止，即使并非全国船闸的数目，统计起来，明代时也有船闸 106 座。[①] 而据《漕河图志》载，仅以江都县（今江苏省扬州）一地而论，就建船闸 12 座。[②] 可见明代船闸的建设，确有普遍繁荣，全面开花之势。

　　笔者对策彦两次入明的记录，进行了反复而仔细的推敲，并与成寻的《参天台五台山记》进行一些对比研究。单就他们在运河上航行情况而言，我曾对他们在起讫点相同的前提下所消耗的天数进行统计。我发现，在大部分情况下，彼此天数大致接近，但也有时策彦消耗的天数更多些。笔者认为，他消耗的天数较多的原因，在《入明记》中透露，不外是这几种因素。一是风不顺；二是挽夫未到，需要等待（这是地方上安排的责任）；三是"闸多，故来迟了"。而除此之外，还有一个他没有公开说出的原因。那就是他们在往返两次的旅途过程中，特别注意利用一切机会，登岸游览各地名胜，并做详细记录。这消耗了不少时间和精力，并且乐此不疲。但是，纵然在沿途多次越过船闸的情况下，只要是令人惬意的高质量的旅游（包括越闸），依然可以使他们游兴不减，保持流连忘返的愉快心境。这就是此行的奥妙之所在。也足以反映明代京杭大运河上水利设施先进成就之一端。

　　近年来，有些权威性的水利史著作中，在指出唐及北宋时出现复闸、澳闸等现象时，认为当时"水利技术超过前代，元明清等朝反而有不少技术倒退落后"[③]。或与此有关，在有些著作中，谈到明代中后期吏治腐败，势家大族横行无忌，往往仗势肆意干

---

　　① 蔡泰斌：《明代漕河之整治与管理》，第 275—286 页。
　　② （明）王琼编撰：《漕河图志》，收入《中国科学技术典籍通汇》，技术卷，第 3—130 页。
　　③ 《中国大百科全书·水利卷》，中国大百科全书出版社 1992 年版，第 515 页。

扰运河闸门的正常运作，因而造成有些地方出现复闸为堰的现象。当然，明代中后期吏治腐败，往往对国政的诸多方面带来许多消极影响，确为不争的事实（例如，在日本朝贡贸易中，1523年出现的宁波争贡事件，即由明方官吏受贿而起）。但对于运河技术的兴衰，影响到何种程度，还需具体研究。

就以本书所论策彦入明时的情况而论，似可得出如下的简单的结论。

（一）在他进入南方的浙东运河（宁波至杭州）一段时，由于水量充沛，他比北宋成寻时，所费劳动力较少，较为通畅。

（二）到江南运河（杭州至镇江）一段，宋成寻时，曾有七次牛力过堰，而策彦经过三次，说明明代时费力较少。当然，其间成寻曾通过近代式船闸两次。一切中国水利史著作中，几乎都一致肯定，北宋时先进船闸的出现，是中国水利史上一大亮点，并早于西方数百年，这不可否认。但其在数量上所占的比例及其巩固程度，还需作仔细研究。

（三）至于淮扬运河（扬州至淮安）一段，宋时成寻曾过船闸两次，牛力过堰一次。策彦入明时，则所经船闸甚多，几乎不胜枚举。推其原因，从根本上说，是由于明代长期奠都北京，必须用东南物资运抵北京，以充国用。是为国家命脉之所系，必须全力以赴，确保漕运畅通。具体地说，在进入淮扬河段之后，越到北方水量越少，必须建立船闸，以保证航行。尤其到淮安一带，面临运、淮、黄三河交汇，必须建立大量水闸，以保障各不相扰。因而，在《入明记》，不断出现"水浅闸多"的字样。因而，过分贬低明代运河上水利建设的成就，似大可商量。

当然，京杭运河的水利状况，只是中国水利建设的一部分，并非其全部。但，近年来中国主要水利史著作中（譬如，无论新旧版的《中国大百科全书》的水利条目中），在谈到明代水利建设时，都把京杭大运河的水利建设成就列入其中，而予以肯定。

尤其耐人寻味的是，在上述姚著《中国水利发展史》一书中，他把 1949 年前旧中国的水利事业的发展史，划分为六个时期。其中，他把第五期列为"向东南沿海及珠江流域发展"的时期。时间定为"南宋至明嘉靖末（1127—1566）"。其中，赫然列有"三、明代重开京杭大运河及大力整修"的标题。其中，他指出，明代对京杭运河"大力整治，改善管理，运河运输达到高峰"等语。[①] 从而把"全国水利普遍开展到衰落……"的第六期，列为从"明隆庆元年至民国末年（1567—1948）"。表明作者对嘉靖年间京杭大运河水利建设的高度肯定，其中寓有深意，使人深思。而这与我们上述策彦在入明后两次往返于京杭运河的经历，大致相符。

在中国水利史著作中，涉及京杭大运河的，倒是有些学者引用入宋僧成寻的记录，以为探讨的佐证（例如姚汉源先生的著作）。但对于策彦入明的材料，则至今无人涉及。为此，谨借本书面世的机会，试从中日交流史的角度试做探讨。若能对水利史、中日交通史方面的研究稍有裨益，则幸甚焉。

---

① 姚汉源：《中国水利发展史》，上海人民出版社 2005 年版，第 409 页。

第二章　策彦两度入明中的朝贡及交涉活动

第一节　中日册封朝贡关系的建立及其演变

朱元璋于 1368 年在灭元并扫灭群雄之后，在南京即帝位，定国号为大明，年号洪武。他雄心勃勃，旨在建立一个万国来朝的天朝大国。于当年十一月，遣使去周围许多国家，促其来明朝贡。在这当中，于洪武二年（1369）二月，遣使杨载等去日本。在他们所携带的诏书中，除通知日本，明朝廷"自去岁以来，殄绝北夷，以主中国"之外，还特别指明倭寇之为患中国，希望日本采取措施，禁绝倭寇。

而日本国内的形势是，在此之前的 1336 年，足利尊氏兴起，拥立北朝的光明天皇，在京都成立室町幕府。而南朝的天皇去吉野，出现了南北朝对立的局面。1338 年，足利尊氏被北朝天皇任命为幕府的征夷大将军。当洪武二年（1369）二月，明使杨载等到九州时，接待他们的官府是南朝怀良亲王控制的征西将军府。使杨载等误认怀良亲王为日本国王。而日方则误认他们为元代的使节。当怀良亲王看到朱元璋诏书中的傲慢而严厉的语气时，勃然大怒，斩杀明使五人，将杨载等囚禁三个月后才释还。其后，中日之间，虽有数度使节往还，但一直未能建立国交关系。

直到 1378 年，室町幕府传位给第三代将军足利义满时，权势日长。1392 年，南朝后龟山天皇让位给北朝后小松天皇，实现南北和解。足利义满通过 14 世纪 80 年代后期及 90 年代，扫灭国内群雄，建立对全国的稳定统治。1392 年，他辞去武家的最高职务——征夷大将军职，改任公家最高职位——太政大臣。1394 年辞职出家为僧，法号道义，虽然表面上过隐居生活，实际上，仍掌握实际统治大权，并为迈向"日本国王"做准备。

其后 1401 年（日本应永八年，明建文三年），日本筑紫商人肥富由明返回日本，面见义满，力陈两国建立通商关系对日本之利。当时义满已经稳握国内统治大权，并大事营造各种工程，亟须经费补给，而且他本人又极其酷爱中华文物，遂欣然同意。并当年任命祖阿、肥富为使，携带日本国书入明。其中，日方自署：

日本准三后道义，上书大明皇帝陛下。

并向明献黄金千两及其他各种特产。同时，还搜寻漂流在日本海岛上的若干中国人，归还明方，以显示日方的禁止倭寇的诚意。① 其中，特别值得注意的是，足利义满自称为"日本准三后道义"。按："准三后"一词，是日本平安时代以来，对天皇的近亲或摄政、关白、太政大臣等，对于有特殊功勋者特设的荣誉称号。即准许其享有与太皇太后宫、皇太后宫、皇后宫同等待遇的身份。即与日本最高统治者之间，只有微妙差异的荣誉称号。

正因如此，当明建文帝看到这一国书，在翌年（1402）派明使道彝天伦等陪同日使一同回国时，所赐的诏书中说：

---

① 《康富记》，《善邻国宝记》。

　　兹尔日本国王源道义，心存王室，怀爱君之诚，逾越波涛，遣使来朝。归逋流人……今遣使者道彝一如班示《大统历》，俾奉正朔。①

　　当日本应永十年（1403）三月，道彝天伦等由日归国时，日方派日僧坚中圭密等为使来明。而当时，明燕王朱棣自建文三年（1401）三月起，已开始与建文帝在争战中，为应付两种情况，日方事前准备两份国书。当坚中圭密在建文四年（1402）十月到达金陵时，朱棣刚刚即位，看到日使来朝携来的是足利义满所上的，自称："日本国王臣源表。"其中称颂明永乐帝：

　　　钦惟
　　　大明皇帝陛下……勘定祸乱，甚于建瓴，整顿乾坤，易于反掌。②

　　永乐帝看后不觉大喜过望。

　　永乐二年（1404）五月，永乐帝派明使赵居任等来日。明使带来永乐帝的国书中说：

　　　咨尔日本国王源道义，知天之道，达理之义，朕登大宝即来朝贡，归响之速，有足褒奖。用锡印章，世守尔服。③

────────────

① 《善邻国宝记》。
② 同上。
③ 《明史·日本传》。

此处提到的印章，即明赠给足利义满的，刻有"日本国王之印"字样的龟纽金印。这意味着日方接受明朝的册封，成为明代朝贡册封体制的一员。与此同时，明又发给日本以明当时年号的勘合，以及"本"字勘合一百道和"日"字勘合底簿一份，以备今后日船来明从事朝贡贸易往来入境的凭证。并且规定日本十年一贡，人限二百，船限二艘，不得携带武器，违者以盗寇论处。[①]当年七月，明使赵居任等离日返明。

当他们回国时，日本派遣明室梵亮等为使节，携勘合与他们一齐入明。当年（即永乐二年，1404）十月，抵北京，向明上表奉谢，并贡方物。这就是日本使节遣明的第一次朝贡使节船，也就是日本历史界称之为勘合贸易船之始。

如果从 1401 年日本向明派出第一次遣明船起算，到 1547 年最后一次日本派出的遣明船为止，则共计派出十九次（如果从 1404 年日本派出第一次勘合船起，则为十七次）。共派入明船只 84 艘。

对于这些次遣明船的划分时期问题，从战前到目前，在日本历史学界共有五种划分方法（见书中所附第一表、第二表及遣明船一览表）。在这五种分期法中，笔者以为，其中以战后最为晚出的，以田中健夫所提出的"四分法"，最为致密并贴切事实。本书中拟以此说作为论述的基础。[②] 木宫泰彦的要"两期说"，由于他著的《日中文化交流史》在中国翻译出版，故较为中国学界所知。但它与田中的四期说并无根本矛盾，只是田中说更为细致入微，故本书基本采用田中说。

---

① 《明史·日本传》。

② ［日］田中健夫：《对外关系与文化交流》，思文阁，1991 年再版，第 22 页。

遣明船一览表①

次数	出发年代	入明年代	正使名	渡航船	船数	渡航人员	上京人员	备考
一	1401（应永八）（建文三）	1401	祖阿	幕府船				一四〇二年明使道彝天伦陪同下归国
二	1403（应永十）（永乐元）	1403	坚中圭密	幕府船			三〇〇余	一四〇四年明使赵居任陪同下归国
三	1404（应永十一）（永乐二）	1404	明室梵亮	幕府船				一四〇五年明使陪同下归国
四	1405（应永十二）（永乐三）	1405	源通贤	幕府船				一四〇六年明使潘赐陪同下归国
五	1406（应永十三）（永乐四）	1407	坚中圭密	幕府船	三八		七三	一四〇七年明使陪同下归国
六	1408（应永十五）（永乐六）	1408	坚中圭密	幕府船			一〇〇余	一四〇九年明使周全渝陪同下归国
七	不明	1408		幕府船				
八	不明	1410	坚中圭密	幕府船				一四一一年明使王进陪同下归国

① ［日］田中健夫：《对外关系と文化交流》，思文阁，1991 年版，第 19—20 页。

续表

次数	出发年代	入明年代	正使名	渡航船	船数	渡航人员	上京人员	备考
九	1432（永享四）（宣德七）	1433	龙室道渊	幕府船、相国寺船、山名船、大名寺社十三家船、三十三间堂船	五		二二〇	一四三四年明使雷春陪同下归国
一〇	1434（永享六）（宣德九）	1435	恕中中誓	幕府船、相国寺船、大乘院船、山名船、三十三间堂船	六			一四三六年归国
一一	1451（宝德三）（景泰二）	1453	东洋允澎	天龙寺船、伊势探题船、九州探法乐舍船、大友船、大内船、大和多武峰船	九	一二〇〇	三五〇余	一四五四年归国
一二	1465（宽正六）（成化元）	1468	天与清启	幕府船、细川船、大内船	三			一四六九年归国
一三	1476（文明八）（成化十二）	1477	竺芳妙茂	幕府船、相国寺胜鬘院船	三	三〇〇（?）		一四七八年归国堺商人汤川宣阿承包
一四	1483（文明十五）（成化十九）	1484	子璞周玮	幕府船、内里船	三		三〇〇余	一四八五年归国

续表

次数	出发年代	入明年代	正使名	渡航船	船数	渡航人员	上京人员	备考
一五	1493（明应二）（弘治六）	1495	尧夫寿蓂	幕府船 细川船	三		三〇〇（?）	一四九六年归国
一六	1506（永正三）（正德元）	1511	丁庵桂悟	大内船 细川船	三	六〇〇	五〇（南京）	一五一三年归国
一七	（永正一七）（正德一五）	1523（?）	宗设谦道 鸾冈瑞佐	大内船 细川船	三 一	三〇〇余 一〇〇余		两船在宁波抗争（宁波争贡事件）
一八	1538（天文七）（嘉靖一七）	1540	湖心硕鼎	大内船	三	四五六	五〇	一五四一年归国
一九	1547（天文十六）（嘉靖二六）	1549	策彦周良	大内船	四	六三七	五〇	一五四九年归国

对于 15—16 世纪中日交通路分期的几种看法

第一表　各家对于遣明船时期划分的看法[①]

遣明船的次数	1	2	3	4	5	6	7	8	9	10	11	12	13	14	15	16	17	18	19
柏原昌三氏										上期						下期			
三浦周行氏				第一期						第二期					第三期				
木宫泰彦氏				第一期										第二期					
小叶田淳氏				上							中						下		

第二表　田中健夫对于遣明船时期划分的看法[②]

1	2	3	4	5	6	7	8	9	10	11	12	13	14	15	16	17	18	19
前期								中期									后期	
成立期								发展期			继承期						衰退期	
幕府独占时代								有力社寺大名									大内氏独	
								经营时代			细川、大内氏对立时代						占时代	

　　当然，在这五种分期法所论述的史实中，尽管分期，但前后也会有一些共同点。例如，屡次遣明船朝贡，一律都需要携带明代各朝皇帝所颁发的有效勘合，否则难以入境。日方还需要事前准备好向明朝贡的上表文。另外，每次都是选派比较熟习中国文化及明代情况的五山禅僧，作为朝贡使节。往来航路除个别情况外，也大致仿佛。即从兵库出发，最后经五岛列岛越洋，到宁波登陆，经京杭大运河北上，抵达北京（中间，有时需去南京领取明方所颁铜钱）。这些在各期基本上都是相同的。

---

① ［日］田中健夫：《对外关系と文化交流》，思文阁，1991 年再版，第 4 页。
② 同上书，第 22 页。

在朝贡物品方面，基本上由下列三种性质的物品组成。第一种是进贡的贸易品，即由幕府的将军（当时明称之为"日本国王"）向明的皇帝进献的贡品。当时大致有马、日本刀、铠甲、枪、扇、硫黄、玛瑙、金屏风、砚箱、书箱等物。对此，明朝皇帝要颁发回赐品，而且其价值往往远超过进贡品。例如，白金、彩绢、纱、罗、纻丝等各种高级丝织品、铜钱、药材、砂糖、陶瓷器、漆器等，日本统治阶级所喜爱的奢侈品。第二种是遣明船的附搭物。即幕府及遣明船经营者及搭乘客商、从商的货物。明方量其价值用相应的货物交换。第三种是私商贸易品。在宁波、北京及沿途私人贸易用的商品。后二种商品，中方则用铜钱、丝织品、棉布等交换。

随着勘合贸易的发展，贸易品内容也有一些变化。例如，日本向明输入日本刀，因为有利可图，对明输入数量大为增加。由于日本国内使用中国铜钱，使得中国铜钱大量输往日本。但到1451 年明景泰年间之后，渐禁止铜钱输往日本。日本产铜，自1432 年明宣德年间输往中国数量大为增加。据说，因日本铜中含银，日方未能提出净尽，因此，为中国所垂青。

以双方的输出入物品的性质而论，日方输出的，除日本刀、扇等少数品种之外，大部分是未加工的土特产品。而明方向日输出的，大部分为高级的加工制成品。最典型的是日本向明输出铜，而从明输入铜钱。而这是当时两国的生产力发展水平所决定的。

在中日勘合贸易中，前后期变化最大的，乃是日方经营主体的变化（请参看前面所列"遣明船一览表"）。

由1404 年的第一次勘合船（即通算的第三次遣明船）到1410年第六次勘合船（即通算第八次遣明船），一般视为第一期。由于中日间勘合船的规章、制度等基本框架，都是明朝以诏令的形式通知日方定下来的。因而按田中健夫的划分法，名之曰成立期。这一时期，中日双方的目的，通过派遣勘合船基本上都达到了。

以明方而言，把代表日方政权的实力首脑足利义满，纳入以明为中心的朝贡体系中。而且，明方最迫切的，要日方配合禁绝倭寇一点，基本上日方也做到了。而义满通过与明建立勘合朝贡体系，成为明方承认的日方最高首脑。由此，获得贸易之利，包括输入铜钱。① 而且义满钟情中华文物，对明帝诏书顶礼膜拜，毕恭毕敬，也深为明方所喜。由此，双方合作愉快。这一时期，从日方勘合船经营者的角度而言，勘合船货物的筹办及经营，全部操在幕府手中。故田中把这一期名之曰："幕府独占时代。"

1408 年，中日勘合贸易关系的日方开创者——足利义满逝世。其子足利义持继将军位。但由于他与其父素来不睦，又有家臣，反对义满对明交往中的低姿态。因而，从 1411 年起，日方拒绝明使进京，造成中日国交的暂时中断。后来，由于 1428 年义持死，其弟足利义教就将军位。他的政策虽与义满不完全一样（例如对明国书的语气不如义满那样谦卑）但基本上希望建立幕府独裁政权。特别是因停派遣明使在经济上是很大的损失。因而希望中日之间恢复朝贡册封关系。当时，明朝正值宣宗宣德年间。当时宣宗积极推进对外政策。1430 年（宣德五年）完成郑和最后一次下西洋之旅。同时，由于中日间勘合船自 1410 年之后，就趋于停顿。使得海上倭寇又开始复活。虽然后来 1419 年（永乐十七年）辽东望海埚大捷，给倭寇势力很大打击。但剿灭倭寇仍是摆在宣宗面前的一大课题。为此，宣宗于宣德七年（1432）派人去琉球，托琉球做中介，向日本幕府转达此意。② 于是，足利义教在当年派龙室道渊为使节，率船队赴明。是为第九次遣明船，也就是第二期的第一次勘合船。而从这次遣明船起，经营主体上开始有一定的变化。在过去第一期时，几乎全部或主要由幕府经营并获利。

①　［日］田中健夫：《中世对外关系史》，东京大学出版会 1975 年版，第 65 页。

②　［日］宫田俊彦：《中日·琉明关系的开始》下，《日本历史》第 203 号。

而从这时起，由于室町幕府进入15世纪40年代以后日益衰微，直辖地日益减少。原来由幕府独力承当，靠命令下属捐献物资的办法经营，日益困难。因而，此后只能委托有力大名和神社、寺院出资筹措。因而，从这时起，进入幕府与大名、寺院联合经营的阶段。此次以幕府船为主，但还有许多寺院、神社、大名参加，共五只，一起赴明。翌年（1433）到明朝贡，受到明宣宗帝的嘉奖，下赐钱钞等。在启程返回时，明派使陪送（这次是明使来日的最后一次）。从此，中日勘合贸易顺利恢复。

　　其后，在1451年派出以东洋允澎为使节的勘合船。此次勘合船就其成分而言，仍包括各神社、寺院、大名等的复杂态势。而且其船数由以前的五六只，一跃达到空前的九只。船员人数也达到空前的一千二百人之多。允许上京的人数也达到三百五十余人。为历次勘合船中规模最为庞大的一次。正因如此，使得日本历史学家小叶田淳推测：在《明史·日本传》中所说，原来"永乐初，诏日本十年一贡，人止二百，船止二艘"，后来改为"宣德初，申定要约，人毋过三百，舟毋过三艘"的规定，乃是由于此次遣明船人数过多之故。① 此次，另一个特点，据《允澎入唐记》中所见，此次入明后所举行的朝贡仪式最为盛大，也最为正规、严肃，可称为明代历次朝贡册封仪式最为典范者。

　　此后，日本从1467年应仁之乱起，进入战国时代。各大名因受战争影响，无力经营寺院，寺院往往丧失领地，无力经营贸易船。因而，在日本文明年间（1469—1486）即1476年以后，寺院经营的贸易船即告衰退。② 因而，从那时以后，幕府和寺院都无力经营对外贸易船。幕府则只靠收取抽分钱。因而，从那时以后，逐步进入由两个有力大名，即细川氏与大内氏竞争的阶段。

---

① ［日］小叶田淳：《中世中日交通贸易史の研究》，第341—354页。
② ［日］竹内理三：《中世寺院の外国贸易》，《历史地理》第72卷第1、2号。

中日勘合贸易进入第二期以后，从日方来说，有一个明显的外在不同的表现，并引起一系列恶果，这就是追求利润的目的明显加强。固然，即使在足利义满时期，也有强烈的营利目的，但还有一定的政治考虑。例如，通过接受明朝皇帝的册封，有助于加强在国内的统治。但到第二期之后，则明显专注于营利。例如，第二期第四次，即1468年以天与清启为使节的遣明使，在与明方谈判日本刀的价格时，虽经明方再三让步，"而使臣清启犹援例争论不已，是则虽倾府库之贮，亦难满其谿壑之欲矣"[①]。又如第二期第八次1511年以了庵桂悟为使节的一次，在双方商谈日本刀价格时，日使以归国将被斩首，"废贡"，甚至"海寇闻风复集"等要挟明方。[②] 有时，甚至当不满足其贪婪的欲望时，就以兵刃相加，制造杀人事件。例如，1453年以东洋允澎为使的第二期第三次，讲价无厌，"沿途则扰害军民，殴打职官，在馆则箠楚馆夫"，制造临清事件。[③] 又如在第七次1493年以尧夫寿蓂为首的使团，"至济宁州，夷众有持刀杀人者，其正副使寿蓂等不能约束"[④]。这种情况日益发展，逐步恶化，明方未能采取有力措施加以制止，卒至发展到其后1523年细川氏与大内氏的宁波争贡事件。

细川氏，因在三河国额田郡细川乡（今冈崎市北部）为祖居地，故名细川氏。镰仓时代，为从属于足利氏的小领主，后在足利尊氏时代，在畿内、四国一带活动，随从足利尊氏立有战功。室町幕府成立后，成为摄津赞(今大阪)、丹波（今京都府）、岐（今香川县）、土佐（今高知县）等国的守护。足利义满时，成为幕府管领，主持幕政。由于室町时代处于中世纪的末尾，向

① 《明实录》，成化五年正月丙子，礼部奏。

② 《壬申入明记》。

③ 《明实录·英宗实录》景泰四年（1453）十月甲申条、景泰五年（1454）二月壬午条。

④ 《明实录》弘治九年（1496）八月庚辰，礼部奏。

近世的过渡时期。其特点是由于工商业发展，造成商品经济逐步向传统身份制渗透，形成封建大名与都市工商业者互相依附的形势。由于细川氏在应永年间（1394—1428）已担任摄津（今大阪）的守护，而遣明船开始后，摄津成为遣明船的发著地，作为遣明使船的来往地的兵库，也在它控制的圈内。作为摄津守护必然参与遣明船的出发、警卫等工作。而前期的勘合贸易经营者为幕府。因而掌握幕政的细川氏，在堺商人的支持下，必然有一定的优势。在勘合船进入第二期以后，在1432年，任命龙室道渊为使，第一次派出遣明船时，在大名、寺院船中即有细川氏的船在内。① 其后，陆续有细川氏派出的船只（详后）。

大内氏，在中世纪时，世代居于中国地方（指日本的中国地方）西部，周防国（今山口县东南部）大内村，故名大内氏。在日本南北朝时期（1333—1392），将根据地移至山口，在中国地方西部及九州北部发展势力，奠定发展的基础。该地区，在与明代、朝鲜、琉球的交通上占有有利地位（见地图）。在室町时代大内盛见（1377—1431）时，在应永之乱（1399）之后，被任命为周防、长门、丰前国的守护，势力伸展到筑前（今福冈县）。在他在任期间，不断向朝鲜派遣使节，从事对朝贸易，追求大陆文物，奖励学术。到大内义兴时（1471—1528）继任长门、周防国的守护。在他在任期间，自15世纪60年代起，开始进入大内氏与细川氏在遣明勘合船上竞争的时期。

从1449年足利义政任将军时起，在1451年、1465年曾两次派"遣明船"赴明。当1465年派天与清启为正使的遣明使赴明时，由幕府船、细川船、大内船三方共同组成。当他们一行在

---

① 见木宫泰彦著《日中文化交流史》，胡锡年中译本，第536页，"第二期遣明勘合贸易船一览表"内，"第一次""勘合船和所带的勘合"栏内。请参看前面所列"遣明船一览表""1432年龙室道渊"栏内。

1469 年归国时，正值 1467 年爆发的应仁之乱向地方扩大的时期，原拟的归航地兵库港，控制在大内氏手中，于是细川船、幕府船改由九州南端返回堺港，使得堺商人介入遣明船。下一次 1476 年的遣明船就由堺港出发赴明。使得 1476 年及其后的 1483 年的遣明船中，细川氏及堺商人起了主要作用。大内氏从 1508 年拥前将军足利义稙复位成功之后，任幕府的管领代，左右幕政。1516 年，幕府令，今后由大内氏管理、派遣渡明船等事宜，这当然增加了大内氏派遣的机会。1523 年，大内氏准备好三只渡明船，船员三百余人，携带明正德年间（1506—1521）所发尚有时效的勘合，准备赴明。细川氏闻讯，急忙与幕府洽商，设法拿到已失去时效的明弘治年间（1488—1506）的旧勘合，在当年的四月间，较大内氏船晚数日到宁波。按宁波市舶司的规定，外国贡船应按到宁波的先后顺序，依次办理入贡手续。而细川氏贡船的副使宋素卿，原是中国人，熟习明代官场恶习内幕，乃重贿市舶太监赖恩，先行完成入关手续，并在嘉宾馆宴会席次上，反列于上席。在住宿上，安排细川氏于市舶司，大内氏于镜清寺，也做了偏袒细川氏的安排。使大内氏正使宗设谦道大怒，自市舶司东库拿出武器，袭杀细川氏正使鸾冈瑞佐，烧细川氏船，一路去绍兴追杀宋素卿，未得。返回宁波后焚毁市舶司与嘉宾馆，杀明指挥使刘锦，胁迫指挥使袁琎，另一路夺船出海而逃。这就是日本遣明史上有名的"宁波争贡事件"。

此事发生后，明廷甚为恼怒。嘉靖四年（1525）有琉球使臣由明归国。"命传谕日本，以擒献宗设，还袁琎及海滨被掠之人，否则闭关绝贡，徐议征讨。"① 其后，稍见和缓。嘉靖六年（1527）浙江巡按御史杨彝上奏：谈及过去日本遣使因人员超限，各诘真伪，争端滋起，因而他"请令布政司移咨本国（指日本

① 《明史·日本传》。

国——引者），今后遣使入贡，务遵定例。如违，定行阻回……报可"①。

1523 年的宁波争贡事件，给以后的中日间勘合贸易带来很大的影响。

第二节　策彦第一次入明后的交涉活动

在宁波争贡事件的十三年后，即 1536 年（明嘉靖十五年，日本天文五年），大内氏主君大内义隆，利用手中握有日本国王金印和明勘合的便利条件，决定明年单独派遣勘合船去明。当时共准备派三艘船，并做了物质上的准备。

翌年（日本天文六年，明嘉靖十六年，1537）任命博多新篁院湖心硕鼎为正使，天龙寺妙智院策彦周良为副使。他们一行在嘉靖十八年（日本天文八年）四月，从五岛列岛出发。当年（1539）五月二十五日到宁波。

根据《明实录》记载：自1523 年宁波争贡事件以来，"自此绝不通贡者十有七年。至是，复修贡。浙江镇巡官以闻。上曰：夷性多谲，不可轻信，所在巡按御史，督同三司官，严加译审。果系效顺，如例起送。仍严禁所在居民，无私与交通，以滋祸乱"②。正是在明方上述充满警惕而又严格的命令之下，开始了策彦第一次入明的交涉过程。

这次遣明使节，与以前历次朝贡事件很大的不同之点，就在于在此之前发生了宁波争贡事件这样很大的骚乱。因而他们入明之后，明方对他们的措施及待遇，都与以前历届遣明使有很大的不同。几乎可以说，在整个与明的交涉过程中（尤其是前半部），

---

① 郑梁生：《明史日本传正补》，台北文史哲出版社 1981 年版，1527 年条。

② 《明史·日本传》。

都笼罩在宁波争贡事件的阴影之下。

他们是在嘉靖十八年（1539）五月十六日到达定海港，受到了定海当局的接待。但到十八日，就接到宁波以钦差巡视海道副使卢（即在策彦笔下不断提到的"海道老爹"）为首的三位大人的书信。其中主要诘问日方使节：

一、"先年构乱宗设、宋素卿等的，系何人差来？伪图进贡，掳去袁琎等……如何不行开写明白。"

二、"今赍来勘合的，系何年给领？彼国有无真正表文？"

三、"若果诚心入贡，不系先年伪差构乱之人，就便谕以中国法度严重遵奉。"

四、"旧规即当藏收兵器，听候宁波府。行取布政司原给勘合底簿，比对印信字号相同，就取彼国表文验看明白。"

五、"务要谨守国法约束，商从水夫等安心守法，就馆住歇……准令开市买卖，两平交易……毋得纵容生事。"[①]

五月二十二日，"发船出定海港，奔向宁波。总兵大人巡海侯以下差军船护送"[②]。恐怕其主要用意，不在于保护，更主要是为了监视。

到宁波之后，明方对日本使节看管甚严。

"门吏紧严，不许容易往还，终日惘然。"[③]"就馆以来，一出一入，除官事外，弗蒙许诺。"[④] 后经过再三陈请，方逐渐许诺，渐允外出，得以与当地一些文人有所往还。

但明方对日本使节生活上各方面的管束，依然很严。例如，在日本遣明使节来贡之前，业已按照明方要求，不准携带兵器入境，甚至不允许携带任何铁制的小件物品。例如，木匠工具、剃

---

① 《策彦·初渡集》，嘉靖十八年（1539）五月十八日条。
② 《策彦·初渡集》，嘉靖十八年（1539）五月二十二日条。
③ 《策彦·初渡集》，嘉靖十八年（1539）六月十五日条。
④ 《策彦·初渡集》，嘉靖十八年（1539）六月十七日条。

刀、小刀等生活用品。当他们到宁波后，已将这些物品上交明方，收入库内，不准随身携带。在当年九月二十七日策彦在记载中曾说："贡物盘验之顷，凡以铁造做者，或冶氏之具，或梓匠之具，及剃刀、小刀等。共拟兵器，而收在库里，谨遵上国严禁者也。虽然，倘无冶氏梓匠之具，何以补船之漏罅。倘无剃刀、小刀，使臣何以辨细故……伏冀，悯远来，垂鸿慈，除兵器外，俾微纤铁物复回，是旧例也，昭纳。"①

当然，在日方使节所提出的一些要求中，有些也有合理的成分。例如，他们在宁波八月十六日接到北京文书写本到来，允许入京之后。他们在八月、九月、十月多次催促尽快入京。他向明方表示："朝趋如迟延，明年归船失风候也必矣。凡归吾邦之顷，待五月梅雨之晴，即解缆放洋。否则往往误归期。万一过其节，漫离上国，漂滞中流，虽悔无益，迷惑之甚者也。"②

又如，在就馆后不久，就发生了日本使团向宁波府当局呈短疏，向明方诉苦的事。其中说："今次朝贡使臣等，就馆之后……迩来，支给迟延，件计亦不正，直饶施行。或米之红陈者，或酒之薄浊者，醋也，酱也混杂以水，经宿则其味太酸，而难下咽喉，是故胸中不稳，有生疾者，有抵死者，各人苦之。"③这种事，大都由于明经办的官吏中饱私囊、私自克扣之故。反映明代中后期官场的腐败。但间接也反映了当时明经办官吏卑视此次遣使。因为，在这一短疏的前面开头部分，也说："前年进京诸官员，遇宠颇隆盛，吾国人至今传以为口实。"④此事后来没有再提起，可能后来做了改正。

五月下旬，日使一行到了宁波。最初，拜谒宁波当地官员的

---

① 《策彦·初渡集》，嘉靖十八年（1539）九月二十七日条。
② 《策彦·初渡集》，嘉靖十八年（1539）八月二十九日条。
③ 《策彦·初渡集》，嘉靖十八年（1539）闰七月七日条。
④ 同上。

活动较多。当地对日使外出、观光、访友等活动，加以限制。日使等在六月中旬七月初，曾向宁波地方当局申请，请允许出馆外进行参观、访友等。从六月下旬起，进入七月之后，参观名胜、寺院，拜访友人等活动渐多。

八月二十六日，宁波新的海道官吏向日使示牌谕：日本人北上的名额只允许五十人。① 按此次日方全体船员共为四百五十六人，五十人约占全体人员的十分之一。而杭州是京杭大运河线上的最大工商业城市，日方人员都希望尽可能去杭州，寻找贸易机会。向明方申请，希望允许更多的人去杭州。待临杭州出发去京时，再从中选择五十人去京，余人再返回。九月一日，日方的要求，被明方批驳。明方表示："许五十人进京，汝等已是望外，今复呈请……若添送至杭。择其去者而回其余伴，此不通法之论。"② 九月十一日，明方要日方把拟去京的人，"开具姓名呈缴。不许将先年失事水夫、伴从人等隐名朦胧起送"③。在第一次滞留宁波期间，关于赴京人数及人员的核定，是最重要的交涉。但也是由于宁波争贡事件的阴影，明方始终坚持原意，未做任何让步。

十月二日，明帝诏书已到宁波。日使唯恐明春返程迟误，错过风期。在日方再三催促下，终于在十月十九日，离开宁波，航向去京之途。

经过漫长的京杭大运河之旅，在翌年，即嘉靖十九年（1540）三月二日入京。关于入京后的朝贡礼仪等情况，将于下面另节单叙。此处单就交涉情况，略做评述。

在三月七日—四月四日间，经过入明参拜、交表文、向明方呈上贡物、明赏赐物品及衣裳之后，四月十三日，日使向明方提

---

① 《策彦·初渡集》，嘉靖十八年（1539）八月二十六日条。
② 《策彦·初渡集》，嘉靖十八年（1539）九月朔旦条。
③ 《策彦·初渡集》，嘉靖十八年（1539）九月十一日条。

出，希望明方还回上次宁波争贡事件中没收的宗设谦道的货物。次日，被明方以"其没官货物，系有罪之赃，焉得请讨。……待擒送罪人宗设等及送还袁指挥，方许奏请定夺"为理由，加以拒绝。① 四月十六日，日方又向明呈短疏，"愁诉复旧货之事"。其中，他改以恳求语气，向明哀诉说："伏希感吾王修贡之诚，悯使臣远来之劳，详转达愚讼于天聪，复旧货物，颁新勘合，则弗胜感戴之至。一则俾生还使臣等出免刑之路，二则可使国世世称臣，奉贡不绝，此安宁长久之道也。"② 十七日，日方通事呈短疏于礼部。但明方一直没有答复。

值得注意的是，四月二十七日，当正使等"诣禁府，盖谢前日茶饭也。予独不赴"。次日，正使等，"诣城中诸寺，予以病后不赴，盖称病不出之意"。五月二日，"正使以下诸役者，各著所领之唐衣裳并伽黎，趋禁庭。予独以微恙不赴"③。后来，五月九日，"离城起身，马官命以驴。生等不肯，呈短疏于伴送官及主事之处，愁诉往古以来称，贡使者不乘驴之由，有司督责诸司，少焉，牵数马来"④。遂改为骑马。总之，也许由于主要目的没有达到，临行时，策彦似乎以不太愉快的心情，离开明代京城的。

第三节　策彦再度使明中的曲折交涉

策彦一行是在当年（嘉靖十九年，1540）五月九日离京，结束第一次入明，就归途。于次年（嘉靖二十年，1541）七月回到赤间关（即今日本下关市）。九月，去到大内氏的根据地山口，代

---

① 《策彦·初渡集》，嘉靖十九年（1540）四月十四日条。
② 《策彦·初渡集》，嘉靖十九年（1540）四月十六日条。
③ 《策彦·初渡集》，嘉靖十九年（1540）四月二十七日、二十八日、五月二日条。
④ 《策彦·初渡集》，嘉靖十九年（1540）五月九日条。

替正使湖心硕鼎，向大内氏主公大内义隆做了此次使明的汇报。
"太守（按指大内义隆——引者）欢颜感风雨之行，遂引盃至夜
深。"① 看样子，义隆对此次使明感到收获很大，颇为满意。随后，
大内氏把遣明船返回的消息向幕府做了汇报，并将明的一些赏赐
品转赠幕府。

　　由于此次遣明的收获，使得大内义隆有再次遣明的打算。在
日本天文十一年、十二年间（1542、1543），为再次派出遣明船进
行了物资上、人事上的准备。在天文十二年（1543）十月、十一
月，大内义隆两次致函策彦，表示将内定他为下届的正使，希望
他早做再次入明的准备，并就行将返还给明的旧勘合，进行了清
点和准备。

　　由于上次去明朝贡，是在嘉靖十九年（日本天文九年，1540）
离京返日的。而明方规定是"十年一贡"。在下次朝贡尚未到期之
际，发生了一件意外的事。"由贼穿大内氏之宝库，夺勘合符卷，
府君（指大内义隆——引者）恐贼徒之挽前伪贡……以故，先期
差渡贡使。"② 即估计是勘合被盗，深恐被人窃取勘合先期赴明，
因而，决定提前在天文十六年（1547）二月，以策彦周良为正使，
共率四只贡船，全员六百三十七人，由山口出发。四月，到明的
台州府。当时海面很不平静，各方海盗出没无常。四月十四日，
日方的三号船，在温州洋面，被二十八艘贼船所袭击。造成三人
受伤，九人死亡。

　　六月一日，船队入定海港。当时，由宁波发来《宁波府谕日
本使臣周良书》。其中说：

　　　　小大之邦，无论远迩，入贡必有常期……其在尔日本，

---

① 《策彦·初渡集》，嘉靖十九年（1540）九月十二日条。
② 《前住圆觉策彦良禅师行实》，收入《妙智院文书》。

则贡以十年为期，人以百余为度。此先朝旧例，而上之十八年所申命之者也……自今朝贡不及及人船过额者，径自阻回，不容入港，有违者定以军法从事……吾为汝计，莫若姑回汝棹，暂归汝国，将多余人役，尽行裁减。俟至明春，遵例来贡。①

明方主要抓住日方未到贡期、人船逾限两点，勒令他们立即回国，减少人船，明春再来。这代表了周良第二次入贡时，明方初期的典型看法。而日方则以洋面不靖，需设军船以自解。双方在争论过程中，日船队在明方要求下，去往定海、岙山等地停泊，以待贡期。双方争论的级别，不断上升，在嘉靖二十六年（1547）十一月《明实录》中表达了明廷的意见说：

日本国王源义晴遣使周良等，求贡。故事倭夷十年一贡、船不过三，人不过百。良等以四船六百人，先期而至，欲泊待明春贡期，守臣阻之，以风为解。至是，疏闻。上曰：倭夷不守贡期，又挟带人船越数，三司巡海等官，不遵例阻回，乃容潜住港外，引起事端。且往年宗设之叛，未正法。其令新巡抚官，亟为处分，及宋素卿等曾决否，一并查奏。②

虽然，如上述引文所示，明廷对日本入贡的意见，仍以否定为主。但对于新任巡抚官（即朱纨）给予很大的处分的余地。据台湾学者郑梁生指出，这一时期，日方与浙江守臣往来的文书颇多，而守臣一再戒谕他们少安毋躁。无非要他们等候抚臣朱纨莅浙。③

---

① ［日］青木昆阳：《昆阳漫录》，收入《日本随笔大成》第 1 期，第 20 页。
② 《明实录》，嘉靖二十六年十一月丁酉条。
③ 郑梁生：《嘉靖年间明廷对日本贡使策彦周良的处置始末》，收入《中日关系史研究论集》（一），台北文史哲出版社 1979 年版。

众所瞩望的新任浙江巡抚朱纨，《明史》中说他"清刚峭直，勇于任事，欲为国家杜盗源"①。此评论，应该说是很公正的。众所周知，虽然朱纨对于执行海禁，处置倭寇及通倭、海盗等，一向态度严厉，但对于来贡的日本使臣，态度有所不同。对于此次以策彦周良为首的进贡使臣，他表示态度说："今照、使臣周良等自以勘合表文真正、贡期止隔数月，比与释寿光、清梁等不同，屡屡求进，后虽强令回国，却称连遭逆风，秋候不便节，据书呈，祈衷恳切，况大海茫洋，非有关津，限隔可以直拒不容。而夷狄羁縻，自古亦无已甚之绝。今年已系应贡之期，其于国家大信，似亦不违，若严拒绝之防，恐非善策。"② 建议予以接纳。

据《明纪》记载：

> 日本使周良等以舟四，人六百，待明年贡期，守臣沮之，以风为解，纨乃便宜要良，自请后不为例，录其船延良入宁波宾馆。③

正是在朱纨等努力斡旋下，才使得策彦等使船，终止海上漂泊，在嘉靖二十七年（1548）三月十日入住宁波嘉宾馆。

应该说，新任巡抚朱纨为策彦周良一行入贡做了不少努力，而且是卓有成效的努力。这表现在以下几个方面。

第一，如前面提到的，1547年大内氏之所以决定提前出发到明朝贡，是因为发生了勘合被盗事件以后，在日本天文十一年（1542）七月，日本幕府将军足利义晴致书朝鲜国王。由于日本一贯认为，朝鲜与明的关系较中日关系为亲密。因而拜托朝鲜国王

---

① 《明史》卷二〇五《朱纨传》。
② （明）朱纨：《甓余杂集》卷二《四库全书存目丛书·集部》，齐鲁书社1997年版，第78册，第34页。
③ 《明纪》，嘉靖二十六年冬十月条。

迅速将此事通知大明。

策彦在日本天文十六年，即嘉靖二十六年（1547），从日本出发前，当然已知道"盖由贼穿大内氏之宝库，夺勘合符券，府君（指大内义隆——引者）恐贼徒之挽前伪贡。而虽凭于朝鲜而告谕，然而未知能达大明否？以故先期差渡贡使"①。翌年（嘉靖二十七年，1548）三月，策彦在宁波面谒朱纨时，"亲阅抚台问答累刻。抚台自把笔犹遣今次进贡违约条。师（指策彦——引者）亦把笔详记云：契卷不意而落贼手。若夫贼徒先我伪贡，则其滥真亦不可知。以故得违约入贡"②。朱纨当然会把策彦所叙的情况，报告朝廷。对于释明日方何以提前贡期，大为有利。

第二，关于人、船逾限事。自宁波争贡事件以后，明廷对日使来贡的限制比以前更为严厉。强调舟无过三艘，人无过百人，送五十人到京师。而"良等不及贡期，以六百人来，凡驾四艘。（礼）部议，非正额者，皆罢遣之。而浙江巡抚朱纨，力陈不便状"。"良因自陈，贡舟高大，势须五百人。中国商船入夷中，往往藏匿海岛为寇，故增一艘者护贡船也，非敢故违明制。"③ 除周良自陈之外，朱纨也一再为他重述增加船数的必要性。朱纨在其《甓余杂集》中说："近年海寇纷扰，扰雾云屯，生等奉使赍将勘合底簿而来，但恐中道遭难，万一有失，何以为符。加之，进贡方物载在船内，如被掠夺，何以朝京，附军船之计，非敢违明例也。"④ 最后同意，"欲候贡毕，一并还国"。

第三，朱纨还强调："据副使魏一恭回称：入贡夷使遵守约束，并无往年沿途惊扰，存留夷伴，安心在馆，并无往年出外交通等。"一再为他们说好话。最后明方决定："应贡夷使周良等

---

① 《前住圆觉策彦良禅师行实》。
② 同上。
③ 《明实录》，嘉靖二十八年六月甲寅条。
④ 《甓余杂集》卷四，第78集，第87页。

五十人及将存留越数夷伴姑容宾馆暂住，比照上年供给，候风便谕遣归国。"①

当然，朱纨自从嘉靖二十六年（1547）七月担任巡抚浙江，兼提督建福、兴、漳、泉、建宁五府军事的重任之后，逐步把工作重点放在海防与军事上，曾经为消灭倭寇及清理海防，打了几次漂亮的战役。众所周知，嘉靖二十七年（1548）四月七日的双屿一仗，使得盘踞在该处多年的倭寇，被朱纨率军彻底摧毁，使倭寇及浙闽通倭势力大为震动。继之，朱纨又对闽"夷馆私通出入又严为禁制"②，使通倭势家对朱纨更为仇恨。在这一背景下，遂发生了对嘉宾馆投书的事件。③

在当年五月五日夜，有人把匿名书信投入嘉宾馆。信中自称为"大明黄道医"。信中大意称，在嘉靖十八年周良来贡宁波时，曾有亲密来往。目前在明方提防下，不能相见。"我过皇帝今教都御史起兵诛使臣，差勇将都司必在五月十三日起兵，围住嘉宾馆，放火烧死使臣。又恐汝等走，差边将一人领小船数百，围住定海关，放火烧汝船。"投书人并建议：

可在夜间先起兵，杀都御史，海道随下船而走，不可再杀等语。④

此信被抛入夷馆，上下通同隐匿，不向朱纨报告。⑤

此信，"次早周良等拾取，看后称，甚无谓也"。于是，由周

---

① 《筹余杂集》卷四，第78集，第87页。
② 《筹余杂集》卷四，第78集，第89页。
③ 《皇明经世文编》卷二〇五。《朱中丞集》卷之一载："近日双屿一倾，怒嚣四起，防闲夷馆之禁少严，谋杀抚臣之书遂出。"
④ 《筹余杂集》卷三，嘉靖二十七年五月二十六日，《不职官员背公私党废坏纪纲事》，第78集，第54页。
⑤ 同上。

良呈送明方推官张德熹。①

　　后来，当月十三日朱纨到此，张德熹自知隐匿不过，方才具呈。② 后经由朱纨对"掷书奸犯，行该府另行严辑"，绳之以法。③

　　于是，这一企图通过周良之手、杀害朱纨的诡计，才宣告破灭。

　　策彦将此书信，通过张德熹之手，献给朱纨。说明，他用实际行动帮助维护朱纨的人身安全。并且以此行动，表达对朱纨协助他入贡成功的无言的感谢。

　　随后，在五月十四日，朱纨"带同通事卢锦等，亲诣嘉宾馆，译审日本求贡使臣周良等"（按笔者从引文的上下文推断，系意指当时曾向周良问起双屿港平定倭寇事）。当时周良"亲笔回词，内开：'占据双屿港事，进贡使臣，非所敢知。想大邦海寇所诱。今年大邦众人来日本者，不知其几多，大邦亦何从知之'等语"④。策彦此一回答，非常得体。即表明与双屿港倭寇等毫无瓜葛，毫不知情，不关心，不介入。反映他头脑清楚，具有外交才干，使朱纨感到放心。于是，朱纨向皇帝上奏章，对策彦入贡又一次明确表示态度："夷使周良等，原无犯顺，仍容入贡，以明详内略外，治近服远之义。"⑤

　　本来，朱纨之所以支持入贡，其根本原因在于：同样是日本人，但一是入贡，二是入寇。二者具有根本性质的不同，其对待方法也应不同。正如朱纨自己所说："入贡则怀之以恩，入寇则震之以威。"⑥ 朱纨的这一意见，经嘉靖皇帝同意后，以文书形式于七月二十三日下达给宁波的周良等，使他们能终于突破各种困难，

---

① 《甓余杂集》卷五，第 78 集，第 112 页。
② 《甓余杂集》卷三，第 78 集，第 54 页。
③ 《甓余杂集》卷五，第 78 集，第 112 页。
④ 《甓余杂集》卷二，第 78 集，第 43 页。
⑤ 《甓余杂集》卷五，第 78 集，第 113 页。
⑥ 《甓余杂集》卷二，第 78 集，第 46 页。

于十月六日，由宁波驶向去京的航程。

第四节　策彦再次入京后的交涉
——请颁新勘合问题

如前所述，策彦再度入明后，在宁波期间，主要交涉的焦点，集中在解决未到贡期及人船逾制两个问题上。而到京后，其交涉主要集中在请求明廷颁发新勘合上。

中日之间，自1404年日本足利义满时代起，明朝为区别日本的来船为朝贡或海盗，规定明朝每建一新年号，对日本均颁发勘合百道，底簿二扇，以资查证。凡明朝年号更替时，日方应将旧勘合未用尽者，如数缴还，明方方准颁发新勘合。

如果想把策彦于嘉靖二十八年（1549）再度入明时，向明申请颁给嘉靖年间新勘合一事的背景说清楚，至少需要回溯到嘉靖二年（1523）宁波争贡之乱时。当时，以宗设谦道为正使的大内氏船三只，使用的是明正德年间（1506—1521）的勘合三道。而以鸾冈瑞佐为正使的细川氏船一只，使用的是明弘治年间（1488—1505）的勘合一道，早为应缴销的失效勘合。因为争贡最后演变为武装骚乱，鸾冈瑞佐被杀，宋素卿被捕入狱，宗设谦道夺船而逃。已成武装叛乱，局面失控，无法谈及勘合更新问题。

后来，嘉靖十九年（1540）策彦等初度来明时，由于大内氏在幕府指令下，负责保有弘治、正德年勘合，因而持弘治、正德勘合来明。到京后，策彦等向明请求："伏希感吾王修贡之诚，悯使臣远来之劳，详转达愚讼于天聪，复旧货物，颁新勘合，则弗胜感戴之至。"[①] 面对日方的要求，明方则认为："言官论其不可……勘合令，将旧给缴完，始易以新，素卿等罪恶深重，货物

已经入官，俱不宜许。"① 总之，日方的两点要求，俱被明方否决。

迨嘉靖二十八年（1549）再次入明，向明奏报。他们此次拟向明呈上弘治勘合十五道。言其余七十五道为宋素卿之子宋一所盗。将来捕获时，再缴回。此外，日使手中尚存有正德勘合共五十道，此次拟先向明缴四十道，而暂留十道在日使手中，待由明方领新勘合时，再行交还。② 总之，此次拟向明上缴勘合共五十五道。以此，向明申请颁给嘉靖新勘合。

至于中日双方交涉的结果，日方最后是否拿到了嘉靖新勘合？到目前为止，据笔者接触所及，除我国大陆的学者尚未与闻之外，在日本及台湾学者中，颇有分歧。概言之，可分为两派。一派，可称为否定派。例如，日本学者木宫泰彦、柏原昌三、台湾学者郑梁生等。他们最有力的理由是，在策彦的《再渡集》中，在临行之前，嘉靖二十八年（1549）七月三十日双方接触的部分，有如下的记载：

> （在入朝退朝之后），次诣礼部老爹，老爹未朝退，各听候者久，遂礼归第。暂休息而出……予，副使以下列位，向老爷面前而先一跪。然而四拜，而又跪。于是老爷唤周、吴二通事面谕者再三。生等亦禀陈愚讼。次诣郎中四拜。拜了后，度与礼部简付一封于生等。各出门，跨马而归馆。③

否定论者最大的理由是，上述材料中，在叙述了双方具体接触的细节之后，直到分手，也未提到明方给予嘉靖新勘合一事。其结论当然是未曾给予。

---

① 《明实录》，嘉靖十九年二月丙戌条。
② 《明实录·世宗实录》卷三四九，嘉靖二十八年六月甲寅条。
③ 《策彦·再渡集》，嘉靖二十八年（1549）七月三十日条。

另一派看法，与此相反，认为是可能给予了。这以《中世中日交通贸易史の研究》一书的著者小叶田淳为代表。

正如本书中前面所提到的，笔者自20世纪八九十年代起，已开始注意策彦入明这一史实，并曾阅读牧田谛亮编著的大作——《策彦入明记之研究》（上、下册）。退休后，1999—2008年执教于日本早稻田大学之际，亦曾将此事纳入教材内，引起日方听讲者的兴趣。与此同时，包括他在第二次入明临行时，是否由明颁给嘉靖新勘合的问题。经过笔者搜寻有关的资料，认为，确有此种可能。其理由如下：

一、笔者在1984年首次访日之际，在当年十一月曾赴京都拜访久仰大名的前辈学者小叶田淳先生。承蒙他当场赐赠他的名著《中世中日交通贸易史の研究》。归后，展读之下，颇受启发。就以上述策彦再度时是否拿到嘉靖勘合这一问题而论，他在书中，引用了《策彦和尚真迹·二番渡唐》中的下述一段史料：

> 又于阙左门茶饭，次诣礼部。礼部唤周、吴二通事，再三面谕。同列亦再三愁诉及来进贡人船数等之事。次诣主客司，主客司已渡礼部札并新勘合一通。①

书中，随后用大量篇幅，列举数项当时有关事实，证明有时在牧田谛亮所列的《策彦·初渡集·再渡集》中确有疏漏之处，而在《真迹·一番渡唐·二番渡唐》中，却加以合理的修正或是补足的情况。因而，不能由于《真迹》记述较简，就否认其史料

---

① ［日］小叶田淳：《中世中日交通贸易史の研究》，刀江书院1969年版，第198页。

价值。① 在颁给新勘合问题上，也正是如此。

二、笔者在研究本问题的过程中，也曾查阅日本有关文献。例如，由江户时代冈崎藩儒者近藤瓶城（君元）父子编选的《史籍集览》。其中，共收录从古至江户时代，日本重要史籍 364 部。于 1881—1885 年首次刊行，以后又加改订增补，成为日本更为完备的史籍丛书。又如在明治维新后编选的，包括从上古至明治维新前夕为止，日本历代文物、典章制度，社会各方面情况的古今典籍、文书的百科全书式史料事典——《古事类苑》。而在《史籍集览》（续编及新订增补版）及《古事类苑·外交部十四》中，都把《策彦入唐记》（副标题列为《策彦和尚真迹：一番渡唐·二番渡唐》）全文收入其中，文字都相同。在其本文中都载明："主客司已渡礼部札付并新勘合一通"等字样，可见并非偶然的一致。

三、在牧田谛亮编写的《策彦入明记之研究·上》有关策彦入明史料的"解题"部分中，曾指出："所谓'策彦和尚（真迹）一番渡唐·二番渡唐'者，就是由策彦在晚年时，对当初初渡及再渡入明时的经过概要，进行摘要记录而成的。而《古事类范》外交部那部分，就是从当中抄录而成的。"② 估计策彦晚年对《策彦入唐记》进行回忆整理时，既可能有所简化，也可能增补新的内容，譬如"收到嘉靖新勘合一通"之类。

根据以上的论述，笔者认为，最后，明朝可能确实颁给日方嘉靖勘合了。进一步考虑，究竟是给了几道嘉靖勘合呢？按前面所引《明实录·世宗实录》卷 349 中，论述日方来明时携带勘合的数目时，在本文中，反复多次使用"勘合××道"字样。而后

---

① ［日］小叶田淳：《中世中日交通贸易史の研究》，刀江书院 1969 年版，第 198—203 页。

② ［日］牧田谛亮：《策彦和尚再渡集·上》后附"补遗，附二〈有关策彦入明记类的解题 五·策彦和尚一番渡唐·二番渡唐"，第 385 页。

边小叶田淳引用的史料中，都按日文习惯，用了"新勘合一通"的字样。在中文里，"勘合××道"，一般多指"勘合××件"情况而言。而后者，在日文中，通常"一通"多用在像"书信一封"之类的用法上，语义比较含混。因而，这二者有些微妙的差别。也就是说，明方当表达"颁给新勘合一通"时，数目并未十分确定，也即可能是勘合二三枚之类的含义。而这也符合明方对日本使团的处境。因为明方无法估计日方下次来的具体船数。

如果把上述情况，与当时日使入朝辞行，即嘉靖二十八年七月三十日，即在京最后一天的记录联系起来看，会使我们更有吟味的余地。

在《策彦·再渡集》中，关于他们最后一天的活动，大致是这样记载的。即，当天清晨，策彦等日使入午门之后，到左顺门。

　　　　于此门里大大监出应而立。即予、副使相并而跪。于是，翰林院捧天书而来，立大监之侧。予、副使同扣头者三。然而翰林高捧天书，而度于予。予即出两手而领之。又偕副使扣头者三。于是大大监唱喫酒喫饭。又同副使三三扣头。予高捧天书而出……既毕事，下廊之时，以黄锦布裹天书，吴通事系手颈而出……又到午门之前，一拜三扣头而退朝。……次诣礼部老爹。老爹未朝退，各听候者久，遂礼归第。暂休息而出。未出之际，少官唱"上堂"者三。予、副使以下列位，向老爷面前而先一跪。然而四拜，而又跪。于是老爷唤周、吴二通事面谕者再三。生等亦禀陈愚讼。次诣郎中四拜。拜了后，度与礼部笝付一封于生等。各出门，跨马而归馆。①

①　《策彦·再渡集》，嘉靖二十八年（1549）七月三十日条。

在上面这段记述中，值得注意的是：（1）在他们入朝辞行时，明方特赐"天书"，估计当为明皇帝赐他们的诏书。（2）到礼部时，礼部老爷（当为尚书）唤通事来，对他们"面谕者再三"、日本使节等又对明方"禀陈愚讼"（当是对明方谈自己的想法）。但此三者的具体内容为何？颇费人猜疑。依笔者根据策彦等第二次入明的整个过程猜度，大致不出以下几点。

当他们第二次入明，在嘉靖二十六年（1547）六月一日船队到达定海①时，由于未到贡期、人船逾限等两大障碍，以致受到明方的阻拦，直到次年，即嘉靖二十七年（1548）三月，才得以进入宁波。在宁波期间，虽曾发生本文前面提到的使馆投书事件及明进军双屿等事件。但由于朱纨的大力协助，策彦等的恳切陈辞，处置得体，终至化险为夷。自嘉靖二十八年（1549）四月入京之后，中日双方关系，基本上进展顺利、和谐。据策彦在《再渡集》七月二十一日条中记载："寅刻，趋禁庭，领衣裳。"但据小叶田淳在《中世中日交通贸易史の研究》中指出：事情并不仅止于此。还应注意到：在此之前的五月二十九日条中曾记载："巳刻，予·副使……诣礼部门下，呈短疏，礼部接迎勘合、衣裳等之事，往返徹诘。礼部温和示谕，以再计较之由。各欢喜无措。"②但至此，事情还是给人以不甚清楚的印象。

只有根据小叶田淳引用《入明略记》（为本文前面引用过的《策彦和尚真迹·一番渡唐·二番渡唐》一书的另一名称）中的有关记载，加以补足，真相才更加清楚明白。我们试把小叶田淳书中引用的《入明略记》中的日文文言文译成中文白话文。大意当为："由于七月二十一日赐衣，只为一百人的份额，策彦及周、吴二通事等，再三向明倾诉，目前在宁波还有五百余人尚未领到

---

① 《策彦·再渡集》，嘉靖二十八年（1549）五月二十九日条。
② 《策彦·再渡集》，嘉靖二十八年（1549）五月二十九日条。

衣裳，请酌情增发。主事答称，将准备由杭州补发。"①　由此事可见，明方对日方要求尽量予以满足的温和态度。正因如此，在《再渡集》中，日使在滞京时，不断流露出"各欢声盈耳""各欢喜无措"等喜气洋洋的辞句。在这种双方较为合作的气氛下，估计明方所颁发的"天书"以及礼部的"面谕"，其内容不外是勉励日方，今后更加努力遵守明方所定各种朝贡法规，朝贡不懈，等等。明朝自建国以来，就遣使臣通知周围各国，敦促前来朝贡。其中，对于日本，还特别希望通过建立朝贡关系，约束臣民，解决元末明初以来北方的倭寇问题。在室町幕府三代将军足利义满时，积极清除倭寇。使得明廷在既定的厚往薄来方针的基础上，更加厚赏日方，使日方更加欣喜。而这些奖励来贡的措施，更可以吸收日本博多等地的商人，参与朝贡贸易。对剿灭倭寇有利。我们以下把自日方派遣勘合贸易船，与倭寇向明方入侵的情况，对此二者的关联，试做一探讨。

自 1404 年建立起中日第一期勘合贸易制度，至 1410 年为止，日方共派来六次勘合贸易船。而在此期间，倭寇入侵次数共为十二次。②　即平均每年入侵两次。明初倭寇入侵事例较少，除上述足利义满与明建立勘合贸易关系，彼此关系甚好这一原因之外，明初非常注意海防建设。永乐帝即位后，仍继续注意完善对外防卫设施，也是原因之一。③

1408 年，足利义满死后，时任将军的足利义持从 1411 年决定中断勘合贸易关系。直到 1433 年足利义教任将军时，才决定恢复。在这期间，日本不派遣明船，因而失去从中获利的机会。而在 1411—1429 年的十八年间，据统计，倭寇共入侵二十次。而其

---

①　［日］小叶田淳：《中世中日交通贸易史の研究》，第 200—201 页。

②　［日］田中健夫：《倭寇·海の历史》，讲谈社学术文库，2012 年 1 月，第 216 页。

③　范中义、仝晰纲：《明代倭寇史略》，中华书局 2004 年版，第 49—61 页。

中由于缺少三年的统计数字，只有十五年的数字。① 故每年入侵数字，平均只有 1.11 次。虽然入侵数字不多，而且只在辽东、山东等地，但规模较大。每次入侵人数较多。例如，永乐十四年（1416），在靖海卫杨村岛停泊的倭船一次就达三十二艘。永乐十七年（1419），金山卫发现倭船九十余艘。同年，望海埚之役，仅斩杀倭寇就达千余人，可见规模不小。②

自 1433 年中日间恢复勘合贸易之后，一直持续到 1549 年，策彦两次入明为止。在这一百一十六年间，日方共派遣勘合贸易船十一次，共派来四十六只遣明船。而在这一期间内，倭寇入侵次数，共有二十八次。③ 平均每年 0.24 次。次数有所减少。总的来看，入侵情况不算严重。其原因，一是在于中日间当时维系着朝贡贸易关系。二是明代建立了防范较为严密的海防。④

自嘉靖二十八年（1549）八月，策彦担任正使的勘合贸易船回国之后，由于日本当时逐渐进入群雄并起的战国时代，"下尅上"的情况日益普遍。大内氏部将陶隆房造反，家主大内义隆被迫自杀。日本无力再派使船，中日间的勘合贸易最后宣告结束。在这种情况下，从嘉靖三十一年（1552）起，沿海倭寇大规模向明入侵。据史载，

（嘉靖）三十二年二月，汪直勾诸倭大举入寇。连舰数百，蔽海而至。浙东、西，江南、北，滨海数千里，同时告警。⑤

---

① ［日］田中健夫：《倭寇·海の历史》，第 216 页。
② 范中义、仝晰纲：《明代倭寇史略》，第 217—218 页。
③ 同上书，第 28、33、114 页倭寇入侵情况之和。
④ 范中义、仝晰纲：《明代倭寇史略》，中华书局 2004 年版，第 33、114 页。
⑤ 《明史·日本传》，转引自汪向荣、夏应元编《中日关系史资料汇编》，中华书局 1984 年版，第 292 页。

以倭寇入侵的次数一览表①

嘉靖三十一年	1552 年	13 次
嘉靖三十二年	1553 年	64 次
嘉靖三十三年	1554 年	91 次
嘉靖三十四年	1555 年	101 次
嘉靖三十五年	1556 年	68 次

比以前入侵次数，数十倍于前，成为倭寇入侵最为猖獗的年代。其后在戚继光、俞大猷等名将的率领下，军民艰苦征战、奋力剿倭，终于到嘉靖四十三年（1564）时，平倭战争宣告胜利结束。隆庆元年（1567），开放海禁，私人海上贸易开始取得一定的合法地位。

虽然，明代的中日勘合贸易，只是官方的朝贡贸易，并且在后期，利益大部落入日方大封建领主之手。但大体上说，对倭寇的入侵起一定的消弭和牵制的作用。这一点，正如明时嘉靖进士，曾任刑部主事的唐枢所说：

市通则寇转为商，禁市则商转为寇。②

从这一意义上说，策彦周良的外交才干，用之于两度入明，克服各种困难，完成勘合贸易的使命。虽然对明朝造成一定经济负担，但从防止倭寇入侵来说，也可以说，具有一定的积极意义。

① ［日］田中健夫著：《倭寇·海の历史》，讲谈社学术文库，第 218 页。
② ［日］小叶田淳：《勘合贸易と倭寇》，收入《岩波讲座，日本历史》7（中世 3），1963 年版，第 99 页。

第五节　策彦入明后的朝贡礼仪及与圆仁、成寻等入朝礼仪比较谈

在中国的封建帝制时代，作为外国使者觐见皇帝的礼仪问题，在历史著作中往往重视不够。实际上，这不仅在中外关系史上，乃至文化史上，都是不应忽略的问题。

圆仁、成寻的入朝礼仪

为了追根溯源，开阔视野，让我们按时间顺序，从入唐僧圆仁、入宋僧成寻的顺序谈起。

发源于印度的佛教，在西汉末年传入中国，经过魏晋南北朝时期的传播，到隋唐时期，已经建立起以天台宗为开端的三论、华严、唯识、禅、律、净土、密教等八个宗派。而日本佛教是在奈良时代（710—794），经过中国传到日本，建立了奈良六宗。即三论、成实、法相、俱舍、华严、律宗。到了平安时代（794—1192），又有天台宗、真言宗传入日本。当时，由最澄开创的天台宗，不仅学习中国天台宗的教义，还把圆（天台宗）、密、禅、律四宗相承，作为日本天台宗的特色。特别注意吸取密教和净土宗。在822年最澄圆寂后，其弟子圆仁于838—847年入唐，深入钻研天台宗及密宗。由于他是以还学僧（即在日入唐使团附属下的短期研修人员）的身份入唐，唐朝廷未批准他去天台山求法的要求。他为实现求法的志愿，不惜与使团诀别，只身留唐。在此种情况下，他自然难以得到唐朝的任何政治上的照顾，更不用说入朝见皇帝了。但他求法志坚，从扬州，经登州，去五台山求法。他在唐开成五年（840）三月五日经登州时，正值当年正月，唐武宗即位，向全国发出诏书。他在当年三月五日，在登州遇到发布诏书。在他所著《入唐求法巡礼行记》（以下简称《行记》）当年三月五

日条曾详细地记述当时接诏的具体情况。他在该书中记载：

> （三月五日）从京都新天子诏书来。于州城内第门前庭
> 中，铺二毯子。大门北砌上置一几。几上敷紫帷，上着诏书。
> 黄纸上书。州判官、录事等、县令、主簿等、兵马使、军将、
> 军中、行官、百姓、僧尼、道士各依职类，列在庭东边，向
> 西而立。从内使君出来。军将二十人在使君前引，左右各十
> 人。录事、县司等见使君出，伏面欲到地。使君唱云："百姓
> 等"，诸人俱唱喏。使君于一毯上立。判官亦于一毯上立，皆
> 西面立。有一军将唤诸职名。录事、县司之列一时唱诺……
> 次云："百姓等"，百姓老少俱唱诺。次云："僧道等"，僧尼
> 道士俱唱喏……有一军将云："百姓拜。"百姓再拜。但僧尼
> 道士不拜。[1]（着重点为引者所加）

综合圆仁上述身临其境的记录，证明在登州官吏宣读诏书时，
圆仁与当地僧人一起，只是唱"喏"，但并不像官吏和百姓那样
"拜"。所谓"拜"，据顾炎武的《日知录》（陈垣校注）中说：

> 古人席地而坐。引身而起，则为长跪；首至手则为拜手；
> 手至地则为拜。
> 若平礼止是一拜再拜，即人臣于君亦止再拜……礼至末
> 世而繁。自唐以下，即有四拜。[2]

上述登州接诏一节，由于并非人臣见君，而是接诏，故官吏、

---

[1]　《行记》卷二，开成五年（840）三月五日条。
[2]　顾炎武：《日知录校注》卷二十八，拜稽首，陈垣校注，安徽大学出版社 2007
年版。

诸军、百姓等止为再拜，但僧尼则不拜。

据日本唐代佛教史学者的研究，中国自东晋慧远时，提出"沙门不敬王者论"开始，即出现"拜"与"不拜"的争论。唐代议论尤盛。几次出现两派的争论（还包括少数兼拜论者）。但就总体而言，以佛教方面的反对拜君亲论者，在数量上略占优势。①

自安史之乱开始后，唐肃宗上元二年（761）九月敕："自今以后，僧尼等朝会，并不须称臣及礼拜。"其后，代宗大历八年（773）十二月制："元日、冬至、朝贺，其僧尼、道士、女道士、并不陪位。"②《入唐求法巡礼行记の研究》一书的著者小野胜年认为，前一敕语，反映在安史之乱开始后，陷于危机状态的朝廷，企图获取僧尼的欢心所采取的措施。而后一制文，与前者大体类似，反映中唐时代僧尼不拜君亲，已呈相当普遍化的态势。③ 圆仁在开成五年（840）正月，在登州遇到宣读新即位的武宗的诏书，因而出现"僧尼道士不拜"的场面，也正印证了这一点。由此，我们可以做进一步的推论，即使圆仁当时有机会朝见皇帝，也会执行"不拜君亲"这一原则的，何况他又是一位国外来的僧人。

入宋僧成寻的情况

成寻是日本平安时代入宋的天台宗僧人。幼时，拜京都岩仓大云寺文庆和尚为师，向文庆、悟圆、明尊等学天台密教。后任大云寺别当，1054 年补任延历寺阿阇梨，后任大云寺主，又任关白藤原赖通的护持僧。说明当时他在日本佛教界有一定地位。他久怀入宋巡礼圣迹的愿望，于宋神宗熙宁五年（1072）乘宋商船入宋。他到宋后，先向宋朝廷申请去天台山。从天台山返回后，

①　［日］道端良秀：《唐代佛教史の研究》，法藏馆，1957 年版，第 335—357 页。
②　《通典》卷六八。
③　［日］小野胜年：《入唐求法巡礼行记の研究》第二卷，1966 年铃木学术财团版，第 271—272 页。

又申请去五台山。当年闰七月七日，他在台州接到圣旨，令"选差使臣，优与盘缠"，陪同来京，面见皇帝。① 十月，到开封。十月十五日，他见到神宗皇帝，书面向他提出十余个有关日本的问题。他也用书面作了回答。

十月二十二日，入宫朝见。经过情况，据成寻自己记录如下：

> 卯一点，借马九疋，八人并通事参内。先入一大门，至廊下马，有安下所，悬幕，暂逗留。客省官人引入第二门间，乘马人数百入门，升殿拜礼之人等也。次入第三大门，经数里，入东华门……辰二点，客省官人二人来，教立御前呼万岁作法。辰三点，以客省官人并通事为前立，入第四门。渐出庭，见拜人二人，并舞倒三拜，次三拜，次三拜。东方一人进出引声呼，随其各三拜也。共着赤衫，诸州通判欤？……圣主坐银椅子，蹈银床，著赤衫衣。日本一行庭中立并，人数百人左右，以御前为上列立。次僧等出庭中，向南对御立，以西为上，并立八人。次有一人引声云："引见。"次通事进出敬屈呼："圣躬万宝！"次诸僧低头呼："万岁！万万岁！"次引声云："赐例物。"次从西方经僧前担渡东方赐衣绢等，即诸僧呼如前。次引声称："却祇候。"诸僧呼如前。次敕使御药从御前来，仰参诸寺，可烧香宣旨。次他敕使从御前来，仰可参五台山了。即退出毕。②

这是成寻入宋以来，第一次正式朝见宋神宗皇帝，所以成寻记录得特别仔细。对于这段文字的内容，颇有些费解和学者理解

---

① 《参记》卷二，宋熙宁五年（1072）闰七月七日条。"盘缠"为中国传统说法，即"旅费"之意。

② 《参记》卷四，宋熙宁五年（1072）十月二十二日条。

上分歧之处。为了理解方便，拟将分段做些分析。

（一）"辰二点，客省官人二人来，教立御前呼万岁作法。"

客省即掌管国信使的朝见、赐宴及外国朝贡等事的机构。它遣官人来，教外国来人以朝见礼法，颇类似明代外国使节来朝时，邀使节到鸿胪寺教授朝见礼仪的做法。当然也有微小的不同。宋代是在朝见当天教以礼法，而明代则是在前一天。再者，宋代明确说明是教以立御前呼万岁的做法，此点与明不同。

（二）"渐出庭，见拜人二人，并舞倒三拜，次三拜，次三拜。东方一人进出引声呼，随其各三拜也。共着赤衫，诸州通判欤？"

在上述这段文字中，首先的问题是"拜人"是何种身份的人？日本学者藤善真澄在他译著的《参记》中，将"拜人"理解为官方负责引领拜礼的人。[①] 因之，先由他自己示范拜倒，然后引导别人"三拜"。而另一位学者齐藤圆真，则联系后文，把"拜人"理解为"各州通判"。[②] 笔者认为，成寻在书中对"通判"说本身也以疑问语气提出，显得证据不足。因而笔者认为，以藤善说较为合理。但，无论如何成寻在文中提到"拜人""东方一人""各州通判"等人时，都是以旁观叙述语气说的，非指成寻等日本僧人自己。因而可以说明，当场成寻等日本僧人并未参加"三拜"。

（三）后文中记述："次僧等出庭中，向南对御立，以西为上，并立八人。次有一人引声云：'引见。'次通事进出敬屈呼：'圣躬万宝！'次诸僧低头呼：'万岁！万万岁！'"

这一段全部说的是以成寻为首的日本僧人自己。明确叙及由通事带领屈身呼喊"圣躬万宝"，然后诸僧低头呼喊"万岁！万

① 《参记》上，藤善真澄译著，卷四，宋熙宁五年十月二十二日条。
② ［日］齐藤圆真：《渡海天台僧の史的研究》，山喜房佛书林 2010 年版，第 395 页。

万岁！"

（四）"次引声云：'赐例物。'次从西方经僧前担渡东方赐衣绢等，即诸僧呼如前。次引声称：'却祗候。'诸僧呼如前。"

意为，该人再次高声喊出："赐例行赏赐物品。"于是将衣物丝织品等由西方向东方搬运，由僧面前通过。诸僧如前一样呼喊"万岁"。接着，高声喊"退下"。成寻等再次喊"万岁！万万岁！"。

（五）"次敕使御药从御前来，仰参诸寺，可烧香宣旨。"意为：其后，敕使御药喊道："由御前来，奉宣旨，可去各寺烧香。"

（六）"次他敕使从御前来，仰可参五台山了。即退出毕。"

意为，由另一敕使喊道："由御前来，奉宣旨可去五台山参拜。遂即退出。"

由以上成寻记录的第一次朝见的内容，可以看出。前面所说的数次三拜，是指其他朝见者。而以成寻为首的日本僧人共八人，主要朝见礼仪是先由通事带头屈身喊"圣躬万宝"，然后，众僧低头喊："万岁！万万岁！"但并未跪拜。

成寻在十月下旬朝见皇帝之后，为了及早返日，他不顾深秋寒冷，坚持去五台山。他克服严寒天气，完成五台山之旅，于十二月二十六日返回开封。于传法院努力搜集佛教典籍。

越年（宋熙宁六年，1073），因正月、二月干旱无雨，皇帝请成寻祈雨。成寻受命，自三月二日开始，在后苑瑶津亭祈雨。为了鼓励成寻祈雨及早成功，三月二日，申时，皇帝驾来道场烧香，拜法花坛。最初驾来时，诸僧出桥南并立，呼："圣躬万宝！万岁！万岁！万万岁！"皇帝嘱咐成寻说："望努力祈祷。"成寻启奏皇帝说："自当竭尽忠诚。"不久，车驾还宫。（卷七）

三月四日夜里起，雨大下，至五日辰巳时仍降雨。皇帝驾临，诸僧立于驾前，呼喊万岁如仪。皇帝甚为欣悦，向法花坛烧香礼拜。诸僧立于前，为送皇帝御驾而立于桥南。至于成寻等，因在

护摩坛上，路不便，不得出。（卷七）

十一日，辰三点，皇帝驾来瑶津亭烧香。（成寻）立法花坛边，以五杵加持皇帝。[①] 依太保命，小师（指成寻弟子）二人立于后，命通事立于五六尺后。向法花坛烧香后，趁皇帝乘舆时，驰回立于桥南边，喊"万岁"。赐成寻下列物品如后（下略）。

卷八，四月二日（按：成寻准备于此日辞行，去天台山国清寺）。卯二点，借马四匹，参东华门。辰三点，依催入门，南庭数百人并立，殆及千人欤？……致庆贺词，[②] 各出一人拜谢。三面立兵士，拜谢了。依催，僧少进，向御前并立。如前，三度呼"万岁"。退归之处，有小师二人赐紫衣宣旨，即于御前著三件。又出进御前，两人呼："万岁！"此间成寻颇东退立，以御药为敕使，有宣旨，命两年后必来。成寻向皇帝奏，一定来。于御前赐绢三十匹、钱等。

综上所述，可以看出，宋代僧人朝见皇帝的礼式，其大致模式是，先由人（通事？）屈身带头呼喊："圣躬万宝！"然后，由诸僧低头，呼喊"万岁！万岁！万万岁！！"但并不跪拜。这一模式，无论宋僧还是成寻等来宋的日僧等，也都大致一样。这一点，可以由祈雨中，成寻以及宋僧二十二人[③]，共同参加的礼式相同，而得到证实。

如果说，对这位远来的客人有什么特殊的优待的话，这主要表现在：（一）往往不断有优厚的赐品，例如：钱、绢等各种物品。[④]（二）应成寻的要求，赐新译经五百余卷。[⑤]（三）在宋代僧

---

① 五杵为密教法器。加持为在密教中使用五杵，用佛力保护皇帝，为其消灾。
② 按当天为神宗诞生日，称为同天节。
③ 《参记》卷七，宋熙宁六年（1073）三月二日条。同日，后文中又有"三十二人"字样。而相核对，仍应以前者为是。
④ 例如《参记》卷七，三月十一日条；卷八，四月二日等条。
⑤ 《参记》卷七，三月二十三日。

侣中，最高的身份是由皇帝赐紫衣。由于成寻祈雨成功等功勋，宋神宗对成寻本人甚至其弟子都赐紫衣。尤其是御前换紫衣，所谓"御前赐紫"，是为僧人最荣耀者。①（四）对于僧侣而言，比赐紫衣更为荣耀的，乃是由皇帝授予的大师称号。自他在熙宁六年（1073）三月初祈雨成功之后，宋方就在酝酿授予他大师称号的事。到熙宁六年（1073）四月四日，终于从中书省颁下赐予成寻大师称号的文件。内容载：

　　　　　中书门下牒　　日本国延历寺阿阇梨大云寺主传灯大法师位赐紫成寻
　　　　牒奉
　　　　敕，宜特赐号善惠大师。牒至，准
　　　　敕。故牒。
　　　　　　　　熙宁六年三月　　　日牒，
　　　　　　　　礼部侍郎参加政事王（珪）在名
　　　　　　　　右谏议大夫参知政事 冯（在判）京
　　　　　　　　礼部侍郎［同中书门下］平章事 王安
　　石（画押）王将军也。

　　　　　　　　　　　　　　　　印多多也。②

　　观上文可知，这是中书门下（北宋掌政务之处）奉敕牒，特赐成寻以善慧大师称号。该部门掌政的宰相共三人。其中，包括北宋赫赫有名的改革派宰相王安石。他是从熙宁二年（1069）拜参知政事。主持变法。于次年（熙宁三年，1070）拜"同中书门

---

① 《参记》卷八，宋熙宁六年（1073）四月二日条。

② 《参记》卷八，熙宁六年（1073）四月四日，在王丽萍校点之《新校参记》（上海古籍出版社）及日本学者藤善真澄译注的《参记》（下）（关西大学出版部刊）之同处，均有著录，尤其在藤善译注本中，第422页详细介绍王安石事迹可见重视。

下平章事"。直到熙宁七年（1074）在保守派反对下罢相。因而，上述牒文发布时，他正在宰相任上，故得画押，按印于其上。当时，王安石作为改革派的政治家，正为改革而苦斗。宋神宗亟思富国强兵，有所作为。他们都支持渡海远来、为中日交流而奋斗的成寻和尚。因而，这份文件可以说是象征中世纪中日交流的一段佳话。

至于宋神宗之所以特别厚待成寻，从各种迹象判断，恐其根本目的在于企图通过成寻为桥梁，建立起日宋官方贸易关系，以增加国家收入。特别以成寻送五名弟子归国时，让他们向日本托带御笔文书一事，最为明显。① 可惜，后来由于日方的消极态度，而未能达到目的。

策彦等两次入明的朝贡礼仪

1368 年，朱元璋灭元，建立明王朝，并希望成为万国来朝的大帝国。即位之初即通知各国，招徕朝贡，并为朝贡定下详明的制度。与日本自 1404 年建立起朝贡关系。而日方当时多任命五山禅僧为使节。他们虽为僧人，但入明后必须按使节身份行事。这是与前代来华僧人明显不同之处。

明代对于外国使节的朝贡礼仪，在《明会典》卷五十八"藩使朝贡"中有明确的规定。其中说："蕃国初附，遣使奉表进贡方物，先于会同馆安歇。礼部以表副本奏知。仪礼司引藩使习仪，择日朝见。其日，锦衣卫陈设仪仗和声郎，陈大乐于丹陛如常仪。仪礼司设表案于奉天殿东门外丹陛上。方物案于丹陛中道之左右，设文武百官侍立位，于文武楼南，东西相向。蕃使服其服，捧表及方物状，至丹墀跪授，礼部官授之。诣丹墀置于案。执事者各陈方物于案，毕。典仪内赞、外赞宣表，展表官、宣方物状官各

---

① 《参记》卷八，宋熙宁六年六月十二日条。

具朝服，其余文武官常服就位。仪礼司官奏请升殿。皇帝常服出，乐作，升座，乐止。鸣鞭讫。文武官入班叩头礼毕，分东西侍立。引礼引蕃使就丹墀拜位，赞四拜。典仪唱进表，序班举表案由东门入，至于殿中。内赞赞宣表，外赞令蕃使跪，宣表，宣方物状讫。蕃使俯伏，兴，四拜，礼毕，驾兴，乐作，还宫，乐止。百官及蕃使以次出。"①

以上，是《明会典》所载，官方规定，外国使节向明代皇帝朝贡时的礼仪概要。当然，在日本向明朝从1404年至1549年近一百五十年间，共派出十七次朝贡使节（在日本历史书中，往往称它为"遣明使"）。在这过程中，实际执行情况，不免有些变化。就历次日本遣明使情况的比较而言，其中，以第二期第三次（即总第十一次）1451年来明的，以东洋允澎为正使的那一次，规模最大（来明的船数共达九只，人数全员达一千二百人左右。其中，明方允许上京者达三百人）。朝贡物品及明的赏赐品也最多（最后临行，从会同馆出发时，用于载货的马即达六十匹、骡四十匹、驴一百匹、车一百二十辆。可谓洋洋大观）。因之，它受到明廷的重视，也是必然的。虽然，这次使节在与明朝的讨价还价中，正使东洋允澎曾与明方有激烈的争论，甚至于发生过"临清事件"。其部下"沿途则扰害军民，殴打职官，在馆则捶楚馆夫"等事，颇为世人所诟病。但除此之外，它在多次的对明朝贡使节中，作为盛期的样板，在与后来策彦赴明的两次朝贡之行做比较的角度，还是有意义的。

东洋允澎一行入京后的朝贡礼仪

东洋允澎一行是在日本宝德三年（1451）十一月九日，由兵库出发的。在明景泰四年（1453）四月十日到定海，三十日到达

---

① 《明会典》卷五八，商务印书馆《万有文库》本。

宁波。九月二十六日到北京，入住会同馆。"二十七日，官命入鸿
胪寺习礼亭，习朝参礼。十月一日，朝参，奉天门见天子。朝仪
如前。赐宴阙左门。二日，朝参，正使入奉天门捧表文。纲司以
下立午门，闻大钟鸣。自左掖门入奉天门，跪拜，起。自右掖门
出，赐宴于阙左门。""十一月一日，朝参，入西角门，左奉天门，
右到奉天殿，见皇帝朝礼。""八日，朝参奉天门，献日本货物。"
"十二日，朝参，赐衣。""十四日，冬至，朝参，自左掖门入东角
门，过凡几池，到奉天殿，见天子，文楼武楼之间，万官排班，
三呼万岁，声动天地。""二月一日，朝参奉天门，正使捧表请益
方物给价……六日，礼部曰，方物给价，其可照依宣德十季
例……八日，礼部院集侍郎、郎中、员外郎、主客司等。议定给
价。二十八日，奉天门早朝，钦奉圣旨赐归。"

"（五月）十九日，正使东洋和尚终于武林驿。"七月十三日，
使节等返抵长门国赤间关。（按：赤间关即今下关市）。

以上，均按史料《允澎入唐记》原文，把在京的朝贡过程，
做了摘要介绍。[①]但为求行文简捷，其中有删节。如以原文统计，
从明景泰四年（1453）九月二十六日至景泰五年（1454）二月二
十八日滞京期间，入内庭朝参，共十次，其中有三次面见景泰皇
帝。另外，有三次赐宴阙左门。

下面，我们要看一下本书的主人公策彦周良一行，首次入明
时在京的朝贡礼仪情况。

策彦一行第一次入京，是在嘉靖十九年（1540）三月二日，
由崇文门入京，入住玉河馆。在《策彦·初渡集》中，叙述他们
一行入京后的朝贡活动时说：

（三月）六日，巳刻，正使及予、两居座、从僧以下从人

---

① 《允澎入唐记》。据汤谷稔编《中日勘合贸易史料》，国书刊行会，1983 年版。

到鸿胪寺，各于习礼亭前，刷衣消拜……

　　七日，寅刻，朝拜。正使及予、两居座、从僧各跨马。大通事二员前导，从东门右掖而入。门口五，无额，移步一丁许而有玉河。架其上有五石桥，面于南，过桥有门，曰承天门……门口五，从左掖而入……竖揭"端门"二大字……中央有门，门口三，竖揭"午门"二大字。于此门前有拜……立班于东胁，正使及予相并而立。其后两居座、从僧以下暨从人次第立。少焉，官员唱以"上来"。诸列班于中路。唱以"鞠躬"，各深揖低头，又唱以"拜"者五。又唱"兴"，起来之义也。各消拜者五度。拜彻未起，唱以"扣头"，各顿首者三，又唱以"平身礼毕"。各开了，左方有门，入此门少许而设座及案茶饭。二大通事前导，各就座面于西，酒三行而彻矣。又到前路，立于左畔，又唱以"上来"。各班于中路，唱以"跪"了。各刷衣而跪，唱以"叩头"，各顿首者三而退。"

　　十七日，早旦，正使及予、诸役者趋天庭，消五拜，盖谢前日下程也。

　　十八日，寅刻，就会同馆大茶饭。馆在玉河东南，南面。馆里横颜"万国来同"四大字。大大监、礼部出迎光伴。当内禁之方，堂右方饰天子座。正使及予以下诸役者，向此座前次第立班。少焉，礼部自中堂出，又向天子座，立于正使前班。正使以下役者进步。官司立座左侧唱以"鞠躬"。礼部并正使及予、居座、三从僧以下深揖，又唱以"拜"。各消拜者一。又唱以"叩头"，各叩头者三，又唱以"兴"，各起来，深揖而止……大监、礼部自堂后出迎……正使及予以下，向大监、礼部深揖，即拜者四，拜了，又深揖而跪了。

　　十九日，丑刻，出馆入内。卯刻，于午门前正使及予以下诸役者，鞠躬而消拜五，扣头者三，深揖而平身，盖谢前日茶饭也。

　　（五月）七日，寅刻，正使及予、两居座、三号居座、从僧、从人以下趋禁庭。卯刻，于午门消拜者五，扣头者三而止……少焉，与阙左门里茶饭。饭了，又到午门前，一拜，三叩头而退。[①]

　　此后，他们一行于五月九日离开北京，踏上归途。当年九月十二日抵达宁波。越年，于翌年，即嘉靖二十年（1541）五月二十一日，"潮满"，开船。六月二十六日越洋，返抵日本五岛列岛。七月三十日，返抵大内氏根据地山口，复命。

策彦周良第二次入明时的朝贡状况

　　策彦周良归国后，于日本天文十二年（1543）即内定他为下次入明的正使。于天文十六年（1547）二月，船队由山口出发。六月，率四艘船到达定海港。由于违反明方规定十年一贡的期限，被阻止入港，拖延到翌年（嘉靖二十七，1548）三月才入宁波港。于嘉靖二十八年（1549）四月十八日第二次入京。根据他本人的记述，进京后大致活动如下：

　　按惯例，由崇文门入京。入住玉河馆。据策彦记述，"嘉靖十八年进贡之时，就西馆，今东馆修复，以故就东馆。"四月二十三日，二大通事来，"传礼部老爹暨鸿胪寺之命，教朝参之礼式"。

　　二十四日，"于馆门之前，予、副使、居座、土官、从僧以下，各乘月跨马……随例在东长安街头各下马……自长安门而入……又照与例自承天门而入……次自端门而入……于午门之前各鞠躬而消拜者五，扣头者而止。各在阙左门后而茶饭，酒五行而彻矣。饭罢，各次第到午门前之中路，而一跪三扣头而退，此

---

　　① 《策彦·初渡集》，嘉靖十九年（1540）三月六日—五月七日。

乃致茶饭之谢也"。"既毕礼而归之顷，又依例到鸿胪寺而消拜者四而跪矣……次诣礼部门下，在崇化堂前，各先跪了，……消拜者五而又跪了。又唱以起，起来一揖而退矣……各出门，跨马而归东前所馆。"

二十六日，"巳刻，呈吾国表文于礼部处，通事吴荣捧将而往"。

五月六日，收进贡物于礼部之所。礼部亲查验明白。

二十日，"昨日十九，供贡物于宸览"。

二十六日，"朝参"，盖谢昨日下程完了也。于午门前，五拜三叩头。

二十七日，出玉河馆，到会同馆。"饰天子座于堂前右方，列拜叩头之仪式。与嘉靖十八年之时同。"

二十八日，寅刻，朝参，五拜三叩头。盖谢前日筵宴。

七月二十一日，寅刻，趋禁庭领衣裳。

二十二日，五更乘月朝参，谢昨日赏赐之恩。五拜三叩头。

二十七日，"赴上马宴。就会同馆。堂内横颜'万国来同'四大字。饰天子座，各向此座一拜三叩头。二十八日，日本人于东畔文楼下五拜三叩头……拜毕，各跨马归玉河馆。"

三十日，"寅刻，参内乞暇。辰刻，五拜三叩头"。[①]

八月九日，辰刻，离城而起程如例。

从策彦两次入明朝贡时的具体礼仪，依据策彦本人的具体描述，与过去东洋允澎时的情况对比研究，可以得出下列几点启示。

（1）关于学习朝贡礼仪的地点问题。如上面所述，当策彦等在第一次入京时，也曾在朝贡前一天，奉命去鸿胪寺习礼亭学习朝贡之礼。当年，东洋允澎入明时，也是如此。但策彦在第二次

---

①　以上引文，见《策彦·再渡集》，嘉靖二十八年（1549）四月二十四日—七月三十日条。

入明时，据《再渡集》载：

> （嘉靖二十八年四月二十三日）午前二大通事来，传礼部
> 老爹暨鸿胪寺之命，教朝参之礼式。生曰："凡倭邦入贡之
> 时，为使臣者，将趋朝廷之前一日，就鸿胪习礼亭前，习治
> 朝礼者。是恒例也。是以生等，十八年来贡之时，亦复如
> 此。"云云。然大通事曰："既受老爹命而来，难再复命，乞
> 先遵其教。"生等于是服矣。各序班刷羽仪，而习礼拜。①

　　足见在策彦第二次入明时，礼部和鸿胪寺有意识地派人去使
节驻地，安排教习朝参之礼，而不召使节去鸿胪寺。这说明，是
明方一种力求简化礼仪的表现。

　　（2）关于捧呈表文的方式问题。表文即朝贡国的国书，如何
捧呈，是朝贡礼仪中相当关键的环节。按《明会典》的规定以及
东洋允澎入贡的实践，都是在承天门朝见皇帝时，当众捧呈，以
示郑重。当策彦第一次入明时，也原拟如此。但实际上，当嘉靖
十九年（1540）三月七日，第一次入明首次朝参时，并未捧呈表
文。而是在次日，即三月八日，"礼部俾二大通事乞吾国表文。正
使及予以下役者相议曰：'凡从倭邦启书，差使臣等朝拜之时捧
焉，是旧规也。'礼部重烦使坚请。不获已，俾王、邓二大通事并
周、吴通事呈礼部所"②。就是说，只是在礼部再三坚持下，才勉
强把表文交给礼部转呈。

　　此例一开，还影响再次入明时。即在嘉靖二十八年（1549）
四月，第二次到京时，他们按着上次的例子，主动地"呈吾国表

---

① 《策彦·再渡集》，嘉靖二十八年四月二十三日条。
② 《策彦·初渡集》，嘉靖十九年（1540）三月八日条。

文于礼部处，通事吴荣捧将而往"①。

（3）关于朝参及见皇帝的次数问题。策彦两次入明期间，初度在京停留时间为嘉靖十九年（1540）三月二日至五月九日，共安排入内庭朝参次数为四次。其间，四月十四中日方向日方使团阐明了结宁波争贡事件的条件为"待擒送罪人宗设等及送还袁指挥，方许奏请定夺"的严厉态度。继之，在四月十六日，日方向明廷提出，请求发还宁波争贡事件中没收日方的旧货物，并请发新勘合。惹起明方的不快。五月二日，本来安排日方使团赴禁庭，启谢前日赏赐给正使以下诸役者的唐衣裳。策彦"独以微恙不赴"，反映了当时中日双方关系的紧张状况。

策彦第二次入明期间，其在京停留期间为从嘉靖二十八年（1549）四月十八日到八月九日。由于当时宁波争贡事件的阴影逐步淡化，办事较为顺利。在京停留期间共安排六次朝参。

如果把策彦与东洋允澎入明情况做一对比，东洋允澎在京停留期间为景泰四年（1453）九月二十六日，到翌年二月二十八日，其累计滞京天数约为一百五十二天，与策彦两次入明滞京天数相差不多。但东洋允澎在京朝参次数有十次之多。不仅如此，在这十次朝参当中，值得注意的是，其中有三次曾面谒明景泰皇帝（即景泰四年十月一日、十一月一日、十一月十四日）。特别使人印象深刻的是，十一月十四日这一次是"冬至朝参，自左掖门入东角门，过凡几池到奉天殿，见天子。文楼武楼之间，万官排班三呼万岁，声动天地"。语言生动，使人印象深刻。而检诸《初渡集》和《再渡集》，策彦两次入京时，任何一次朝参，都未明确出现"见天子"或"见皇帝"字样，估计在午门前等地，都可能是"遥拜"性质。二者规格明显不同。

一般来说，对外国来使安排朝参，一则往往安排在甫经到京

① 《策彦·再渡集》，嘉靖二十八年（1549）四月二十六日条。

之后，具有"见面礼"的性质。二则在安排在筵宴或赏赐之后，
具有答谢性质。日使策彦等两次来京，亦循此例。但唯一一次比
较特殊的朝参，是在他们第二次入京临行时的安排，比较值得注
意。在《再渡集》嘉靖二十八年（1549）七月三十日条中记述当
时情形如下：

　　　　巳刻，予、副使应制自东门之东角而入……历长廊到左
　　顺门。门则奉天门之右也。竖颜"左顺门"之三大字。于此
　　门里大大监出应而立。即予、副使相并而跪。于是翰林院捧
　　天书而来。立大监之侧。予、副使同扣头者三。然而翰林高
　　捧天书，而度与于予。予即出两手而领之。又偕副使扣头者
　　三。于是，大大监唱吃酒吃饭。又同副使三三叩头。予高捧
　　天书而出……既毕事下廊之时，以黄锦布裹天书，吴通事系
　　手颈而出。于是乎，予、副使就阙左门，即随例下饭。酒三
　　巡而止。又到午门之前，一拜三扣头而退朝。①

　　上面引文中的"天书"，根据上下文意推断，当为明嘉靖皇帝
赐给日本使团的诏书。其内容虽不得其详，但依据此次朝贡情况
而论，无论收授贡物及赏赐等，均进展顺利，未出现任何龃龉。
因而在日方的记述中，也不断出现"欢声盈耳""各欢喜无措"
等字样。因而估计明方特赐的诏书，也是表示一定的抚慰之意。
　　（4）东洋允澎在入紫禁城内朝参时，据记录，共有三次赐宴。
即记录为"赐宴阙左门"等字样。按，当时凡称为"赐宴"者，
一般较为郑重，其主持者应为礼部尚书［正二品官。而策彦在第
一次入京时，多用"会同馆大茶饭"字样，而未用"赐宴"字
样。按当时惯例，凡用"茶饭"字样者，其主持者一般为大太监

---

① 《策彦·再渡集》，嘉靖二十八年（1549）七月三十日条。

（为司礼监的提督太监，宦官正四品），或礼部派往会同馆的提督会同馆主事，正六品〕。一般其规格比"赐宴"微低。而策彦第二次入京时，往往有时用"茶饭"，也有时用"筵宴"等字样。

（5）在策彦两次入京的记录中，曾数次提到，在他们入住的会同馆内，"馆里横颜'万国来同'四大字……堂右方饰天子座。正使及予以下诸役者，向此座前次第立班。少焉，礼部自堂中出，又向天子座，立于正使前班。正使以下役者进步。官司立座左侧唱以'鞠躬'。礼部并正使及予、居座、三从僧以下深揖，又唱以'拜'。各消拜者一。又唱以'叩头'，各叩头者三，又唱以'兴'，各起来，深揖而止"①。这种在会同馆内设立"饰天子座"，又反复礼拜的做法，既不见于《明会典》的规定，也不见于《允澎入唐记》的记载，只是在较晚的策彦两次入明中，才得以见到，是象征君权的提高，还是标志使节地位的下降，还须做进一步的考订。

如上所述，中日之间的朝贡贸易（或如日本历史学界习称之为"勘合贸易"），其前后形势，实际上有很大变化。就明朝贡礼仪式而言，大体上由最初的郑重、认真，到后来最想草率、敷衍。之所以发生这样变化，其原因正如前面所提到的，一是由于日方使节不惜用恫吓、讹诈等手段，达到追逐高额利润的目的，引起明方的反感。二是由于日方不断滋生事端，直到发生像1523年宁波争贡事件那样大规模骚乱事件，使明方一度有闭关绝贡之议。再加上，明代嘉靖年间中期，财政上入不敷出，难于应付与日方朝贡贸易的沉重负担。于是，逐步产生草草了事的情绪。当然，中日朝贡贸易的最后结束，乃是由1551年日本大内氏家臣陶晴贤叛主，使大内义隆被迫自尽所造成的。但明方对于日方不来朝贡，也不予追问，不了了之。从此，中日间朝贡贸易的历史宣告结束。

---

① 《策彦·初渡集》，嘉靖十九年（1540）三月十八日条。

第三章 中日勘合贸易的阶段划分及策彦两次入明的地位

中日的勘合贸易，严格地说，是从 1404 年到 1550 年。大体上说，是从 15 世纪初开始，到 16 世纪 50 年代止，将近一个半世纪的中日间的官方贸易关系。日本的田中健夫、佐久间重男，以及中国台湾的郑梁生诸位先生等，都有涉及中日勘合贸易的论著问世。拙著虽以策彦周良为研究主题，但他的活动也在中日勘合贸易中，在 1539—1541 年、1547—1550 年之间，占有两次入明的"席位"。而为了恰当说明他在中日勘合贸易中的地位，也必须对整个中日勘合贸易的发展趋势及其阶段划分，进行一些整体性的阐明。而这一阶段划分的工作，恰恰又是迄今为止中日双方史学界研究中日勘合贸易中较为欠缺的环节。故不揣浅陋，将鄙见陈述如下，以就教于方家。

第一节 中日勘合贸易关系的建立及初期繁荣阶段

日本和中国建立朝贡关系，上古时期，在东汉及刘宋时期即已有过。但到了中世、近世时期，则是到了明朝，才发生这种朝贡关系。朱元璋在 1368 年在南京即帝位之后的次年（洪武二年），诏谕日本等国，促其来贡。但由于日本内部有南北朝分裂等原因，直到朱元璋死后的建文三年（1401），室町幕府第三代将军足利义满时，由1392年日本南北朝合一，义满所遣的使节筑紫商人肥富和僧人祖阿入明上表朝贡，并献上各种贡品，才完成了中日间第一次朝贡活动。他们此次入明朝贡活动，从日本派遣明使的角度看，可以称为总体的第一次遣明使。

继之，在1403年，日方派坚中圭密赴明，从总体上看，是为第二次遣明使。当他们在1404年由明返日时，明方派赵居任为答礼使，陪同返日。在归国时，明赐日龟纽国王金印以及永乐勘合，以为今后入明朝贡船的凭证。

其后，在永乐二年（1404）。日本派明室梵亮入明。这是日方第一次使用明方所颁发的勘合符，作为正式遣明使入明朝贡。因而，他们从总的遣明使角度看，可以说是第三次遣明使。但从使用勘合的角度看，又可以说是第一次勘合船入明。

从此，日本使节每次都需要携带明朝当代皇帝发行的有效勘合入明。献贡品，得回赠，合作密切。直到1410年，是为总第八次遣明使，也即第一期第六次勘合船。

以下，兹将日本遣明使派遣情况，依次说明如下：

中日之间的勘合贸易关系，从明朝廷的角度看，认为是大国与小国间的朝贡、册封关系。因而除朝鲜、琉球外，其他国家（包括日本在内）都需要向明提出表文，并需要拿到明朝廷发给的"勘合"，以与海盗、海寇相区别。对方携来的货物，按其性质，可分为几种。一、为对方国王对明朝廷的贡品。明廷对这类"贡品"有两个原则，是"有贡必有赐"，而且是"厚往薄来"，以显示天朝大国的富有与宽厚。但给对方的赐品，虽多与对方贡品的质量、价值有关，但也与对方国家的关系（即政治因素）密切相关。因而，从日本方面的角度看，往往又将这一类朝贡，称为"勘合贸易"。二、是对方使团人员携来的附搭货物，即

"自进物"。按例，这类货物凡愿入官者，均由明官方给钞价收买。三、其余，明官方不拟收买者，在市舶司所在地的宁波及设有会同馆的北京，由官方的牙行为中介，与民间公平交易。在上述三类货物中，本文将以前两种物品的探讨为主。

中国自明初以来，朱元璋即帝位以后，在对日本关系上，由于遣使误入南朝怀良亲王领地，发生不愉快事件，后由于胡惟庸案及林贤事件，故始终未能与日本建立国交关系。

足利义满（1358—1408）在1368年继任将军，初名道义。在他的任期内，是室町幕府形势大为好转的时期。具体表现为：（1）从1336年起，日本天皇朝廷分裂为南北朝对立的局面。到1392年足利义满任期内，南北朝统一。（2）到1394年，他把将军职务交给其子义持，退居幕后。同年，他改任朝廷系统的太政大臣。这是日本幕府体制下，从未有过的现象。同年，出家，法名道义，其目的是为了摆脱公、武双方的约束，更加便于操纵实权。（3）当时足利义满已讨平国内许多有力大名，事实上，他已统一全国。他本人又特别喜爱中国文物。在北山庄营造府第（即金阁）。故而需要大量经费，特别需要与明通商获利。

第一次遣明船

由于上述一些因素，他在日本应永八年（1401）派筑紫商人肥富、僧祖阿等携国书入明。在国书中，他自称："日本准三后道义上书大明皇帝陛下。"按日本当时"准三后"一词，系指与日本太皇太后、皇太后、皇后三宫具有同等地位的身份。因他当时已将其妻安排为天皇的"义母"。他死后，拟赠予"太上天皇"的封号。① 他这些安排，都为他致明的国书中的"准三后"做了注解。正因如此，他在致明的上述国书的下文中说：

---

① ［日］五味文彦等著：《详说日本史研究》，山川出版社2006年版，第174页。

　　日本国开辟以来，无不通聘问于上邦。某幸秉国钧，海内无虞，将遵往古之规法，而使肥富相、副祖阿通好，献方物，金千两、马十四、薄样千帖、扇百本、屏风三双、铠一领、筒丸一领、剑十腰、刀一柄、砚筥一合、同文台一个，搜寻海岛飘寄者几许人还之焉。①

　　此后，日本对明代的贡品，基本上是这样的规模，而足利义满致明的国书，给明廷一个明白无误的暗示，他已居于日本最高统治者的地位。

　　继之，在明建文四年（1402）日使回国时，明派遣僧道彝天伦为正使，一庵一如为副使，陪同日使回国，八月到达兵库。九月，受到足利义满的热情接见，仪仗极盛。在明建文帝致日的国书中，对义满表示：

　　兹尔日本国王源道义，心存王室，怀爱君之诚，踰越波涛，遣使来朝，归逋流人，贡宝刀、骏马、甲胄、纸砚，副以良金，朕甚嘉焉。日本素称诗书国，常在朕心，第军国事殷，未暇存问……今遣使者道彝、一如班示《大统历》，俾奉正朔，赐锦绮二十四，至可领也。②

　　从这封诏书中，我们可以看到：一、明建文帝明确认可道义（即足利义满）是日本国王。这是以前历代幕府将军都未曾有过的。二、他以君主对臣下的语气，向他宣布，"班示《大统历》，俾奉正朔"。

----

　　①　《善邻国宝记》卷中。
　　②　同上。

　　但是，明建文帝对他的赐品，却只有"锦绮二十匹"，比之日方贡品价值不过二十分之一。其原因在于，建文帝即位后不久，在建文元年七月，其叔父燕王就发动了"靖难之役"即对建文帝的武力夺权斗争。建文帝在向日本颁发诏书时，即建文四年二月六日时，正当燕王由北平发兵南下，攻打徐州的激烈战斗之中。故而诏书中，说他自己当时正当"军国事殷，未暇存问"①确是实情。而当时回赠物品较少，恐与此有关。而中国有的学者的书中，却认为所以造成这一现象，"大概这一次，建文帝和当时明廷方面，都将其视作一种正规的外交礼仪来处理的"②。这种理解，显然是错误的。

　　当明使道彝天伦等，在日本应永九年（1402）九月到达京都，受到足利义满的接见。在接触中，日方才得知明方发生内乱，两方战事正酣。为确保无虞，日使来明时，曾准备两种不同的国书，以便见机行事。

　　目前收在《善邻国宝记》的日方国书，其年月写为日本应永九年，这是指日方写就的时间，国书中值得注意的是，其中，足利义满首次自称为"日本国王臣源表"，即他承认明帝所称的"日本国王"称号。

第二次遣明船

　　目前收入《善邻国宝记》的上述国书，是由日方所派使节坚中圭密等带来的。他们在永乐元年（1402）九月到达宁波，十月到达金陵。而明方燕王已在当年六月在金陵即帝位。因而永乐帝所收到的日方国书，正是那一封高度赞扬永乐皇帝的表文，书中称颂永乐帝：

---

① 《善邻国宝记》卷中，《大明书》建文四年二月初六日条。
② 汪向荣、汪皓：《中世纪的中日关系》，中国青年出版社 2001 年版，第 197 页。

绍尧圣神，迈汤智勇。戡定祸乱，甚于建瓴。整顿乾坤，易如返掌。启中兴之鸿业，当太平之昌期……而皇威远畅东滨之外。是以谨使僧圭密，梵云，明空，通事徐本元，仰观清光，伏献方物。

生马　二十匹　硫黄一万斤

玛瑙大小三十二块，计二百斤

金屏风三副　枪一千柄

大刀一百把　铠一领

砚一面并匣　扇一百把[①]

由于日本使节坚中圭密一行（共三百人），是在永乐帝刚即位四个月后就到了金陵，因而可能是第一批外国使节祝贺他即位的，又奉上了上述的表文，使他非常高兴。作为叔父夺取了侄儿江山的皇帝，尤其希望外国使节来得越多越快才好。因而，在永乐帝颁给日方的国书中，用充满高兴的语气写道：

咨尔日本国王源道义，知天之道，达理之义，朕登大宝，即来朝贡，归响之速，有足褒嘉，用锡印章，世守尔服。[②]

当坚中圭密归国时，永乐帝在上述诏书的同时，特赐日本龟纽金印的国王印章一颗，并赐永乐勘合一百道，以备将来朝贡时使用。

---

① 《善邻国宝记》卷中；《善邻国宝记》卷中；《太宗实录》卷三五，永乐二年冬十月壬申条；《太宗实录》，永乐三年（1405）十一月辛丑（九日）条。

② 《善邻国宝记》卷中。

第三次遣明船（第一次勘合贸易船）

在日本应永十一年、即明永乐二年（1404），足利义满任命建仁寺僧明室梵亮为正使，与归国的明使赵居任一起去明。于永乐二年（1404）十月壬申到金陵。明永乐皇帝致日本的国书中说："皇帝敕谕日本国王源道义。使臣回言，王修德乐善，忠良恭谨，朕深尔嘉。又能遵奉朝命，禁止壹岐、对马诸岛之人，不为海滨之害，用心勤至，尤为可嘉。"①

永乐帝又"命礼部赐王纱绽、彩币及宴赍其使"。②

第四次遣明船（第二次勘合贸易船）

日本应永十二年（1405）八月，任命正使源通贤，从兵库出发。同年十一月，到达金陵。日使"奉表贡马及方物，并献所获倭寇尝为边害者，上嘉之。命礼部宴赍其使……赐王九章冕服，钞五千锭、钱千五百缗、织金文绮纱罗绢三百七十八匹"③。

第五次遣明船（第三次勘合贸易船）

永乐四年（1406），当明使潘赐等由日本返明时，足利义满派坚中圭密为谢恩使节赴明，"贡方马方物，谢赐冠服恩，赐钱钞彩币"④。

第六次遣明船（第四次勘合贸易船）

据《太宗实录》，永乐四年（1406）正月己酉条载：在此之前，日本的对马、壹岐等地海寇，劫掠居民，永乐帝敕义满捕之。

---

① 《善邻国宝记》卷中。
② 《太宗实录》卷三五，永乐二年冬十月壬申条。
③ 《太宗实录》，永乐三年（1405）十一月辛丑（九日）条
④ 《太宗实录》，永乐四年（1406）六月辛末（十三日）条。

义满出师，捕获渠魁以献。尽歼其党类。永乐帝深为嘉许，赐义满白金千两，织金及各种彩币二百匹、绮绣衣六十件等物，并赐海舟二艘，封其山为寿安镇国之山。永乐帝亲制碑文。

翌年（即永乐五年，1407）五月，足利义满"遣僧圭密等七十三人来朝，贡方物，并献所获倭寇等。上嘉之，赐敕褒谕"①。

第七次遣明船（第五次勘合贸易船）

永乐六年（1408）五月癸丑（五日）条中记载："日本国王源道义，遣僧圭密等百余人，贡方物并献所获海寇，上命以寇属刑部，赐圭密钞百锭、钱十万（文）、彩币五表、僧衣一袭，赐其僚从有差。"②

第八次遣明船（第六次勘合贸易船）

永乐七年（日本应永十六年，1409）七月，日本使节与明使周全渝等完成使命，一起返日。在明期间，他们已得到足利义满在应永十五年（1408）五月逝世的讣报。明成祖写了哀悼义满的祭文。祭文中，对义满评价极高，语气沉痛。文中说："自朕御极，倾心归向，益修职贡之礼，有隆无替，恭承朝命……殄寇盗于海岛，安黎庶于边隅。并海之地，鸡犬得宁，烽警不作，皆王之功也。盖王忠顺之诚，皎若日星，坚若金石，上逼于天地，幽彻于鬼神，自日本有国以来，其士贤明，未有如王盛者矣。"③ 明成祖并向世子足利义持致哀悼之意，赠绢五百匹，麻布五百匹。

中日勘合船第一期（1404—1410）的小结

从 1404 年日本第一次携带明方发给的勘合入明朝贡开始，到

---

① 《太宗实录》，永乐五年（1407）五月己卯（二十六日）条。

② 《太宗实录》，永乐六年（1408）五月癸丑（五日）条。

③ 《善邻国宝记》卷中，应永十五年条。

1410 年日方派遣勘合船入明，向明谢赐谥号及袭爵为止，共有六次勘合船入明。这一阶段的中日关系，可以说是顺利而密切的阶段。

首先，从明朝方面而言，希望于日本的，是坚持对明朝贡，以君臣相称，有助于明朝天朝大国的声威。尤其是永乐帝，通过"靖难之役"以武力夺取江山，更希望外国朝贡越多越快才好。

其次，明朝希望日方制止倭寇，保持中国沿海的安定。以足利义满为首的日本官方，这两点都做到了。国书中既以臣事君，又努力取缔倭寇。使得这一阶段，在中国沿海山东、浙江一带，每年只有偶然、零星的侵袭事件，基本上处于安定状态。

由于明方想感谢和回答日方取缔倭寇的努力，在政治、经济各方面都有所表示。政治上，明方以天下共主，即皇帝的口吻，册封足利义满为"日本国王"。这对于日本自从 1192 年镰仓幕府成立以来，历代将军尽管在内政上握有实权，但在对外交涉上：从来没有任何一位将军，享受过这样崇高的荣誉和地位。在日本使节来往于入明路上的时候，在这一时期内，明方总是派官吏陪送。统计起来，共派有七次陪送。而自进入第二期之后，就不再见到明朝陪送使臣的身影了。

在经济上，明方为了表示对足利义满的感谢，从不吝啬物质上的赐予。无论是高级丝织品还是金银珠宝，对于特别喜爱中国文物的义满来说，尤其是正中下怀。因而，每当他得知明使节来访时，他总是放下别的政务，匆匆忙忙赶来，穿上明人的衣裳，坐上明人的轿子，接待明方来的使节。总之，从政治上、经济上、文物爱好上，他都得到了充分的满足。因而，15 世纪最初十年间，中日间的"蜜月"，就是在这个物质基础上铺就的。

足利义满死后，其子足利义持继任将军。在永乐八年（1410）派遣坚中圭密为谢恩使节去明，谢赐父谥号"恭献"及命袭爵恩。随后，在永乐九年（1411）二月，明成祖"遣使赍敕，赐日本国王源义持金织文绮纱罗绫绢百匹、钱五千缗，嘉其屡获倭寇也"①。

但使明方感到意外的是，当年二月明使王进衔命抵达日本时，义持却一改其父对明友好的态度，不许明使入京。明方虽后来再次催促日方遣使入明朝贡，义持仍然坚持拒绝。因而，从1411年起，中日间陷于断绝关系的状态。

如上所述，自1411年中日关系断绝的时候，使得沿海倭寇又告猖獗。北自辽东半岛，南到江苏、浙江、福建、广东，到处倭寇泛滥。② 自1419年在辽东望海埚战役的胜利，对倭寇是一大打击。但还必须明朝振兴军力，才能彻底肃清倭寇之患。另外，还必须恢复中日之间的政治、经济联系，才能使局面根本改观。

第二节　中日勘合贸易的第二期(1432—1549)

1428年足利义持死后，翌年足利义教继任将军。他考虑到幕府的财政，决定恢复遣明船。遂于1432年派龙室道渊为正使，共派出五只船（其中，除了1号船为幕府船，其余四船为大名、寺院船）。翌年，到北京。当时是明宣宗宣德八年，当时政治清明，社会安定。只要求周围各国，"岁奉常贡"。此政策也适用于日本。由于日本已有二十二年断绝来往，遂命人赍敕去琉球国，往谕日本，重开朝贡。日本遣明船于宣德八年（1433）五月到京。

据《明宣宗实录》载："日本国王源义教遣使臣道远（渊）等，奉表贡马及铠、甲盔、刀等方物。"③ 当他们离明回国时，据《明宣宗实录》载："赐日本国使臣道渊等二百二十人，纻丝、纱罗、绢布及金织衣服袭衣、铜钱有差。"④

---

① 《太宗实录》，永乐九年（1411）二月甲寅条。
② 陈懋恒：《明代倭寇考略》。
③ 《明宣宗实录》，宣德八年五月甲寅（二日）条。
④ 《明宣宗实录》，宣德八年五月丙子（二十四日）条。

而在日本史籍《善邻国宝记》中，对明宣宗赐予日方的物品，记载尤为详明。

> 皇帝颁赐日本国王
>
> 白金二百两
>
> 妆花绒锦四匹
>
> 四季宝相花蓝一匹
>
> 细花绿一匹
>
> 细花红二匹
>
> 纻丝二十匹
>
> （此项内，包括有"织金胸背麒麟红"等各种高级丝织品共十种在内，各一、二、三、四匹不等。细目从略——笔者）
>
> 罗二十匹
>
> 除此之外，明朝皇帝还"特赐日本国王并王妃朱红漆彩装践金轿一乘"[1]。

明宣宗之所以特赐日本国王及王妃上述丰富的赐品，可能因为足利义持与明断交二十余年之后，现在又恢复邦交，特别感到喜悦之故。

第十次遣明船（第二期第二次勘合船）

在日本永享六年（1434）日方派恕中中誓为正使，从兵库出发赴明。这次共派出幕府船、山名船、相国寺船、大乘院船等六艘。携去明的贡品与建文四年（1402）的种类完全相同，只是数

---

① 《善邻国宝记》卷下，宣德八年六月十一日别幅。明皇帝"特赐日本国王并王妃"。

量稍有差异。在日本永享六年（1434）由京都出发，明宣德十年（1435）到北京，次年（1436）回到京都。当使节在明英宗正统元年（1436）二月归国时，明英宗"特赐王及王妃以白金，彩币，以答王意"。

第三节　值得注意的第十一次
遣明使及其后的动向

在日本宝德三年，即明景泰二年（1451），日方任命东洋允澎为正使，派出遣明船。此次勘合船的特点在于，除携带致明的国书及勘合之外，主要是率领九只勘合船（最初拟派十只，后改为九只），全体船员达一千余人（也有人认为达到一千二百人）。船上积载货物的数量远超前代，是日本历次勘合船的最高值。按明朝历代对外国朝贡的政策，凡外国贡品，则参考其数值有相应的，甚至远超过对方贡品的赐品（即所谓"厚往薄来"）。对国王及贡使所携带的附载货物，按原则，免除关税，由明廷按价值进行收买。而此次东洋允澎携来的空前大量的贡品及附载货物，虽然希望通过此次入贡，获得空前的收益。当然明方也注意到，此次日本入明使节携来如此空前大量的物品，若按以前惯例支付相应的报酬，显然必造成明方过大的财政负担。明方这种顾虑，在礼部奏文中，有明显的反映。

在《明英宗实录》中，当时礼部上奏文中说：

礼部奏：日本国王有附进物及使臣自进附进物，俱例应给直。考之宣德八年赐例，苏木、硫黄，每斤钞一贯，红铜每斤三百文，刀剑每把十贯、枪每条三贯、扇每把大筋（大体）每双俱三百文、抹金铜铫每个六贯，花砚每个小带刀每把、印花鹿皮每张俱五百文。黑漆泥金洒金嵌螺钿花大小方圆箱盒并香垒等器皿，每个八百文，贴金洒金砚匣并砚铜水滴，每副二贯、折支绢布每钞一百贯、绢一匹五十贯、布一匹。当时所贡以斤计者，硫黄仅二万二千、苏木仅一万六百、生红铜仅四千三百。以把计者，衮刀仅二、腰刀仅三千五十耳。今所贡硫黄三十六万四千四百、苏木一十万六千、生红铜一十五万二千有奇、衮刀四百一十七、腰刀九千四百八十三、其余纸扇箱盒等物比旧俱增数十倍。

盖缘旧日获利而去，故今倍数而来。若如前例给直，除折绢布外，其铜钱总二十一万七千七百三十二贯一百文、时直银二十一万七千七百三十二两有奇。计其贡物，时直甚廉，给之太厚，虽曰厚往薄来，然民间供纳有限，况今北有虏及各处进贡者众，正宜撙节财用，议令有司，估时直给之。已得旨从议。①

经过明廷再三考虑，为解决这一难题，唯一的办法只能是削减日方携来物品的收购单价。根据明廷这一削价政策，据日本研究明代中日关系史专家佐久间重男在他的著作中计算的结果，明朝此次向日本使团付与的金额总额，为十三万余贯。②比之1433年的二十一万余贯，大为减少。

次年，春正月，"日本国使臣允澎等奏，蒙赐本国附搭物件价值，比宣德年间十分之一，乞照旧给赏。帝曰：远夷当优待之，加铜钱一万贯。允澎等犹以为少，求增赐。礼部官劾其无状，命

① 《明英宗实录》卷之二百三十六，景泰四年（1453）十二月甲申条。佐久间重男：《中日关系史的研究》，吉川弘文馆1992年版，第149—150、168页注（11）。《明英宗实录》卷二三七，景泰五年春正月癸丑朔乙丑条。
② 佐久间重男：《中日关系史的研究》，吉川弘文馆1992年版，第168页注（11）。

更加绢五百匹，布一千匹"①。

到二月，"礼部奏：'日本国使臣允澎等已蒙重赏，展转不行，待以礼而不知恤，加以恩而不知感，惟肆贪饕，略无忌惮。沿途则扰害军民，殴打职官，在馆则捶楚馆夫，不遵禁约。似此小夷敢尔傲慢，若不严加惩治，何以摄服诸番，宜令锦衣卫能干官员带领旗校人等示以威福，催促行程。如仍违拒，宜正其罪。'从之"②。

上面引用的史料中，"殴打职官"即指他们在临清"掠夺居人，及令指挥往诘，又殴之几死"③。所谓"捶楚馆夫"，则指在北京会同馆殴打馆夫的事件。他们这些暴行，都是侵犯人权，蔑视国法，影响极坏。

在日本当代历史著作中，据笔者涉猎所及，绝大部分人都认为，他们这些暴行，都是因为明方给价过低，引起他们的不满所造成的，即认为责任在明方。其实，这一说法，完全是袒护日方的片面之词，让我们回顾一下遣明使过去的事实。在明初期，一般每次派遣的船只，都是三四只。从1433年重开第二期勘合贸易之后，在第九、第十两次遣明船时，船数在五六只。而到第十一次1433年来明的遣明船，船数突然暴增到九只，人数增到一千二百人。大大超出明方预料的习惯数字，使明方无法负担，自然要降价以应付局面。不能片面将责任归之于明方。尤其不能因自己的不满，就诉之于暴行。

对于1453年第十一次允澎入明事件以后的历史，目前日本历史学界大都接受小叶田淳的观点。小叶田淳先生认为：《明史·日本传》中"永乐初，诏日本十年一贡，人止二百，船止二艘"的

①　《明英宗实录》卷二三七，景泰五年春正月癸丑朔乙丑条。
②　《明英宗实录》卷二三八，景泰五年二月乙巳条。
③　《明英宗实录》卷二三二，景泰四年冬十月条。

记载，缺少证据，不足凭信。但其中"宣德初，申定要约，人毋过三百，舟毋过三艘"的记载，可能确实在东洋允澎来明之后，鉴于诏书针对来明船只及人数过多的教训而颁布的，确系事实。①这看法，已普遍为日本史学界所接受。

其实，不止是"船限三艘，人限三百"一点而已，在其他方面，还有许多内在的矛盾，在制约着1453年第十一次遣明使之后，直到1523年第十七次宁波争贡事件为止的全部过程。

其一，在其后的遣使中，暴行也迭出不穷。在1468年，日本派天与清启为正使，派出包括幕府船、细川氏船、大内氏船在内，共三只船入明，即第十二次遣明使。在北京，日本使节的随从人员麻答三郎，在街上购物时，与市民发生争吵，出手打人，致发生市民被伤害致死事件。事发后，明方宽大为怀，对肇事人免罪，但依例追银十两，给死者家属以为丧葬之用。

第十三次遣明使，是以竺方妙茂为使节，也派三只船，包括幕府船及相国寺胜鬘院船。于1477年到明。日本使节在北京会同馆，因与蒙古人争夺薪柴，发生殴伤事件。明帝命礼部谕各夷务须遵守礼法，毋相争斗。

第十五次，日本以尧夫寿蓂为正使的使团，在1495年到明。在归国途中，经山东济宁时，发生夷众持刀杀人事件。明帝因日本进贡使臣无制御部下能力，命今后只许五十人入京。

自1453年东洋允澎入明以来，之所以发生这一连串暴力事件，与日本国内形势也有密切关系。日本自1476年应仁之乱起，进入战国时代（1467—1590）。但事实上，在此之前的1454年已发生关东一些大名互相厮杀的亨德之乱。幕府已难以控制局势，社会上，"下尅上"的暴力层出不穷，风气极坏，也无形中把这种坏风气带到国外。引起明代对日方的不满，造成双方关系的紧张。

---

① ［日］小叶田淳：《中世中日交通贸易史の研究》第六章。

其二，中日间的勘合贸易，像中国历代朝贡一样，是一个具有形式与内容互相矛盾的一种社会活动。日本对明的朝贡，表面上看来是一个庄重的政治礼仪。日本持有表文并呈上贡品，都是为了向明朝皇帝表示臣服和敬意，似乎并无利禄之心。但实际上，由于中国皇帝对外藩执行"有贡必有赐"，而且是"厚往薄来"的政策，以显示中国的宽厚、富有与大度。因而实际执行朝贡的结果，使外藩不但获得贡品，而且往往获得许多物资利益上的盈余，而这正是外藩所希望的目的之一。这往往并不是在双方公开议价后进行的，而是由中国朝廷片面决定的。而其赏赐的幅度，往往是由各种因素决定的。例如，在中日勘合贸易第一期，往往为嘉奖其捕获倭寇或鼓励其来贡，往往赏赐会较多。反之，若中国一方经济情况不佳，或外藩贡品质量下降，或贡品过多，中方难以负担时，中方会降低贡品的价格，惹起外藩的不满。

其三，中国一方，基本上是一个统一体。而进贡的外藩，或是统一的，或由不同的利益集团所组成，其间又往往会有争斗产生。例如，在中日勘合贸易的第一期，室町幕府的足利义满时代，幕府可控制局面。自 1433 年进入第二期之后，大寺院、有力大名加入了朝贡行列，各方面矛盾逐步积累。特别是从第二期第三次，即 1451 年东洋允澎时开始，寺院经营贸易宣告终结，显露出细川氏与大内氏两个有力大名竞争的苗头。从第四次，即 1465 年天与清启时开始，正式进入大内、细川氏竞争的阶段。从此，竞争越演越烈。到第 17 次，即 1523 年宁波争贡事件时，达到二氏斗争的最高潮。①

此次事件，由于大内氏使节宗设杀细川氏正使瑞佐，一度发展为宁波、绍兴一带的武装暴乱，最后劫持明指挥袁琏夺船出海。

---

① ［日］栢原昌三：《在中日勘合贸易中，细川、大内二氏的斗争》，第 2114 回，（日）《史学杂志》第 25 编第 11 号—第 26 篇第 2 号。

因而，明廷一度有闭关绝贡之议。后渐缓解，有大臣建议，今后入贡，须遵守十年一贡，贡船三只，徒众不得过百人，不许以兵仗相随，如违定行阻回。此议为明廷所采纳。①

后，大内氏家主大内义兴表示，幕府已允许今后由大内氏承办派明之勘合船。于是，在大内氏承办下，在1539年，大内氏任命湖心硕鼎、策彦周良为正、副使，派船三只，于嘉靖十八年（1539）五月十四日，到达宁波府定海。

由于在此之前，1523年发生了宁波争贡事件，由宗设谦道起头闹事，发展成为大规模的武装暴乱，给明廷造成极大困扰。因而策彦等预想，此次来明，明廷必然要求极端严格，日方有一定思想准备。在日船到定海后，已接到定海总兵官来的书面命令，要求日船提出详细报告。包括：承何王差遣，持何年间勘合，来船几舰，有何方物进贡，正、副使等各员姓名、军器若干等。而且，由于宁波争贡事件的影响，日方人员的行动必然受到严格限制，必须命令日方人员遵守中国方面指示。②

策彦等第二次入明，是在天文十六年（1547）二月进行出发的各种准备，在二月二十一日，从山口出发前，对出使人员公布了"渡唐船法度"，共二十八条。其中，对于船员入明后各种必须遵守的行动守则，做了详细规定。这一行动也说明，策彦对此次入明后的不利之点，例如，未到贡期、人船逾限等，有充分的思想准备，以免被明方抓住理由，加以制裁。③

以上这些情况，都是策彦两次入明，比起过去的遣明使明显不同之处。而这正是策彦两次入明成功的原因所在。也是他入明后受到明方文人们，对他再三赞誉"谦恭""谨慎"的原因所在。

---

① 《明世宗实录》卷八○，嘉靖六年（1527）九月乙亥朔丙戌条。
② ［日］牧田谛亮著：《策彦入明记の研究》（下），法藏馆，1955年版，第38—40页。
③ 同上书，第81—85页。

　　据笔者接触所及，日本历史学界中，有一批研究中日勘合贸易的学者，这些年来并有相当分量的著作问世，值得我们注意并学习。但我认为，研究中日勘合贸易，不应当只是就事论事，而应当把它放在明代中日关系的全局，去研究，去观察，才能得出更广阔，更正确的结论。如果按着这一角度，历史学者应该努力谴责历史上的破坏性因素，努力探求为实现中日互利合作所做的各项努力。这样，对人对事，都会有一个正确的结论。例如，对策彦周良的最后两次遣明使的圆满结束，我们也会有一个肯定的结论。承认他两度入明的胜利完成，对中日关系的恢复与发展，做了有益的贡献。虽然时间不长，但可以承认他在中日关系中，作为一个有贡献的人物载入史册。

第四章　策彦在明中的文学活动

第一节　日本五山文学的渊源

在日本的上古时期，通过受中国的册封，譬如在 5 世纪，倭五王接受南朝刘宋的册封，以及来日本的归化人的活动等，逐步把汉字传入日本。到 6 世纪时，佛教初传日本，为了理解佛教经典，也需要先学习汉字。圣德太子（574—622）时，制定十七条宪法、冠位十二阶等，都需要使用汉字。到 751 年，搜集贵族、官吏们的汉诗，日本编出了最古的汉诗集——《怀风藻》。759 年，用汉字做表音文字（即"万叶假名"），编出了最早的和歌集——《万叶集》，这是日本最早的文学作品。

到了奈良时代（710—794），在公私交往中，多应用汉字。进入日本的平安时代（794—1192）之后，在平安初期（相当于中国的中唐、晚唐时），敕选汉诗文集，有《凌云集》（814）、《文华秀丽集》（818）、《经国集》（827）等。在佛教方面，这时先后传来了奈良六宗，即三论宗、成实宗、法相宗、俱舍宗、华严宗、律宗。其后，又传来了天台宗、真言宗、净土宗等。

中国南宋时，禅宗兴起。在宋宁宗（1206—1224）时，把径山寺、灵隐寺、天童寺、净慈寺、育王寺定为禅宗五山，是为禅宗五山制之始。其后，著名禅僧兰溪道隆、大休正念、无学祖元等先后来日传禅。他们在支持镰仓幕府及武士阶级，抵抗元军侵日方面，起了不少作用。由于中国禅僧来日传禅，需要使用中文（口头及各种文书形式）传禅，使得中国语文在禅宗官寺中，大为流传，造成禅寺中五山文学的兴起。

在 1274 年、1281 年两次抗元战争取胜后，元代派遣禅师一山一宁赴日，意在招降。日方最初加以软禁，但他仍努力传播佛法，不为所动。由于他除佛法外，十分博学，还精通中国诗文、书法等诸多领域。于传禅的同时，还向日本禅僧虎关师炼（1278—1346）、梦窗疏石（1275—1351）施教。当时正值 1336 年室町幕府开创时期。他受到足利尊氏的皈依，成为天龙寺的开山。1342年，室町幕府效法南宋，建立了日本禅宗的五山十刹制，到 1386 年足利义满时，修订五山制，将京都的天龙寺由原来的第二位，提升为第一位。1351 年梦窗疏石去世后，他的两位弟子绝海中津（1336—1405）、义堂周信（1325—1388），除精通禅宗外，还精通中国诗文，被人公认为日本五山文学的"双璧"。到室町时代中期，形成五山文学的极盛时期。从 1467 年应仁之乱起，战乱频仍，在文风上过分追求形式，五山文学进入衰颓期。

策彦周良在 1539 年和 1549 年两次入明，正值五山文学的衰颓时期。有的日本五山文学研究者，把他列入五山文学衰颓期的代表作家之一。[①]

第二节　策彦的文学渊源及其在宁波及京城的文学活动

策彦在明嘉靖年间两次入明，由于肩负朝贡使节的重任，有公务在身。又兼在他们于嘉靖十八年（1539）五月入明之前，宁

---

① 　［日］北村沢吉：《五山文学史稿》，富山房，1941 年版。

波曾发生日本使节的争贡事件，在他们入明之初，在行动上受到明方的严厉限制，除拜访官吏等各种公务外，不许随意出馆。因而，在与当地文人接触上，不能不受到一定的影响。但策彦自幼酷爱中国诗文及各种典籍，早就把中国当成自己文化上的故乡，渴望来中国接触中国的人物与社会。因而，一方面，在他一再的请求下，从六七月间起，明方逐步放宽了限制，允许他们可以去游览一些名胜古迹，或者与当地文人接触。另一方面，在当地文人中，似乎也盛传此次的日本使团中，有精通中国诗文的文人在内，极愿见面一谈。在策彦的《初渡集》中，在当年七月九日项下，有下列一段记载，颇为耐人寻味。

> 九日。巳刻，秀才数人来。余适在正使和上处……又少焉，秀才四员来。和上与余偶对谈，不敢顾视。秀才请笔砚，书云：我辈俱学中人也。闻公有斯文之雅，特来拜，何不我礼也。余即起刷衣而伸礼。礼了。又书云：曾闻佳作有"打蓬风雨亦诗声"之句，甚高。定海坐雨诗也。予迅笔报曰："不知拙作有何人漫传，惭汗不少。虽然他日阁下赐尊和，则幸甚幸甚。"渠又书云……书罢，疾速告归。①

策彦等一行是在当年五月二十五日登岸到宁波。不过一月有余，当地秀才中就盛传策彦所作的"打蓬风雨亦诗声"的诗句，并冒昧造访，可见策彦等已成当地文人中的"话题人物"。

在此后不久，即闰七月初，策彦就去拜访当地的文人，即翰林修撰全仲山。策彦题小诗曰："莫道江南隔海东，相亲千里亦同风。从今若许忘形友，语纵不通心可通。"②可谓语义明快，友情充沛。

---

① 《策彦·初渡集》，嘉靖十八年（1539）七月九日条。
② 《策彦·初渡集》，嘉靖十八年（1539）闰七月初二日条。

策彦在明期间（主要是在宁波期间），据笔者粗略统计，相与过从的人物，大略有二十余人。其中，交往密切者，有柯雨窗、范南冈、方梅崖、王惟东、赵一夔、骆邦翰等人。至于身份、地位较高者，当为丰坊及姚涞二人。与这些人交往的方式，也是多种多样。或致书约定，前去拜访，或等待对方，前来拜谒。有来有往，不一而足。但就策彦而言，这毕竟是刚刚踏上中国的大地，他还希望在这魂牵梦绕的土地上，结交更多的朋友。为了使更多的中国友人了解他的过去和志趣，他在当年八月，写下他的自述。通过它，也使我们对他的生平有更深的了解。他在自述中说：

> 余甫九龄冬杪，投先师心翁和上筹室……凡朝经夕梵，触耳辄谙，过目辄诵，师惊叹为天禀……二月初，余手自誊三体诗，学而时习之，每日以十首为课，翌之昧早，向师面前暗记诵，恰如屋上建瓴水，半字靡有停涩……随侍之暇，《论语》、《孝经》、杜诗、苏二、黄九二集等，太半自书以诵唱矣。郑氏笺、左氏传、古文真宝、庄孟二子、粗涉半部，未终全部……十九岁，蜡月，缀询南英住備之井山诸山疏，余袖之出示东山诸宿。雪岭、月舟二大老，骈擒词称美……有时参诗，而风品月评，有时联句，而旬煅旭炼，借萤光惜驹阴，动忘寝食，勤则勤矣，无几年已迫不惑，然而才不见称于人，学不见助于友。加之病懒相仍，百不记一，于朝于昏，忘帚忘苦，只自嗟恨耳……是故天文六祀春仲，依赖防城府君，府君命以入唐之事。余陋姿谫才，辞者一再，再命难拒，谬膺器使，越八年四月，解舟开洋，五月下沅，著宁波之府。寓怀柔之馆……聊自叙以为后来师资龟鉴云。①

---

① 《策彦·初渡集》，嘉靖十八年（1539）八月十一日条。

　　在上述他的自叙中，有时自谦，有时自负，但大体上，对他走过的三十多年的求法修学的道路，做了大致的回顾，以便使当时明方的人士，对他有所了解，为他在明的文学活动，开辟道路。

　　在嘉靖十八年（1539）五月—嘉靖二十年（1541）五月之间，即策彦第一次入明朝贡期间，策彦的主要任务是向明廷朝贡，还有在空闲时间，与中国文人诗文酬唱，购买中国书籍及各种必需品。此外，对策彦而言，还有一个重要任务，就是准备请一位著名文人，为他从日本携来的《城西联句》一书的书稿，写序言。

　　自策彦第一次入明到宁波以来，曾与许多中国文人接触，例如范南冈、方梅崖等。但其中，交往最为密切者，当首推柯雨窗。从后来策彦的行动上看，其主要目的是企图通过他，聘请他在文学上的师尊——著名文人丰坊写序言。

　　策彦在担任朝贡使节入明之前，在日本原为京都天龙寺妙智院第三世住持。天龙寺在京都西郊，原为祈祷后醍醐天皇冥福而设。按惯例，每年八月十六日后醍醐天皇的忌日，庙众都咏诗以献。多年来，以天龙寺妙智院为中心，"会良友，结诗盟，联韵九千句，编成一帙，以存后贻，正以善继先师之业也"。"城西联句，前后相继，而咸有遗文。"①

　　按当时日本的联句，有两种。一为汉诗联句，二为汉倭联句，即汉诗句和歌的联句。以当时情况论之。策彦既然托柯雨窗转请丰坊代写序文，当是汉诗联句无疑。

　　丰坊（1492—1563），字存礼，鄞县人。明嘉靖二年进士，世代儒学，为著名文人丰熙（1470—1534）之子。熙为弘治十二年进士第二，嘉靖初，累官翰林学士，以争大礼，下狱，遣戍，卒

---

　　① 丰坊：《〈城西联句〉序》，收入牧田谛亮著《策彦入明记の研究》，第 377 页。《浙江古今人物大辞典》，上编。《策彦·初渡集》，嘉靖十八年（1539）十月十二日条。［日］北村沢吉：《五山文学史稿》，富山房，1941 年版，第 801 页。

于戌所。丰坊嘉靖二年中进士后，除吏部主事。以朝议大礼，谪通州同知，乞免归。坊博学工文，下笔千言立就，论事谈锋横出。尤精通十三经，钩新索异，别为训诂。著有《易辨》《古书世学》《鲁书世学》《诗说》等。[①] 被称为宁波第一文人。

关于策彦托其门下之柯雨窗写序事，经其尽力请求，坊终于答应，在当年，即嘉靖十八年（1539）十月十二日写就。策彦于当日谒丰宅，呈短简，上书"今辱见假盛言於野稿，荣莫荣焉"。并赠黄丽扇，美浓纸等，以表谢意。[②]

由丰坊所写的《〈城西联句〉序》，由策彦携归日本后送至京都天龙寺妙智院，作为"重要文化财产"保存。这一《〈城西联句〉序》的全文如下：

天修道洪业，而遗芳范后者固难，励志勉企，而弗忝先业者尤难。遗于前而墜于后，虽盛弗传也。继其业而无所存，虽美弗彰也。日本禅师讳良字策彦，怡斋其别号也。吾闻公言已之门派，肇自径山无准范，传无学元，元传高峰日，日传梦窗石，石传默翁诚，诚传大岳崇，崇传竺云连，连传心翁安，安传至公。渊源所至，皆诗文大家也。猗欤盛哉。公承其后，残膏剩馥，沾溉必多。故居城西妙智院，会良友结诗盟，联韵九千句。编成一帙，以存后贻。正以善继先师之业也……至于公云城西联句，前后相继，而咸有遗文……是故学莫先于立志也。志确则道精，道精则言实。诗虽弗工，而理自足也……吾今观公之诗，言近而指远，词约而思深，写难状之景，如在目前，含不尽之意，见于言外。诚理蕴于

① 《浙江古今人物大辞典》上编。《策彦·初渡集》，嘉靖十八年（1539）十月十二日条。[日] 北村沢吉：《五山文学史稿》，富山房，1941 年版，第 801 页。

② 《策彦·初渡集》，嘉靖十八年（1539）十月十二日条。[日] 北村沢吉：《五山文学史稿》，富山房，1941 年版，第 801 页。

心，而嘉言孔彰，炳炳琅琅，焜燿于后世者也，岂非励志勉
企而弗忝先业哉。

　　时，嘉靖巳亥孟冬月吉大明国前进士浙江解元东鄞南禺
外史丰存叔书。①

　　按上文中末尾，"吾今观公之诗"之后的一段话，似有总评
《城西联句》之意。据日本当代历史学家评论，此段话似有溢美之
嫌。② 此亦当时文学应酬中之习惯，盖亦难免也。丰坊的这一序言
拿到日本后，被天皇所知，曾要去观看。被策彦所知，感到极为
荣幸。

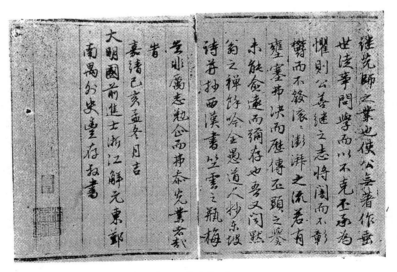

《城西联句》序二

　　① 丰坊：《〈城西联句〉序》，《策彦·再渡集》补遗，第376—377页。
　　② ［日］北村沢吉：《五山文学史稿》，富山房，1941年版，第801页。

第一次朝贡结束返抵宁波后的文学活动

嘉靖十九年（1540）五月，策彦一行在完成第一次朝贡任务后离京，九月十二日返抵宁波。停留到次年五月二十日，共停留八个月左右。第一次入明的朝贡活动，虽有各种阻难因素，但在策彦等努力之下，终于基本上顺利办完。到宁波时，情绪比较放松，心情较为自在。总的来看，在宁波接触的文人数目，虽比来到时少些。但从接触的活动内容上看，似较来时更深入些。

在宁波停留的前半部，主要为准备归国，购求中国书籍，把准备携归的书籍和方物等，从事装裱好，并请人题签，以及诗文唱和为主。在后半部，主要是接受中方友人赠送给策彦的纪念品，或各种送行的题字等。例如，柯雨窗为策彦的画像，题写"象赞"（现已被指定为日本的"重要文化财"），福建提刑按察司副使黄允中，为策彦写《策彦禅师衣锦荣归序》。文中，将策彦比作刘宋时善论朝政的黑衣宰相惠琳，又如唐武则天时精通禅、律，被认为三论宗创始人之一的法朗。当时著名文人姚涞（为嘉靖二年状元，授翰林院修撰，后晋升为侍读学士，长于史学，时有"经、诗、史三绝"之誉）为策彦写《〈送副使策彦耆宿归国诗〉序》，以为纪念。这些纪念品，都以送行，惜别为主题，反映当时中日文人之间的友谊。

下面，我要着重介绍一下，策彦在嘉靖十九年（1540）三月—五月，以及嘉靖二十八年（1549）四月—八月，这两次入京朝贡期间，策彦有幸直接与明嘉靖皇帝在朝廷上进行诗文酬唱的情况。

在第一次入京时，嘉靖皇帝先以日方策彦等对明入贡为题。吟诗曰：

> 东夷有礼信真缁，远越潮溟明国彝，
> 入贡从今应待汝，归来勿忘联敦仪。①

---

① 《邻交征书》二篇卷之二，第 323 页。《送日本使策彦》。

周良诗曰：

> 今日天恩与海深，凤凰池上洗凡心；
> 回头群卉花犹在，始见青春归禁林。①

翌日，世宗见策彦诗后，赐和诗：

> 奇哉才业与渊深，佳作一章波澜心；
> 贤衲所栖春色永，禅林花发又诗林。

嘉靖二十八年（1549）四月，周良献诗曰：

> 熟路洋中船翼轻，天书早召验吾诚；
> 禁池再浴恩波水，弊垢袈裟影肖清。②

嘉靖帝和周良韵，诗曰：

> 氏姓声名俱不轻，曰谦曰策尽其诚；
> 前来锡杖今杯渡，戒律再三如水清。③

从上列诗句唱和来看，双方大致旗鼓相当，不失礼仪。唯有策彦的《参内即席应制》一诗，其中他吟曰：

---

① 《邻交征书》二篇卷之二，诗文部，策彦诗曰。
② 《邻交征书》二篇卷之二，诗文部。
③ 《邻交征书》二篇卷之二，诗文部。

万里使星朝奉天，五云捧上玉楼前；
献君唯以无疆寿，我是日东蓬岛仙。①

笔者认为，策彦作为日本使节，在向明嘉靖皇帝献诗时，为牵就韵脚，将自己称为"日东蓬岛仙"，未免有高自位置之嫌，不符合中国传统礼仪的习惯，至少在诗文上也算一个小疵。

再者，在策彦第二次入明离开宁波之前，在嘉靖二十年（1541）四月十九日，访问柯雨窗时，写诗一首，叙将离之情。其诗曰：

诗友忘形又对床，三年不梦见扶桑；
归舟他日海洋上，却指明州是故乡。②

策彦此诗固然主要表现将离之情，但其表现手法上，确与宋代诗人林升写的《题临安邸》一诗颇有近似之处。林升的诗曰：

山外青山楼外楼，西湖歌舞几时休；
暖风熏得游人醉，直把杭州当汴州。③

也就是说，固然策彦的诗，主要为叙将离之情，但其最后一句："却指明州是故乡"，虽然不能说他完全抄袭宋代林升的诗的最后一句，即"直把杭州当汴州"。但在表现手法上，确与三百多年前的林诗的最后一句，有极其相似之处。

下面，谨就策彦第二次入明即将回国前夕所发生的有关文学的两件事，略加叙述。

---

① 此诗收入于《谦斋南游集》，据孙东临、李中华编著《中日交往汉诗选注》，春风文艺出版社 1988 年版，第 231 页。注：本诗作于嘉靖十九年（1540）三月。
② 《策彦·初渡集》，嘉靖二十年（1541）四月十九日条。
③ （宋）林升：《题临安邸》。

一为当时被称为宁波第一文人的丰坊，为策彦所写的《谦斋记》一事。

如本书前面所述，日本的"策彦使团"是在嘉靖二十年（1541）五月，离明返日。第二次入明是在嘉靖二十六年（1547）七月到定海。只间隔七年，违反了明方十年一贡的规定。又兼人船逾限，只是由于向巡抚朱纨陈情，方得于嘉靖二十七年（1548）三月，准于宁波上陆，于宁波等待北京朝命。在此期间，于九月二十日，策彦拜谒了丰坊。二人久别重逢，丰坊用盛宴招待策彦，使策彦不胜喜悦，欢谈数刻，尽兴而返。在十月初，策彦等日使一行出发赴京。翌年，即嘉靖二十八年（1549）七月，朝贡完了，离京就归途。当年年底，返回宁波。估计在此期间内，丰坊为策彦写了《谦斋记》一文（因为，在该文的最后，丰坊自署的时间为"大明嘉靖二十七年，岁在戊申孟冬十月"）。而策彦一行，在入明朝贡任务完成后，是在翌年，即嘉靖二十八年（1549）八月九日离京，十二月底到宁波的。① 因此，他二人见面相会，在文字上虽无明确记录，但估计应在1550年春季之内。当二人见面，策彦捧读丰坊所写的《谦斋记》一文，一定受宠若惊，大喜过望。因为在第一次入明时，丰坊所写的《〈城西联句〉序》，乃是应策彦之请而写，而此次的《谦斋记》是在十年之后，丰坊主动写好奉呈策彦，二者性质有些不同。而且，就内容而言，与上次的《〈城西联句〉序》也大不相同。其中谈道：

> 日本昔被箕子之化，而徐市避秦航海，携古诗书以去，实出坑焚之前，欧阳公所谓，令严不许传中国者是也。是以其人往往好学谨礼，忠义诚恳，贤人之泽，章章可征。李唐时，乃通中国，本朝圣德广被，职贡尤勤，其充正使者，必

---

① 见《大明谱》，收入《策彦·再渡集》，第293—294页。

其国君懿亲，仪度器识，足为其人领袖者乃行，昭其敬也。
策彦上人凡再至，十年前余已知其人……上人德性醇粹，通
儒佛二教，能诗善书，言不妄发，动必循礼……古语云：欲
知其君视其臣，日本有臣如上人，则其君知人善任使，亦可
谓贤矣……上人嗣前住天龙心翁安、安嗣前住南禅竺云连、
连嗣前南禅大岳崇、崇嗣前临川默翁诚，诚嗣天龙开山正觉
国师梦窗石、石嗣佛国国师高峰日、日嗣佛光国师无学元、
元嗣中华径山无准范，则知上人所学之源流，固出自吾中华，
而被古圣贤之道化者，可无疑矣。[①]

　　从以上片断的引文，可以看出其内容，以时代言上迄远古，下至
大明。就领域言，从国交、礼仪、佛法，皆有所涉及。其深度远超十
年前。可见由于策彦的来访，也使中国文人加深了对日本的了解。

　　二是在他第二次入明时，从宁波出发时的情况问题。

　　由于策彦所写的入明的《再渡集》，只写到归途中嘉靖二十八
年（1549）九月三十日，到山东济宁时为止，因而一般人都对其
后从宁波出发的情况，不甚了解。

　　即使是日本学者牧田谛亮编著的《策彦和尚初渡集·再渡集》
在日本出版后，中国的研究日本史、中日关系史的学者，也对日
本的遣明史以及策彦周良知之甚少。在这种情况下，恩师周一良
先生1973年1月在中国《文物》杂志上，发表了《介绍两幅送别
日本使者的古画》一文，虽然是类似学术随笔的性质，文章也不
长，注意者不多。但以笔者看来，对于中国这一领域的学者，也
起了某种程度上振聋发聩的作用。

　　一良师在此文中介绍了两幅送别日本僧人的古画。一幅，据

---

　　① （明）丰存叔（丰坊）：《谦斋记》，收入伊藤松著《邻交征书》二篇卷之一，
诗文部，第254—257页。

周先生研究，可能是送别日本入宋僧重源。另一幅，则是收藏于日本天龙寺妙智院的《谦斋老师归日域图》。被送别的日本僧人就是本书的主人公——入明僧策彦周良。据我所知，周先生这篇文章是中国人论著中第一次涉及策彦周良的，因而有着重要意义。

周文中，除介绍了日本遣明使及策彦两次入明及入明后与中国文人的交往及其史料价值之外，还特别对于送别策彦的船只、送别人名等进行了详细的论证。[①] 拜读之下，使我深受教益。

最近，为了弄清叶寅斋所写的送策彦归国的《图序》的原文和具体情况，再次查阅了《邻交征书》，今将其主要内容录于下。

赠专使谦斋老禅师归日域图序

叶寅斋

日域国限海迷茫，国朝例定十年一贡，己酉（1549）岁当其期。彼国遣使择其行端德邵者，为之领袖。谦斋老师昔经献纳，望誉有嘉，复膺是举，来并天朝，喜动龙颜，異锡殊赍，荣光烨然。事竣将归，明之士大天，旧尝与之接见者，无不称扬其好，从君子问学而才也。且谦而有礼，得易之谦谦君子，卑以自牧之义，因以为号焉。于其别也，能不恋恋于怀，不忍其去哉。相与崇俎，饯于东郊之上，复图其景，征予言，以志其事……因系诗以赠之。诗曰：

谦斋老师人中豪，笔底翰洒齐晋陶。两承王命贡中朝，鲸波万里奚辞劳。一封遥上圣天子，龙光电览称时髦。隆恩不惜千金赐，旨传贤使宜加褒，即今帆归不可留，崇肴饯别鄞江皋，十年再会岁月老，今宵尽饮须酕醄。赐进士都察院右都御史奉敕巡湖广、郧阳等处慈水叶寅齐书。时庚戌

① 周一良：《介绍两幅送别日本使者的古画》，收入《周一良集》第四卷，辽宁教育出版社 1998 年版，第 327—340 页。

（1550）五月吉日，鄞士方梅崖、屠月鹿、董秋田、包吉山同赠。① （该图见本书前图版页）

据周先生在文章中考订，图画中在岸上送别的四人，即为上文中所列的方梅崖、屠月鹿、董秋田、包吉山（但《周一良集》第四卷的周文中的"鄞土"系为原文"鄞士"的误植，应予改正）。

从上述叶寅斋所拟的赠给策彦的《归日域图序》的内容中，可以看出当时中方人士，普遍对于策彦禅师怀有一种友好的感情。而策彦等日本五山文学中的汉诗文爱好者，就是沐浴在这种友好感情中的受惠者。汉诗文，就成为促进上述双方接近的黏着剂。

---

① 《邻交征书》二篇之二，诗文部，第326—327页。

第五章　策彦两次入明中的宗教活动

在本编的前两章中，我曾就策彦入明后沿途水运及朝贡礼仪及交涉等问题，做了些探讨。但策彦的基本身份毕竟是日本的禅宗僧人，而他在出家后，除修禅外，还花一定的时间诵习中国古典诗文及诸子百家的著作。而这些都是从中国传去的，他一旦来到这个发源地，肯定有一种似曾相识又陌生的感觉。因而，由于他这种日本禅僧的身份，特别需要对他入明后的佛教活动，做一些探讨。

第一节　策彦入明前的日本佛教——
禅宗的传日及五山制的建立

中国的禅宗最早在刘宋王朝（420— 478）末年，菩提达摩来中国传禅授徒。到唐代七八世纪时，以慧能为代表的南宗禅，成为禅宗正统，继续发展，成为五家。到唐末 9 世纪中，五家中临济宗兴起，影响最大，流传最广。到南宋时，日僧荣西 1192 年入宋，对日传来临济宗。日本学术界称他为"兼修禅"。后来，又有南宋临济宗禅僧兰溪道隆、大休正念、无学祖元等，在 1246—1279 年间相继来到日本，直接把宋代的禅宗介绍到日本。学界称他们为"专修禅"。到元代，日本处于 1274 年、1281 年两次蒙元来袭的危急时期，无学祖元通过说法，在鼓舞士气上，起了相当程度的作用①（明代的策彦也属于临济宗的禅僧）。

除了上述的禅宗本身对日本的传播之外，还有一项禅宗管理制度上对日本的传播，那就是禅宗的五山十刹制度。

随着南宋政权的建立及形势的稳定，江南一带成了禅宗稳定的传播区。南宋政权为了加强对禅众的管理，在宋宁宗时期（1194—1224），建立了对禅宗寺院的五山十刹制。当时，确定为"五山"的禅寺有：杭州的径山寺、灵隐寺、净慈寺，宁波的天童寺、阿育王寺。如前所述，以南宋禅僧兰溪道隆于1246年去日为开端，有一些禅僧相继去日，受到镰仓幕府的欢迎与信任，并在镰仓建立禅宗寺院。因而，日本也学习南宋建立五山制禅寺的经验，在镰仓时代末期，即在1251年、1307年两次，制定以镰仓的建长寺为中心的镰仓的五山制度。后来，到1333年镰仓幕府灭亡，镰仓五山制遂被废除。

1336年，室町幕府在京都建立。其后，遂制定了以京都与镰仓禅寺混排，而以京都为中心的五山制。其间，有数度改变。最后，到1386年（即日本至德三年，明洪武十九年），由室町幕府制定了把京都五山与镰仓五山分别排列的五山制。但把京都的南禅寺列为此二类禅寺之上，从而显示出京都居优势的色彩。将此次确定的"双轨"五山制排列法，列表如下：

	京都五山	镰仓五山
上位	南禅寺（京都）	
第一位	天龙寺	建长寺
第二位	相国寺	圆觉寺
第三位	建仁寺	寿福寺

① 请参看拙文《中国禅僧东渡日本及其影响》，《历史研究》1982年第3期。

续表

	京都五山	镰仓五山
第四位	东福寺	净智寺
第五位	万寿寺	净妙寺

注：上述五山制度，一直实施到 1573 年室町幕府灭亡为止。而策彦周良在两次入明前，一直是京都天龙寺妙智院第三世院主。

五山文学的兴起及其对禅僧的影响

在五山十刹制建立以后，五山禅僧中逐步兴起了出版汉籍，撰写汉诗文的活动。

在 1299 年，元僧一山一宁（1247—1317）被元朝派遣日本。虽然，当时在元军侵日失败之后，他负有促使日本对元入贡的使命而来，但由于他是元的有名高僧，不仅精通禅法，而且对中国的儒、道、百家之学以及诗文、绘画、书法等，几乎无所不能，十分博学。他居日近二十年，弟子众多，对日本禅僧学习汉文化影响极大。进入室町时代之后，在他帮助下，开启了日本学习汉诗文的高潮。本来，中国的禅僧就有与士大夫交往、吟诗学文的传统。禅宗一经传入日本，为学习禅法也需要通晓汉诗文，为其打开方便之门。禅林中也在榜、疏、启札等文书中，多用汉文，自然流行使用汉诗文。为此，室町时代起，就在禅院中兴起了创作及欣赏汉诗文的高潮。从虎关师练（1278—1346）起，人才辈出。到室町时代初期及南北朝时期（1336—1392），涌现了义堂周信（1325—1388）及绝海中津（1336—1405）这样被人称为五山文学"双璧"的人物。这样，到室町时代中期为止，就成为五山文学的极盛时代。从 1467 年应仁之乱以后，战乱频仍，步入战国时代。从总的形势看，此后，就逐步步入五山文学的衰退时期。而策彦周良一生最为活跃的两次入明时期，即 1540 年和 1549 年，正属于这一时期。因而，日本有的五山文学的研究者，把策彦列为五山文学后期代表人物之一。①

以五山文学的风格而言，原来以散文为主。后来，发展为流行四六骈体文。到义堂、绝海时，重视杜甫诗风，多作古诗、律诗。到室町时代中期，苏东坡诗文最流行，多用典故，达到五山文学最盛期。到室町时代后半期（相当于明嘉靖年间），过分讲求形式，逐步走向没落衰微。

五山文学的兴衰，对日本禅僧有多方面的影响。首先，其积极方面的影响是主要的。

一、在文学上，它的兴起，开辟了日本近世时期汉文学繁荣的新时代。对以后江户时代汉文学、儒学的繁荣，起了打基础的作用。

二、日本禅僧较多的人通晓汉诗文，便于阅览中国文书，吸取中国文化。或用书面交换方式（或用"笔谈"方式）彼此便于互相沟通，互相交流。正因如此，日方出现瑞溪周凤这样的人物，可以撰写致明的国书。在长达一百多年共十余次的日本遣明使节中，有许多人都是五山禅僧充任的。除了本书的主人公——策彦周良之外，例如：坚中圭密（1403年、1407年、1408年入明，天龙寺僧）、龙室道渊（1433年入明，天龙寺僧）、天与清启（1451—1454年入明，建仁寺僧）、子璞周玮（1484年入明，相国寺僧）、了庵桂悟（1511—1513年入明，东福寺僧）。这样，给五山禅僧们提供了更广阔的活动空间。他们通过历次入明的朝贡贸易，接触了中华文物，增长了见识，锻炼了才干。在经济上，通过勘合贸易的盈余和铜钱的输入等，为促进日本近世史上商品经济的发展，做出了贡献。

就消极方面而言，在室町时代后期五山文学的衰落阶段，有时因作者过分耽溺于汉诗文的写作及欣赏，因而在一定程度上影

① ［日］北村沢吉：《五山文学史稿》，富山房，1941年版。

响了禅定的修炼，这也是存在的。即使在策彦身上，也有一定的
表现。

第二节　策彦入明后，对中国寺院的态度

策彦入明后，对待中国寺院持何态度？这是测试他入明目的
乃至内心想法的一个试金石。

策彦既是一个日本僧人，同时又是一个文人。因而他在遣词
用字方面，是颇有讲究的。笔者发现，他在《入明记》中，每读
到进入一个佛寺时，前面使用的动词，是不同的。但大部分不出
"诣"与"游"两个字（除此二字之外，也有时零散地使用"有
××寺""到××寺"等字样，可以略而不计）。按"诣"字，在
古代汉语中，虽然主要用于"到达"之意，但多用于对上级。例
如："及郡下诣太守"（陶潜：《桃花源记》）、"诣阙上书，书久不
报"（《汉书·朱买臣传》）。总之，其中寓有敬意，用于佛寺，则
寓有"参拜"的含义。至于"游"字，则单纯用于"游览"之
意。例如："奇迹山水，以游为乐"（《诗话总龟》）。

由于此二字的含义不同，因而，每在入一个寺院之前，使用
不同的字，反映策彦入该寺之前不同的态度及心情。甚至于与他
们在寺内的活动内容，都有一定的关系。因而，不避烦琐，特将
他在《入明记》中记载，在宁波—北京两次入明往返途中，使用
"诣""游"二字的次数及使用情况，统计如下。

统计结果，全书使用"诣"字入寺院的共 28 次。以用"诣"
字去的寺院而言，大抵可以看出有以下几类寺院。

一、例如孔子庙（共去 4 次）。它是儒家官家信仰的庙宇，自
不待言。还有去城隍庙（共去 3 次）。城隍庙在中国民间信仰而
言，认为是"阴司"执掌当地民情的庙宇，也有人认为是属于道
教的庙宇，其职掌同前。

二、有些寺院是与他们此次入明有切身利害关系的寺院，或者过去历史上有一定关系的寺院。例如，宁波的补陀洛寺，或有时简称为补陀寺（共去四次）。据策彦记述：

> 生等在海东之日，亦谙其为名兰。前月于大洋，风波荡突，船不克进，淹滞中流。生等念彼大士默祷者良久，遂勠精进力，予推愿榖。须臾风顺波滑，得辄臻此，岂非大士灵验之所然乎。是故，今日造诣。①

也就是说，他们在国内时，已知此寺大名。此次在海中航行途中遇阻时，默念观音大士大号，才得以顺利前行。

三、另一个用"诣"字去的寺院，是宁波的延庆寺（诣2次）。这乃是由于过去日僧绍良曾来延庆寺，向宋僧广智学天台之奥义而归。有这样一段历史渊源，才特地去诣该寺两次（请参见本书前面第二编第一章宁波部分中所述此二寺的事情）。

四、另一种情况，用"诣"字，是由于对历史上名人的景仰，才去祭祀该人的庙宇参拜的。例如，对伍子胥、韩信、张良、项羽等。

书中凡用"游"字入寺的情况，共31次。超过用"诣"的次数。而去的寺院，一般的说，大多是规模宏大，建筑华丽，较有名气的寺院。而去时，大多是在航行中途，较为闲散，心情放松，纯以游览为目的去的寺院。现将寺院的名称及次数列下（凡未标明次数的，即为1次）。宁波的南关禅寺（2次），苏州的寒山寺（2次），无锡的南禅寺、惠山寺（2次），丹徒的海会寺、镇江的金山寺（3次），甘露寺（2次），焦山寺（3次），苏州的虎丘寺（3次），宁境华严讲寺，姚江的龙泉寺，宁波的延庆寺，

---

① 《策彦·初渡集》，嘉靖十八年六月二十五日条。

杭州的保俶寺，净慈寺，大佛寺，扬州的琼花观，徐州的卧佛寺，石佛寺，铁佛寺，乾宁的三官庙。总之，可以看出策彦对途中经过一些著名大寺院，如金山、虎丘、惠山、焦山等寺，不惜两三次反复光顾、颇有些流连忘返、恋恋不舍之慨。

　　也许是由于上述情况的影响吧！笔者在近年来出版的有关研究策彦入明的书中看到：有的书在引用策彦入明时游览寺院的大量记述之后，得出结论说："策彦周良在巡礼寺院时，最关注的是伽蓝的布局。"当然，在近年来研究策彦周良十分罕见的情况下，该书也做了不少有益的工作，提出了一些正确的见解，这将为学界所承袭和学习，但笔者对于上述这一论点，表示疑义。

　　这是因为，策彦是在16世纪四五十年代入明的，距今已有五六百年之久。何况，对于策彦来说，作为一个禅僧，虽然在佛典之外，熟读中国古代汉文学及四书五经之类，但佛教学中的伽蓝配置，乃是近年来才兴起的新概念。彼时在策彦的头脑中，主要是旧时代文人的爱好。他在入明的动机中，当然主要是为完成朝贡的任务，但在相当大的比例上，内心深处，乘机游览中国名胜古迹，也是他的平生夙愿。这可以从他的第一次入明后，初期在宁波不得外出时，再三向明方提出："不游名区，不入胜境，何以忘羁旅之劳？"① 在给宁波文人的诗中，有"茫茫万里发扶桑，秉志来观上国光"② "生等在海东之日，闻上国有名区胜境，瞻慕者久矣"③。言为心声，这些话都反映出他内心深处积聚很久的愿望，并非虚语。这从他往返途中，再三游览名寺，可以证明。而且他在书中，之所以详细记录寺院殿堂，甚至门前楹联，也都是为吟诗作文积累资料，是属于他文人气质的一部分，与近现代研究伽

① 《策彦·初渡集》，嘉靖十八年六月十五日条。
② 《策彦·初渡集》，嘉靖十八年闰七月朔旦条。
③ 《策彦·初渡集》，嘉靖十八年七月朔旦条。

蓝配置这一门学问，毫不相干。这也可以从他书中记述性文字的内容，可为例证。且举几个著名寺院的记录，以说明之。

（一）苏州寒山寺

> 寺乃面于西南，门额朱漆金字也。里竖揭"寒山寺"三大字。额面左方有"处州顾荣书"五字。右方有"住山文泽立"五字。佛殿横揭"大雄宝殿"四大字。本尊安释迦尊像于中央。左无量寿佛，右弥勒尊佛。又其交左有迦叶破颜之像，右有阿难随侍之像。又有十六罗汉像。堂外东隅有钟楼，无华鲸。佛殿里东南之隅，挂一钟，所谓夜半钟也。钟铭有"佛日增辉""法轮常转""皇图永固"等之语。
>
> 本尊面前有牌，书"皇帝万万岁"五大字。殿之后有方丈，揭"方丈"二大字。过一院，院长出迎相揖，遂设榻侑茶。有小堂宇。左右之柱书"香烧柏子延三宝""漏刻莲华礼六时"十四字。又北行一里而有枫桥，石桥也。桥畔有门，以杂木造之，白板额横揭"枫桥"之二大字。隔河有枫桥寺。[①]

（二）无锡的惠山寺

> 总门横揭"惠山寺"。左胁有"秋林"二字，盖笔者名字也。次有楼门横揭"惠泉福地"四大字。此门左畔有小门，横揭"观泉"二大字，石云陈淮书。又次有小门，横揭"天下第二泉"五大字，赵孟頫书，子昂也。门柱左书"勺水流金，山谷发精华之气"十一字，右书"寸云触石，江河成润泽之功"十一字，右畔有池，以石造龙头通水。其上有堂，

檐额横揭"一碧万顷"四大字。堂里中央横揭"漪澜堂"三大字，八分。堂后翠微又有小亭，横揭"源头活水"四大字。亭里叠石井湛水。中央横揭"凝翠"二大字，亭后有小堂宇。檐额横揭"九曲清流"四大字。堂中央横揭"尊贤堂"三大字，古文白字。又有惠山十贤堂记。堂中按十贤之牌，左畔有岩窟。窟上以石作额形，横镌"小石屋"三大字，凤山题。左右根有清水流出。石上有石额，横镌"慧山灵源"四大字，古文，石屋山人题。小石屋后翠微有小亭。亭里中央，横揭"二泉真处"四大字。亭里左方有"二泉真处亭记"。右畔翠微有小亭，横揭"经云亭"三大字，古文。佛殿无额，按三世如来。殿后有堂。堂里中央横揭"白云堂"三大字。堂后又有堂。中央按千手观音像。架二重阁，阁上额竖揭"大慈阁"三大字。惠泉福地门右方有小门。横揭"听松"二大字。入此门则左方又有门，横揭"二泉书院"四大字，又方丈里壁间题句云："一啜知茶味，总胜酒百盂。"此外古人遗作不知数。①

（三）镇江的金山寺

同正使和上游金山寺。上岸则有长廊，廊壁上有额。横揭"观澜"二大字，又其次横揭"中流砥柱"四大字。先人遗作镌于石者不知几首。"树影中流见，钟声两岸闻"之句亦在其中。有楼门，横颜"龙游禅寺"四大字，金字也。门里左右按四天王像。入此门则左胁有石额，竖镌"金山"二大字。佛殿横揭"大雄宝殿"四大字。本尊释迦。中央有"皇帝万万岁"之牌。左牌有"皇后齐年"四字，右牌有"太子

---

① 《策彦·初渡集》，嘉靖十八年十一月二十一日条。

千秋"四字。殿左右有十六罗汉像。后门中央有观（音）大士像。骑其邻（麒麟）。左文殊，右普贤骑象，骑狮。佛殿左方有小堂宇，有达摩、百丈等像。又中央设座，按开山像。像前有牌，书以"开山裴公祖师"六字。又其次有方丈，横颜"大彻"二大字。额左胁书云："住山比丘圆悟立。"方丈里柱题句云："水月虚空相，山云自在心。"方丈左畔有泉，上构小亭。亭正面横揭"中冷泉"三大字。又亭里中央横颜"第一泉"三大字。佛殿之后，又有堂，本尊卢舍那佛。堂壁以石镌以"妙高台"三大字。又后门，竖镌于石云："妙高峰。"又其次有堂，堂里有禅坐之僧，闭户不出。唯穿小窗，窗上横揭"禅室"二字。左右壁间书云："祖立禅关，静里不谈尘世事"，"佛遗法教，定中存养性天机"。有藏经此堂左畔向翠微有磴路。才动步，则路傍有小亭，横颜"回澜"二大字，东皋书。山腰有堂，堂里按千手观音像，其次有阁，阁中央按晏公像。像前有牌书云："敕封晏公平浪侯。"题左右柱云："有性非性，非有非无。""无身是身，是无是有。"阁上横揭"江天阁"三大字，永丰聂静书。此额上又有额，横颜"天下大观"四大字。又上翠微少许而有亭，亭里横颜"吞海亭"三大字，青字也。此亭下有塔婆之迹。又山绝顶有亭，横揭"留云亭"三大字。亭前有刹竿，亭后有绝壁，壁面横镌"妙高台"三大字。里横镌"玉鉴堂"三大字。下亭数步而有石洞，猩猩窟宅也。上有石额，横镌"灵岩"二大字。又左傍有一亭，横揭"烟雨奇观"四大字，东皋书。又佛殿左方有堂，堂里揭"永安堂"三大字。堂左有阁，横揭"海岳楼"三大字。又山脚有二层楼阁，揭以"朝阳阁"。又有洞，号"朝阳洞"。又隔岸有小冈。冈上有小堂宇，曰玉山寺。①

---

① 《策彦·初渡集》，嘉靖十八年十二月三日条。

（四）苏州的虎丘寺

同正使和上游虎丘寺……上岸则打头有法界门，横揭"虎丘"二大字，古文。按二王像。入此门则瓦径一丁许。左右筑地。筑地侧古树不知几株。又列于左右，第二门门里挂额。又横书"虎丘"二大字。胁有"瞎堂惠远重立"之字，非古文。按四天王像。自此门磴路通翠微。左方有翠崖。崖下有泉，构以石栏。栏畔立石额。竖镌"憨憨泉"三大字，行少许而右方有大石额，竖镌"试剑石"三大字。胁书云："绍圣乙亥，吕叔卿题"，二行书之。此石额前又有石。截断成两，盖试剑之谓在兹乎。攀磴路上，则大石之怪异者多多。又有小石桥，过桥少许而有小池。池水出自石间，两崖如削。崖石石面，竖镌"虎丘剑池"四大字，又镌"风壑灵泉"四大字。自左方攀磴径之险阻者上。少许而有石门。横镌"第三泉"，三大字。入此门则有亭，亭檐横颜"登高览古"四大字。亭之中央揭额，横书"品泉亭"三大字。此亭之后有泉，所谓第三泉是也。深一丈余，崖石镌"第三泉"三大字。胁有"芝南"二字，盖笔者之称耳。泉上构亭，亭中央横扁"汲清亭"三大字。此亭之后有石壁，镌"天光云景，玉色金声"之八字，二行列于左右。左畔有堂宇，中央横颜"天宫宝藏"四大字。按释迦像，像前有牌。书"本师释迦文佛"六字。堂后有轮藏。又其次有小亭，揭"陆羽泉香"四大字。又下旧磴径，到山门前，攀石径，上头有山门，门檐横颜"三吴一山"四大字。门里挂额，横揭"三吴钟秀"四大字。入此门则有堂，无额。堂中央按观音像。右畔有二重阁，不揭额。左方有磴径，上头有佛殿。檐端横颜"大雄宝殿"四大字。按三世如来像。像前左右以木造烛作龙形。所谓烛龙乎？殿之后，有七级浮图。余才登者，至三级而止。远近佳景恰如画图中物，实天下壮观也。①

　　总观策彦对于上述四个大寺院景物的描绘，纵然最详尽地叙述寺院内部情况的文字，也未涉及伽蓝配置问题。什么是伽蓝配置？这并不是对寺院殿堂的平铺直叙或零七八碎的琐碎描绘而已，它是一个探讨佛寺殿堂设置发展变化规律的一门专门学问。近些年来，国内外都有学者进行专门的研究。

　　例如，中国的建筑史、宗教文化史的书上，指出各佛教宗派，在各时代，由于许多因素的变化，其寺院殿堂位置也受到相应的影响。例如，中国的禅宗寺院，原来宋元禅寺的主体构成，其顺序是：山门—大雄宝殿—法堂—方丈。到了明代，一般禅寺在中轴线上出现了两座以上的大殿，佛殿的地位进一步加强，法堂虽仍在中轴线上，但其地位与职能，明显趋于衰微。② 简而言之，这一现象的深层本质在于：僧团的总体素质，每况愈下。传统功能日益模糊，宗派的特色逐渐丧失。③

　　日本方面，对伽蓝配置也有研究。有的书中指出，在佛教传入日本的初期阶段，表现为以佛塔为中心，周围环以金堂、讲堂、回廊、中门、大门等。例如飞鸟寺式的配置。到了奈良时代前期，流行塔与金堂东西对峙的法隆寺样式。奈良时代后期，流行药师寺式的双塔对峙形式。平安时代，则流行山地寺院形式。到了镰仓时代，中国禅宗寺院式的，主要建筑排列在中轴线上的形式，在日本逐步固定下来了。这应是日本寺院伽蓝配置变化的最简明

　　① 《策彦·初渡集》，嘉靖十九年八月二十三日条。
　　② 潘谷西主编：《中国古代建筑史》卷四，中国建筑出版社2011年版，第318—319页。
　　③ 任宜敏：《中国佛教史》（明代），人民出版社2009年版，第45—46页。

扼要的说明。① 而策彦入明当时还没有这种概念。因而，尽管他去了不少中国著名寺院，并对殿堂做了详细记录，但依然停留在文人墨客们游山玩水的水平，距离近代式的伽蓝配置的学理式的研究，相去甚远。

第三节　策彦与中国道教

道教是中国土生土长的传统宗教。它在中国古代道家思想的基础上，并吸收神仙家的修炼方术、民间的鬼神观念而形成的一种有组织的宗教。它奉老子为教祖，称为太上老君，从东汉中叶开始形成，魏晋南北朝时，正式形成和确立。隋唐北宋时期，官方道教兴盛发达。唐宋时，多次编修《道藏》，对道教的发展有较大贡献。南宋、金、元时，出现许多新教派，鼓吹儒、释、道三教一致。明代时，日见衰微，逐步衰落。但道家思想进一步通俗化、民间化，建立各种大小神庙，供奉各种俗神，使道教广泛流传于民间。另外，其养生、修炼、成仙等方术，又为历代皇帝所青睐。在明代，尤以嘉靖帝最为宠信，实行贬佛宠道政策。策彦入明，正当此时。

关于中国道教对日本的传播问题，过去曾有一些日本学者认为，日本有自己传统的神道，因而拒绝道教的传入。但近些年来，通过更多日中学者的研究，比较普遍的看法认为，随着隋唐时中、日交流机会的增多，从 7 世纪后半期的天武天皇（672—686 年在位）、持统天皇（686—697 年在位）时，以及后来 8 世纪时《古事记》（712 年成书）、《日本本纪》（720 年成书）的出现，使用许多道教词汇，反映当时对道教已有一定的了解，并对日本的习

---

① ［日］《万有百科大事典》，小学馆，1973 年版，第 272—273 页。［日］今泉淑夫编：《日本佛教史辞典》，吉川弘文馆，1999 年版，伽蓝配置条。

俗及生活，都有相当的影响。不过，也正如一些日本学者所指出的，道教作为一个宗教实体，并未传入到日本，主要是它的思想、习俗等传到日本，对日本产生了影响。这也是事实。

正如一些中、日学者所指出的，在7世纪、8世纪及其以后的一段时间内，中国道教的习俗、思想等传到日本，融化在日本的神道及天皇制下的广大人民的生活与习俗中，潜移默化地为群众所接受的话，到了策彦入明时，已经经过几个世纪了。尤其是对于熟读中国文学及典籍的五山禅僧——策彦而言，也会使他通过对中国典籍印入他的脑海，使他耳熟能详了。所以，在16世纪三四十年代，他入明前，对中国道教的词汇及有关事物渐渐熟习，也是可能的。

笔者发现，在他第一次入明时，即从日本天文七年（1538）七月一日在博多等候出发，到翌年四月十九日，即离开五岛列岛入大洋为止，在这近十个月内，他在《初渡集》中，留下了不少涉及中国儒佛道三教的圣人的记录（也许是为了祈求海上平安吧）。为节省篇幅，这里我只将其中有关道教重要人物的记录摘记如下。[①]

《翰墨全书·卷之四·丙集》：

正月

初一日……新年长命盂，洞宾成仙。云云……初四日。是日……玉晨大道君，登玉霄体宫，四眄天下……初九日，五通仙诞，南斗下降，太素三元朝真日……廿七日，北斗下降。道经。

二月

十五日，真元节，三教宗师太上老君混元上德皇帝诞生……廿九日，圣母元降日。三十日，大慧真人下降。

三月

初二日，玉皇诞圣日。玉皇上帝……初三日，玄天上帝生辰。道经……初八日，王母赐念珠，王母为黄帝赐念珠日。

四月

初二日，太虚元君生日，出道经……十三日，三皇帝君降。道经。十四日……紫极同天纯阳灵宝真人生，名洞宾。十五日，吕洞宾以四月十五日纯阳飞升。

五月

十五日，老君降现鹤鸣山，南极老人星下降……廿日，北斗出游，保德真君降。并道经，廿五日，太平真君升仙。

六月

十五日，太虚元君降现。廿六日，清源真人生日。

七月

初一日，圣祖天尊诞日……初七日，西王母降。太平真君降……十八日，太真西王母诞生日。

八月

十五日，太极玉皇降现……十八日，四海龙王神会日。

九月

十九日……道经云：日月宫会合诸天列宿上朝天，无始北斗大帝下降日……廿五日，南极长生大帝降现。

十月

初一日，东皇大帝生辰……廿七日，紫微北极大帝下降。

十一月

十九日，北阴圣母元君下降……廿三日，南斗生辰。道经。

十二月

初一日，八仙聚会蓬莱……廿五日，三清王帝同会之辰。廿八日，太上老君化胡，降伏九十六钟邪魔日。

三月五日，至志贺岛。六日，斋后，于志贺岛明神神前祈祷。

四月二日，就（五岛）奈留明神社头祈祷。

四月十六日，正使和上以际舍弟某三十三白设斋，斋次有烧香之偈……予既席和焉。

三十余年绝白尘，不须送故又迎新。

出生入死自家底，错学神仙吕洞宾。

十九日，自奈留发船而开洋。

通过上述这个材料，使我们得知，策彦尽管身居日本，却可以通过阅读中国典籍，得知丰富的道教知识。为此，当策彦入明，遇到与道教有关的寺院，接触道士时，他并不感到陌生。

根据他在《入明记》中所载，他在入明以后，遇到的与道教有关的寺院，无非以下几类情况。第一类是有寺院名称，有正规殿堂，供奉道教方面的神像，有道士看守，可以朗诵道教经文，做法事。这类可视为正规道教寺院。第二类是由道教有关方面管理，供奉有关神像，例如，各地的城隍庙、关帝庙之类，可视为准道教类寺院。第三类是祭祀某些历史名人的小祠堂。当我们整理及统计策彦入明后参拜道教寺院时，基本上以第一类为主，第二、第三类的酌量提及一下。

当他们第一次入明，在嘉靖十八年五月到宁波入住后不久，在八月一日"祭本馆土地之神。道士九员来，挂诸星君像于左右。九员之中称长者面南称扬祝文。左右之列，次笛敲钲。祝罢，投愿文于炉中火却。正使及予书名于愿文之尾"[1]。这是他入明后第一次参与明道教徒的宗教活动，不过是以日使团副使的身份。在进京途中，经无锡惠山寺及镇江金山寺，山顶均有小规模的道观，

---

[1]　《策彦·初渡集》，嘉靖十八年（1539）八月初一日条。

杂处其间，从略。

在嘉靖十九年（1540）五月到九月，第一次入明的归途中，出京后不久，在乾宁驿（今河北省青县）遇一道士观。"观门竖有'阐威门'三大字。入此门则左右有钟、鼓之二楼。又有碑亭。有殿揭'三清殿'三大字。中央安老子像，像前揭'承恩'二大字。又东西廊庑构小殿者多多。安诸星斗之像。殿里壁间丹青可睹。殿檐逐一揭额有'咸通殿'三大字。"①

在第二次进京途中，策彦改以正使身份进行应酬，途中有两处涉及道教的庙宇，颇可论述。一处是经过扬州时，游琼花观。《再渡集》中记述说："入门少许而有六角亭。横颜'无双亭'三大字，所谓无双花属无双亭是也。亭内有石碑。维扬重修琼花观记云云。亭后有六角石栏。中有一树，不知其名，想是后土琼花乎。其次有大殿，横匾'三清大殿'四大字。殿里安老君像。东西廊庑列诸宿灵像。"②

另一处是，于四月至乾宁县（今河北省青县），上岸"游敕建三官庙。正殿竖颜'三清殿'三大字。周回之堞琉璃色。中有三殿，共琉璃瓦。两庑壁间之彩画，颇极丽美。盖此所弘治天子皇后之乡里也。以故立此道士观。有石碑，弘治十四年立，云云"③。

当第二次入明，离京返回途中，到京郊通州府。过张家湾后，据《策彦·再渡集》八月十九日记载："船路二十里而停棹。盖此处有道士观。大通事温大人暨三伴送官登岸烧香。李大人专人诱引。予乃率副使、钧云以下役者上岸，入本观而烧香……观门揭'真武观'三大字。观里按补陀岩主像。遂于清虚亭，道士之

---

① 《策彦·初渡集》，嘉靖十九年（1540）五月廿六日条。
② 《策彦·再渡集》，嘉靖二十八年（1549）正月二十三日条。
③ 《策彦·再渡集》，嘉靖二十八年（1549）四月二日条。

为长者，设茶菓，少焉，又入白轩看旧诗板。道童三人按头管，且敲小钲。慈眼以三扇付三童，归船则日未午，即鸣鼓开船，船路少许而止。道士又过船上，惠茶食、野菜等。"①

按，策彦当年所记云"真武观"，据笔者于 2003 年赴通州进行实地考察时，当时蒙通州文物管理所原所长周良先生赐教，认为此处"真武观"为"佑民观"之误。后来，通州有关方面编写的文物书籍，亦从周说。当按周说更正。

根据以上策彦于《入明记》中所载，两度入明期间对中国道教寺院的考察记录，给笔者以下列印象。它反映策彦对于中国道教的知识相当丰富、熟悉。在中国沿运河两度往返期间，对于了解中国道教寺院情况，也颇有兴趣。明代寺院对于接待日本客人也颇为热情。但对于我们时下关心的中国道教历史上对日本文化，尤其是神道形成的影响问题，可能因限于策彦的日本使节及禅僧的身份，况且当时明代道教僧侣也未必对此有多少了解，故而未能深谈及此。

第四节　从尊皇谈到三教一致

策彦等在沿途去各种寺院时，还遇到一个特殊现象，即在寺院中首次看到各种尊皇的木牌。例如，他第一次入明，到宁波的延庆寺时看到，在佛殿的"佛坛上中央按牌，书'皇帝万万岁'五字"②。后来，到苏州的寒山寺时，佛殿里东南隅挂一钟，"钟铭上有'佛日增辉''法轮常转''皇图永固'等之语。本尊面前有牌，书'皇帝万万岁'五大字"③。

---

① 《策彦·再渡集》，嘉靖二十八年（1549）八月十九日条。
② 《策彦·初渡集》，嘉靖十八年（1539）十月九日条。
③ 《策彦·初渡集》，嘉靖十八年（1539）十一月十六日条。

　　他由京归来后，到宁波，诣天宁寺。"大雄宝殿"额下又有横额，颜"祝延圣寿道场"六大字。又左右挂木牌。左书云："圣德乾坤大"。右书云："皇图日月长。"[1] 特别使人印象深刻的是，在镇江金山寺的大雄宝殿内，"本尊释迦，中央有'皇帝万万岁'之牌。左牌有'皇后齐年'四字。右牌有'太子千秋'四字"[2]。皇帝一家人全都刻上了木牌。这是否与该寺的"龙游禅寺"名字有关？

　　从各寺院所用词句的不尽一致，使人不由得怀疑，这并非来自"上面"的要求，而是来自下面的主动逢迎之所致。而由此使笔者联想到一个问题。策彦也是生活在几近千年帝制的国家，在日本的寺院是否也有此光景？笔者没有确凿材料，不敢妄言。不过至少使人联想到中日历史上共同的"三教"问题。

　　中国儒家学派至晚于公元前2世纪汉武帝时"罢黜百家，独尊儒术"，成为中国封建社会的统治思想。佛教在1世纪由印度传入中国。道教教团也于2世纪成立。从此，中国思想界成为儒、佛、道三家争雄的舞台。自2世纪之后，基本上都是三者并行之势。彼此间有过激烈的争论，也有人提出三教一致的主张，但始终未能实现。不过彼此间确有思想上的影响。

　　公元6世纪，中国佛教通过百济传入日本之后，隋唐时期，成为对日传播的高潮。空海写《三教指归》，认为三教中以佛教为最优。日本的神道，融合了中国道教、佛教的一些因素。12世纪之后，日本输入了中国的禅宗，后来与镰仓时代的武士政权相结合，在日本文化中注入了新的生命力。特别是从1246年至1279年，兰溪道隆、大休正念、无学祖元等南宋禅僧相继去日，起了重大的传播作用。在这里，笔者拟特别指出他们去日后传播的几

---

[1] 《策彦·初渡集》，嘉靖十九年（1540）十一月六日条。
[2] 《策彦·初渡集》，嘉靖十八年（1539）十二月三日条。

个重要观点。

首先，1246 年兰溪道隆去日。他是这一系列去日禅僧中的首位。1192 年由源赖朝创立的第一个武家政权——镰仓幕府，由于 1199 年源赖朝去世，由源赖朝的妻家——北条氏的第五代北条时赖就任执权。当时，南宋的中后期，宋儒也鼓吹忠于皇帝的忠孝节义的伦理观念。于是，当他到日本后的第三年（1248），他应北条时赖之请，入常乐寺，在开堂仪式的拈香时表示："恭惟两国至尊……宏济群生，垂拱而四海清平，无为而万邦入贡。"① 接着，1259 年受聘入京都建仁寺任住持。在升座仪式上，为天皇、群臣等拈香。在《大觉禅师语录》卷中载：

师升座祝香：此一瓣香……恭惟祝延今上皇帝有道明君，恭愿金轮永固，玉叶长芳，绵万载而拥休，会四时而蒙福。

次拈香：此一瓣香，奉为辅国大丞相并合朝文武官僚，伏愿寿等松椿傲雪，没凋零之色，心词葵藿向阳，无移易之诚。

此一瓣香，奉为东州信心檀越最明寺禅门，伏愿为国输忠，赞明君之盛德，了心达道，竖末世之宝幢。永为皇祚之股肱，长作法门之梁栋（按：当时的执权是北条时宗。此处的"最明寺禅门"，指前任执权北条时赖，当时仍有实权）。②

他当时去日本已十年有余，对日本政治情况已有相当了解。他这番讲话，首先表示对天皇的尊重和拥戴。其次，又表示支持幕府执权等负责官吏，协调三者关系，鼓励他们密切合作。对巩固幕府统治有利。

---

① 《大日本佛教全书》，第 95 分册，《大觉禅师语录》卷上。
② 《大日本佛教全书》，第 95 分册，《大觉禅师语录》卷中。

又据杨曾文先生在该书第 327 页中谈道："如同道隆那样在上堂说法时通过'拈香祝延'讲一些忠君护国大义的做法，在以往是没有的。"他并且说，在中国宋代虽有此做法，"然而把这一套东西搬到日本却具有了新的意义"。这一看法是值得重视的。①

其次，是 1269 年，南宋禅僧大休正念去日本。他到日本后，正值日本面临元军侵攻的威胁。他在说法中，强调说："所谓一念不生，前后际断，方可出生入死，如同游戏之场；纵夺卷舒，常自泰然安静。胸中不挂寸丝，然立处既真，用处得力。凡总领百万貔（pí）貅（xiū）之士，如驱一夫，攘巨敌，安社稷，立万世不拔之基，是皆妙悟佛性之灵验也。"②

对那些面临侵略威胁的武士，自然能起增加勇气和决心的作用。

另外，他也主张，儒、释、道三教虽然说法不同，但道理是一样的。例如，他在说法中说：

> 然儒释道三教之兴，譬若鼎（dǐng）鼐（nài）品分三足，妙应三才，阐弘万化。虽门庭施设之有殊，而至理所归之一致，亘古亘今，其德昭著。③

以上，通过兰溪道隆、大休正念、无学祖元等来日禅僧的作为，可以总结为以下几点：

一、在佛教主张上，大体上都主张三教一致，但应以佛教为首位。

二、在政治上，都主张天皇、幕府执权等要相互尊重，精诚

---

① 杨曾文：《日本佛教史》，第 327—329 页。
② 《大日本佛教全书》，第 96 分册，《大休和尚法语》《相模太守殿》。
③ 《大日本佛教全书》，第 96 分册，《大休和尚住寿福禅寺语录》。

合作，共御外侮。

三、在修禅上，主张明心见性，人人有佛性，要人自修自信，就能克服一切困难，取得胜利。

正是在几位禅僧的帮助下，使得天皇、幕府、大名武士共同合作，才取得了反元自卫战争的胜利。与此相反，元军两次战争之所以失败，与他们和高丽人、江南人的矛盾有密切关系。而刚刚获得抗元战争胜利的镰仓幕府，由于幕府政策的错误，造成武士的贫困与不满，使得镰仓幕府垮台。

1336 年足利尊氏拥戴北朝的光明天皇，在京都开设室町幕府。至 1392 年，幕府第三代将军足利义满时，实现南北朝合并。1394 年足利义满以将军身份，又兼任太政大臣。名实俱备掌握了军政大权。自 1404 年起，他以"日本国王"名义，与明朝开始了朝贡贸易。义满去世后，1467 年应仁之乱开始，进入战国时代，幕府衰退，在对明贸易方面，渐由有力大名垄断。这就是本书前面叙述过的策彦受大内氏委托，两次使明的背景。不再重述。

策彦返日后的动态

策彦等克服各种困难，终于完成入明使命，于日本天文十九年（即嘉靖二十九年，1550）六月九日，胜利返回大内氏根据地——山口，家主大内义隆立即放下其他杂务，热情接待和宴请他，畅谈此行经过。天龙寺上下，为他归来，欢呼雀跃，喜满山林。最使他感到荣耀的是，当时的后奈良天皇亲自宴请，并赠送菊花等，使他感到"荣之又荣"。当时著名武将织田信长屡次邀请、倾听他讲述明山川、人物之盛。武田信玄盛情邀宴，并邀他出任甲府的惠林寺等三处的住持。还有，当时天龙寺住持虚席，风闻将请他就任。尽管有这些盛情，使他很感动。但最后他还是决定：回转妙智院，以诗文自娱，终老一生。其原因，他虽未明言，但从一些有关材料的字里行间进行推测，一是由于他离开祖国期间，正值战国时代，争战不休，祖国被弄得疮痍满目，天龙寺也不能幸免。当时寺内许多宝物，化为乌有。二是最使他伤心的是，他回来只有一年左右的光景，在1551年九月，大内氏家主大内义隆受到家臣陶晴贤围攻，被迫自杀身亡（而下个月，即十月，陶即被毛利元就所杀。这就是日本当时的战国时代）。无论如何，大内义隆的意外身死，给策彦精神上带来了巨大创痛。这从策彦接受义隆的委托，两次入明；归来后，两人"引盃至夜深"，甚至谈到通宵达旦可见，两人关系非同一般。义隆若无此意外，很可能再次委托策彦入明（1539年第一次入明时，正使湖山硕鼎已五十五岁。此时策彦不过51岁。况且，由明归来时，已从明方获得新勘合。义隆死后，即被人盗走，不知去向）。果能成行，策彦又会留给我们一次《入明记·三渡集》，历史又会改写……

　　1467年应仁之乱以来开始的战国时代，持续了百年之久，给日本历史带来了巨大的创痛，有才能者也只能赍志以殁，遗恨终生。中国妇孺间也流行一句尽人皆知的口头禅，叫作"家和万事兴"。如果相反，为了争权夺利，穷兵黩武，争战不休，只能走向衰败。这个惨痛的历史经验，应该记取。历史工作者应该把这些深刻的历史经验写下来，告诉后人。

参考文献

中文著作

郑舜功:《日本一鉴》,北海图书馆,1939年据旧抄本影印。

郑若曾著,李致忠点校:《筹海图编》,中华书局2007年版。

申时行:《明会典》(万历重修本),中华书局1989年版。

龙文彬:《明会要》,中华书局1956年版。

陈子龙:《明经世文编》,中华书局1962年版。

张廷玉:《明史》,中华书局1983年版。

《明实录·世宗实录》。

王圻:《续文献通考》,北京现代出版社1986年版。

严从简:《殊域周咨录》,中华书局1993年版。

赵翼:《廿二史札记》,中华书局1963年版。

伊藤松辑,王宝平等编:《邻交征书》,上海辞书出版社2007年版。

张廷玉:《明史·卷205·朱纨传》,中华书局1983年版。

朱纨:《甓余杂集》。

汪向荣、夏应元编:《中日关系史资料汇编》,中华书局1984年版。

木宫泰彦著:《日中文化交流史》,胡锡年译,商务印书馆1980年版。

王晓秋、大庭修主编:《中日文化交流史大系[1]历史卷》,浙江人民出版社 1996 年版。

严绍璗、源了圆主编：《中日文化交流史大系〔3〕思想卷》，浙江人民出版社 1996 年版。

杨曾文、源了圆主编：《中日文化交流史大系〔4〕宗教卷》，浙江人民出版社 1996 年版。

周一良：《中日文化关系史论》，江西人民出版社 1990 年版。

郑樑生：《明史日本传正补》，（台）文史哲出版社 1981 年版。

郑樑生：《明代中日关系史研究——以《明史·日本传》所见几个问题为中心（1368—1644）》，台湾文史哲出版社 1985 年版。

陈小法：《明代中日文化交流史研究》，商务印书馆 2011 年版。

王金林：《日本中世史》（上、下），昆仑出版社 2013 年版。

李云泉：《朝贡制度史论——中国古代对外关系体制研究》，新华出版社 2004 年版。

朱亚非：《明代中外关系史研究》，济南人民出版社 1993 年版。

南炳文、何孝荣：《明代文化研究》，人民出版社 2006 年版。

李金明：《海外交通与文化交流》，云南美术出版社 2006 年版。

陈懋恒：《明代倭寇考略》，北京人民出版社 1957 年版。

范中义、仝晰纲：《明代倭寇史略》，中华书局 2004 年版。

杨曾文：《日本佛教史》，浙江人民出版社 1995 年版。

任宜敏：《中国佛教史——明代》，人民出版社 2009 年版。

〔日〕道端良秀著：《日中友好佛教二千年史》，何燕生、徐明译，商务印书馆 1992 年版。

南炳文编：《佛道秘密宗教与明代社会》，天津古籍出版社 2002 年版。

彭德清主编：《中国航海史（古代航海史）》，人民交通出版社 1989 年版。

宁波市文化局编印：《千年海外寻珍——中国宁波"海上丝绸之路"在日本、韩国的传播及影响》，2003 年 12 月。

林士民：《海上丝绸之路的著名海港——明州》，海洋出版社 1990
　　年版。

王慕民等：《宁波与日本经济文化交流史》，海洋出版社 2006
　　年版。

陈洁行：《中国历史文化名城——杭州》，九州出版社 1999 年版。

佘德余：《浙江文化简史》，人民出版社 2006 年版。

朱江：《海上丝绸之路的著名港口——扬州》，海洋出版社 1986
　　年版。

严其林等：《京口文化》，南京大学出版社 2001 年版。

山东省济宁市政协文史资料委员会编：《济宁运河文化》，中国文
　　史出版社 2000 年版。

山东省济宁市政协文史资料委员会编：《济宁运河文化研究（一）》，
　　山东友谊出版社 2002 年版。

田汝成：《西湖游览志》，上海古籍出版社 1980 年版。

姜文定编著：《走进高邮》，安徽文艺出版社 2001 年版。

北京市通州区图书馆编：《百年沧桑·通州历史图片汇编（1860—
　　1960）》，学苑出版社 2010 年版。

北京市社会科学院曹子西主编：《北京通史 6·明史卷》，北京燕
　　山出版社 2012 年版。

北京市地方志编纂委员会编：《北京志：民族·宗教卷，宗教志》，
　　北京出版社 2007 年版。

北京市档案馆编：《北京寺庙历史资料》，中国档案出版社 1997
　　年版。

《浙江通史 7·明代卷》，浙江人民出版社 2005 年版。

唐宋运河考察队编：《运河访古》，上海人民出版社 1986 年版。

姚汉源：《京杭运河史》，中国水利水电出版社 1998 年版。

陈桥驿主编：《中国运河发展史》，中华书局 2008 年版。

姚汉源：《中国水利发展史》，上海人民出版社 2005 年版。

嵇果煌：《中国三千年运河史》，中国大百科全书出版社 2008
　　年版。

王琼编撰《漕河图志》，收入《中国科学技术典籍通汇·技术卷
　　三》。

蔡泰斌：《明代漕河之整治与管理》，台湾，1992 年。

《中国科学技术史·水利卷》，科学出版社 2004 年版。

洪修平：《中国佛教文化历程（增订版）》，江苏教育出版社 1995
　　年版。

任继愈：《中国佛教史》，中国社会科学出版社 1981 年版。

郭朋：《明清佛教》，福建人民出版社 1982 年版。

洪修平：《中国儒佛道三教关系研究》，中国社会科学出版社 2011
　　年版。

中文论文

郑樑生：《嘉靖年间明廷对日本贡使策彦周良的处置始末》，收入
　　《中日关系史研究论集》，台湾文史哲出版社 1990 年版。

陈小法：《策彦周良与明代佛教交流》，收入《明代中日文化交流
　　史研究》，商务印书馆 2011 年版。

陈小法：《策彦周良与嘉靖时期的宗教信仰》，收入《明代中日文
　　化交流史研究》，商务印书馆 2011 年版。

李金明：《明代海外朝贡贸易实质初探》，《中国社会经济史》
　　1988 年第 2 期。

夏应元：《中国禅僧东渡日本及其影响》，《历史研究》1982 年第 3
　　期。

周一良：《介绍两幅送别日本使者的古画》，《文物》1973 年第 1
　　期。（后又收入《周一良集》第四卷，辽宁教育出版社 1998 年
　　版，第 327—340 页）

日文著作

牧田谛亮：《策彦入明記の研究（上）》（其中包括策彦周良：《初渡集》、《再渡集》等），法藏館，1955 年。

牧田谛亮：《策彦入明記の研究（下）》，法藏館，1959 年。

《大日本佛教全書》。

《新訂増補・史籍集覽》，第四十三册，臨川書店，1967 年。

小葉田淳：《中世日支通交貿易史の研究》，刀江書院，1969 年版。

湯谷稔編：《日明勘合貿易史料（上、下）》，国書刊行会，1983 年。

田中健夫著：《倭寇と勘合貿易》，至文堂，1961 年。

田中健夫著：《中世対外関係史》，東京大学出版会，1975 年。

田中健夫著：《対外関係と文化交流》，思文閣，1991 年再版。

田中健夫著：《倭寇：海の歴史》，講談社学術文庫，2012 年。

佐久間重男：《日明関係史の研究》，吉川弘文館，1992 年。

郑樑生：《明日関係史の研究》，雄山閣，1985 年。

魏榮吉《元日関係史の研究》，教育出版センター，1985 年 4 月。

森克己、沼田次郎：《対外関係史》，山川出版社，1978 年。

上田雄：《遣唐使全航海》，草思社，2006 年。

玉村竹二：《五山禅僧傳記集成》，思文閣，1991 年再版。

小野勝年：《入唐求法巡礼行記の研究》，鈴木学術財団，1963—1969 年。

藤善真澄：《参天台五台山記の研究》，関西大学出版社，2006 年。

村井章介：《アジアのなかの中世日本》，東京校倉書房，1989 年。

脇田晴子：《室町時代》，中公新書776，中央公论社，1985 年。

瑞溪周鳳：《善鄰国宝記，續善鄰国宝記》，集英社，1995 年。

《岩波講座・日本通史》第 7、8、9、10（中世 1、2、3、4），岩波書店，1994 年。

家永三郎、赤松俊秀等監修：《日本佛教史Ⅱ・中世編》，法藏館，1978 年。

北村澤吉著：《五山文学史稿》，富山房，1941 年。

山根幸夫著：《图说・中国歴史 7・明帝国と日本》，講談社，1977 年。

村井章介等：《日明関係史研究入門》，勉诚出版，2015 年。

榎本涉：《僧侣と海商たちの東シナ海》，講談社，2010 年。

橋本雄：《中華幻想——唐物と外交の室町時代史》，勉诚出版，2011 年。

国原美佐子：《策彦入明記——遣明使節が殘した渡航記録》。

《8—17 世纪の東アジア地域にをける人・物・情報の交流（上）》，2004 年。